立德树人

全方位提升研究生人才培养质量

COMPREHENSIVELY
IMPROVE
THE QUALITY OF
GRADUATE
TALENT TRAINING

李崇圆 著

社会科学文献出版社
SOCIAL SCIENCES ACADEMIC PRESS (CHINA)

序

师者,传道授业解惑也。每个人的成长都离不开教师,而每一个人才的成功更离不开好的导师。人才培养如果忽视导师的作用,无异于无源之水、无本之木。

世界正处于百年未有之大变局,我国已进入实现第二个百年奋斗目标的关键时期,面对复杂多变的国际国内形势以及多样化的社会思潮,新时代中国特色社会主义现代化强国建设对高层次专门人才的渴望与需求愈发迫切。立德树人是党的十八大确立的教育的根本任务,更是研究生教育的使命与重任。德是立德树人的核心,全方位提升研究生人才培养质量须通过研究生导师以德为先、以德为本、以德为要等理念培养研究生良好的行为习惯与处事态度等,促使研究生德与才全面发展。这项工作不是孤立单一的,而是需要通过研究生导师的育人工作对研究生产生正向影响,这种正向影响也不能是单向度的,而是要通过在国家层面立德、学校层面修德、导师层面养德、研究生层面行德等多向度形成全员、全过程、全方位的立德树人格局,从而充分发挥出德在全方位提升研究生人才培养质量中的核心与主导作用。

立德树人是研究生教育的根本任务,是全方位提升研究生人才培养质量的着力点。研究生教育是高等教育中最高层次的学历教育,是为党和国家培养高层次专门人才的主要途径,其教育制度、人才培养过程等具有特殊性。研究生导师是研究生培养的主导力量,是研究生人才培养的第一责任人,因此,研究生导师对研究生的影响和作用最直接、最深远。本书以研究生导师立德树人教育实践作为研究视角不仅选题新颖,而且通过围绕研究生教育"为谁培养人、培养什么人、怎样培养人"这个根本问题,从追溯德的本源到梳理立德树人的历史脉络等，全面系统地论述了新时代研究生导师作为立德树人教育主体的客观优势。本书以提升研究生导师师德建设水平、促进研究生教育内涵式发展、提高研究生人才培养质量为主线，能够更好地突出研究生导师在高层次专门人才培养中的中枢作用。

研究生导师立德树人的质量和水平是全方位提升研究生人才培养质量的关键。对研究生导师立德树人开展深入研究，对挖掘导师制的教育优势，通过立德树人教育把立德、修德、养德、行德等思想渗透到研究生人才培养的全过程中，探索和把握新时代研究生导师立德树人的教育规律等都具有重要的理论意义和实践价值。本书站在新时代中国特色社会主义建设与发展的新高度，着眼培养大批合格且能堪当民族复兴大任的时代新人和德智体美劳全面发展的高质量的社会主义建设者和接班人，对研究生导师立德树人进行了系统性研究，具有重要的创新价值和借鉴意义。

本书研究选题视角独特、内涵丰富，围绕新时代全方位提升研究生人才培养质量的核心问题，进行了有益的创新；作者长期从事研究生教育管理工作，经历并积累了大量第一手的翔实数据资料和实际工作案例，书中统计数据和调查研究案例，具有典型性和参考价值。本书在写作过程中也听取了众多行业领域知名专家的意见，是新时代研究生教育领域的一本值得参阅的著作。

著作的出版是对阶段研究的总结，但不是研究的终结。衷心希望作者在这一领域继续思考和探索，形成更多有创造性的成果。

北京外国语大学马克思主义学院院长

韩弘

摘　要

本书以立德树人为核心，围绕教育"为谁培养人、培养什么人、怎样培养人"这个根本问题，从研究生导师立德树人教育实践的新视角入手，剖析研究生导师立德树人在研究生人才培养工作中的价值与作用，以提升研究生导师师德师风建设水平、促进研究生教育内涵式发展、提高研究生人才培养质量为主线，突出研究生导师作为立德树人教育主体的客观优势，探索和把握新时代研究生导师立德树人的教育规律。

本书围绕研究生导师立德树人的研究背景、研究意义、研究现状、研究方法与创新点等，追溯了"德"的本源，梳理了立德树人的历史脉络，从古至今地分析立德树人的基本含义。在此基础上细化研究生导师"德"的内涵并提炼出研究生导师立德树人的核心内容。从教育对象、指导思想、工作方法三个维度阐释马克思主义人的全面发展理论、习近平关于立德树人的重要论述、学校教育中的道德教育思想对研究生导师立德树人的意义和作用。分析德与才之间的辩证关系，辨明立德与树人密不可分的关系，归纳出教育者修德与教育对象立德同等重要的结论。

本书阐述了新时代研究生导师立德树人的时代优势和客观优势，以及导师个体方面的独特优势和必要性。在对新时代研究生导师立德树人工作进行实证调研的基础上，运用大量数据和图表进行现状分析，从育人工作规范性、导师素养、研究生素质三个层面深层次解析研究生导师立德树人工作中存在的主要问题。深度剖析研究生导师立德树人工作过程中产生的价值理念不统一、配套制度不完备、管理措施不到位、育人能力待提升等原因。

本书聚焦研究生导师立德树人的首要职责，提出新时代研究生导师立德树人具有可持续性发展的优势。通过构建新时代研究生导师立德树人协同育人机制,阐明新时代研究生导师立德树人工作是一项长期性、系统性的教育工程,需要形成全方位、全过程、全员齐心协力的育人格局,从制度建设保障、监督检查、考评体系三个执行层面深化协同育人机制的制度建设。

目 录

第一章　绪论　001

第二章　研究生导师立德树人的基础理论　028
　第一节　立德树人的基本内涵　028
　第二节　研究生导师立德树人的理论基础　066
　第三节　研究生导师立德与树人的本质关系　078

第三章　新时代研究生导师立德树人的独特优势　089
　第一节　研究生导师立德树人的时代优势　089
　第二节　研究生导师立德树人的客观优势　097
　第三节　研究生导师立德树人的个体优势　107

第四章　新时代研究生导师立德树人实证调研　120
　第一节　研究生导师立德树人实证调研设计　121
　第二节　研究生教育管理机构的相关政策调研　129
　第三节　研究生导师立德树人效果的深度调研　156

第五章　新时代研究生导师立德树人现状分析　172
　第一节　研究生教育与导师队伍基本状况　172
　第二节　研究生导师立德树人存在的问题　187
　第三节　研究生导师立德树人问题的原因分析　200

第六章　构建新时代研究生导师立德树人协同育人机制　216
第一节　构建协同育人机制的必要性　217
第二节　协同育人机制的工作原则　228
第三节　协同育人机制的基本内容　232
第四节　协同育人机制的内部控制制度　240

后　记　256

参考文献　257

第一章
绪论

德是中华民族自古以来一向推崇的美德。子曰："德不孤，必有邻。"[1] 这是孔子在两千多年前提出的理念，指做有道德的人才会有更多志同道合的人与其为伴。新时代，德的含义更加丰富，它不仅指人与人之间也指人本身就要加强德的修养，与人交往、待人处事都应有德，将德作为做人做事之根本，围绕德行事。德从人自身的角度指要重视人内在的立德、修德，从人的外部行为上指要与道德高尚的人为伴，当社会中的每个人都成为有德行的人时，德遂演变成一种良好的社会风尚，促进锤炼道德品行在全社会蔚然成风。在教育事业中，德与立德树人共融共通，都是指以德为核心。在教育者重视自身德的修养与修炼的同时培养教育对象的崇高品德，有意识地使高尚德行在双方的日常行为中自然地彰显出来，共同提升，促使受教育者备受社会的青睐，更持久地在社会立足，有力地促进人的德才兼备、全面发展，推进教育事业更好地服务于社会的和谐进步与发展。

在本书中，德是立德树人的关键，具有承上启下的核心作用。历经岁月的沉淀与洗礼，新时代赋予了德更为丰富的内涵。现代意义上的德含义广泛，有道德、品行、政治品质的意思，也有心意和恩惠的意思[2]，而且不同的行为主体所应具备的德既具有共性也具有特殊性，需要因人而异地进行分析和研究，

---

[1] （春秋）孔子：《论语》，杨伯峻、杨逢彬译注，岳麓书社，2018。
[2] 中国社会科学院语言研究所词典编辑室编《现代汉语词典》（第7版），商务印书馆，2016。

以更有针对性地发挥行业主体所具有的德的优势作用。我国的教育分为不同的层次，研究生教育是最高层次的学历教育，其教育目标与培养出来的人才对国家的建设与发展具有举足轻重的作用。再者，其教育特点与德的培育方式具有别具一格的特殊性，如何将新时代的德融会贯通在研究生人才培养的全过程中是当下研究生教育的关键问题。研究生导师是研究生教育的主导力量，是高层次专门人才培养的第一责任人，是研究生人才培养的直接教育者，也是在研究生教育中落实立德树人根本任务的重要组成部分。做好研究生导师立德树人工作能够对提高研究生人才培养质量起到纲举目张的作用。

以德为邻在研究生教育中主要通过研究生导师立德树人工作来实现。因此，对研究生导师立德树人进行研究的意义较为突出，重视研究生导师立德树人的育人过程更是其中的重中之重，既要先重视研究生导师"德"的修炼，即教育者自身先树德、养德、扬德，同时又要教育并引导教育对象——研究生立德、修德、行德，这样才能更好地保障立德树人的效果，实现我国新时代研究生人才培养的目标要求。

一　研究生导师立德树人的研究背景

党的十九大报告做出了"中国特色社会主义进入新时代"的重大判断，还提出了要以培养担当民族复兴大任的时代新人为着眼点，"加快一流大学和一流学科建设，实现高等教育内涵式发展"[①]，这是新时代赋予高等教育的新的时代责任和历史使命。《国家中长期教育改革和发展规划纲要（2010—2020年）》《国家教育事业发展"十三五"规划》要求全面提升我国的教育质量和水平。习近平总书记在"3·18"讲话中也强调，要全面贯彻党的教育方针，解决好"培养什么人、怎样培养人、为谁培养人"这个根本问题，努力培养担当民族复兴大任的时代新人，培养德智体美劳全面发

---

① 习近平:《决胜全面建成小康社会　夺取新时代中国特色社会主义伟大胜利——在中国共产党第十九次全国代表大会上的报告》，人民出版社，2017。

展的社会主义建设者和接班人。《中华人民共和国国民经济和社会发展第十四个五年规划和2035年远景目标纲要》提出建设高质量教育体系，其中加强研究生培养管理、提升研究生教育质量是提高高等教育质量的重要内容。

研究生教育处于高等教育的顶端，是为国家培养高层次专门人才的主要途径。近几年，研究生教育的受重视程度越来越高，从习近平总书记关于研究生教育工作的重要指示精神，到国家级教育主管部门围绕提高研究生教育质量出台的一系列文件，均表明研究生人才培养对中国特色社会主义建设和发展具有至关重要的作用。不仅要将其落实在思想思路层面中，还要贯彻在政策执行的每一个工作环节当中，实现育人与育才相统一、专业知识教育与立德树人教育相融合。

研究生教育与其他教育阶段培养方式的明显区别是研究生培养实行导师制。研究生导师是研究生教育阶段的第一责任人，是研究生人才培养和立德树人重任的主要承担者。2020年，教育部、国家发展改革委、财政部发布了《关于加快新时代研究生教育改革发展的意见》（教研〔2020〕9号），国务院学位委员会、教育部印发了《关于进一步严格规范学位与研究生教育质量管理的若干意见》（学位〔2020〕19号）。研究生导师能否做好立德树人工作与研究生教育质量好坏的关系更加密切，所以为实现高质量地为党育人、为国育才，在新时代研究生教育中推进研究生导师立德树人工作势在必行。

所谓研究生导师立德树人是指在"三全育人"理念和体系下，注重发挥研究生导师在研究生教育阶段的人才培养与立德树人第一责任人、主要承担者的作用，通过课程讲授、科研实践、言传身教等教育方法促进研究生成长成才的教育过程。

（一）研究生导师立德树人的必要性

第一，立德树人是发挥研究生导师教育关键作用的需要。研究生导师是研究生人才培养的第一责任人，研究生人才培养质量的关键在于研究生导师，研究生导师也是研究生立德树人工作的第一责任人。为保证研究生立德树人教育的成效，满足以思想教育需求为导向的教育原则，应在研究生教育中充分发挥研究生导师立德树人的教育主导作用。研究生导师应为人师表，其道德修养水平的高低与立德树人的成效息息相关。通过立德树人，使教育者先受教育，自身先立好德，不断改进研究生导师立德树人的方式方法，增强研究生导师立德树人的育人能力，不断促进研究生导师教育主导作用的发挥，才能更有效地确保新时代研究生人才培养质量。

研究生导师是立德树人的教育主体，发挥研究生导师的教育主导作用也是协调研究生导师与研究生间的师生关系、提高研究生立德树人教育成效的现实需要。随着时代的不断发展，研究生导师与研究生之间的关系发生了微妙的变化，加之又受到众多内外部因素的共同影响，特别是近年来社会上曝光了多起涉及研究生导师失德失范行为的事件，引发了社会公众对研究生导师以及研究生培养方式的关注与讨论。面对不断变化的社会形势，研究生导师通过立德树人增强自身道德修养，发挥正向的教育主导作用，是推动研究生教育工作健康发展的出发点。

第二，立德树人是全面提升研究生人才培养质量的需要。研究生教育是高等教育中最高层次的学历教育，立德树人作为研究生导师培养研究生的主要途径，对研究生人才培养起到了关键性的教育作用，直接关系党和国家高层次专门人才的培养质量。以高校为主的研究生培养单位在着力培养我国社会发展、知识积累、文化传承、国家存续、制度运行所需高素质人才的教育过程中，研究生导师起着至关重要的立德树人教育作用。通过研究生导师立德树人，能够更有针对性地将立德树人贯穿于新时代研究生人才培养工作的各个环节中，全方位提升研究生人才培养质量。

新时代研究生导师立德树人就是育德育才、德业并进的教育过程，旨在专注于培养有理想、有本领、有担当、德才兼备、全面发展的研究生人才，培养一代又一代拥护中国共产党领导和我国社会主义制度、立志为中国特色社会主义奋斗终身的有用人才。[①] 《学位与研究生教育发展"十三五"规

---

① 习近平：《坚持中国特色社会主义教育发展道路　培养德智体美劳全面发展的社会主义建设者和接班人》，《人民日报》2018年9月11日，第1版。

划》要求:"到2020年,实现研究生教育向服务需求、提高质量的内涵式发展转型","把服务需求、提高质量作为发展主线"。在研究生人才培养过程中,需要研究生导师立德树人先行,按照研究生成长成才的规律和需求,不断改进教育理念、更新教育思想、梳理育人思路、创新教育方式,遵照研究生教育的育人规律,将研究生教育视为一个有机的教育系统,探索并把握其内部各教育因素或子系统之间的运行规律。其具体表现为社会主义教育必须培养全面发展的人,即社会主义教育必须通过德育、智育、体育培养全面发展的人[①],这种教育模式的培养效果会更为理想。

第三,立德树人是促进思想政治工作全面融入研究生人才培养过程的需要。研究生思想政治工作关系着研究生教育的各项具体工作,研究生导师立德树人与思想政治工作是紧密联系在一起的。思想政治工作是学校各项工作的生命线[②],也是研究生教育的工作重点,更是在研究生教育中落实立德树人根本任务的重要内容。研究生导师是研究生思想政治工作的教育主体,负有对研究生进行思想政治教育的首要责任,更是将思想政治工作贯穿研究生人才培养全过程的关键力量。通过研究生导师立德树人能更好地发挥研究生导师作为思想政治教育首要责任人的作用与主观能动性,提高研究生思想政治工作的针对性和实效性。

研究生导师立德树人是在研究生教育过程中全面推进思想政治工作的关键所在。近些年来,我国对高层次专门人才的需求量在不断增加,研究生培养规模在逐年扩大。立足新时代的教育环境,研究生导师立德树人的教育内容也应因时而进、因势而新、因事而化,把立德树人与思想政治工作紧密结合,引导并鼓励研究生导师在立德树人的教育过程中以思想政治工作为引领,把思想政治工作中的教育思想和理念融入研究生人才培养的全过程,并且通过立德树人工作,引导研究生树立正确的价值取向,为在相应的教育机制建设中逐步提升研究生导师立德树人和

---

① 潘懋元:《教育外部关系规律辨析》,《厦门大学学报》1990年第2期。
② 习近平:《坚持中国特色社会主义教育发展道路 培养德智体美劳全面发展的社会主义建设者和接班人》,《人民日报》2018年9月11日,第1版。

思想政治工作的能力，真正将思想政治工作切实落细、落实在研究生教育的培养过程中。

（二）研究生导师立德树人的重要性

新时代研究生导师立德树人工作是一项需要长期坚持的连续化、立体化的系统教育工程。当前，我国各级各类教育工作都应结合自身的教育特点深化落实立德树人教育的根本任务。研究生教育工作处在国民教育体系的顶端，其教育制度存在一定的特殊性，使得新时代研究生导师立德树人工作的重要性更为突出。

新时代研究生导师立德树人是研究生教育工作的重要组成部分。教育部发布的《2018年全国教育事业发展统计公报》显示高等教育毛入学率达到了48.1%，这意味着我国高等教育早已进入了大众化普及教育阶段。研究生教育处于高等学历教育中的最高层次，研究生导师肩负着培养国家高层次创新人才的重要使命，所以研究生导师把好研究生人才培养质量关，才是为党和国家培育大批合格高层次创新人才的教育重点，更是满足当下高等教育规模化增长与研究生教育内涵式发展的现实需要。

新时代研究生导师立德树人是提高研究生人才培养质量的重要途径。在研究生教育过程中落实好立德树人教育的根本任务，主要依靠研究生导师的教育主体力量。因为研究生导师是研究生人才培养的第一责任人，通过研究生导师落实立德树人工作的根本任务更能发挥出导师制的教育优势，把立德、修德、养德、行德等教育思想渗透到研究生人才培养的全过程中，从新时代中国特色社会主义建设与发展的新高度培育高素质人才，这也是对研究生导师立德树人开展系统性研究的重要价值所在。

新时代研究生导师立德树人是解决近年来研究生教育工作中问题事件的突破口。近些年曝光的关于研究生导师与研究生之间的问题事件，尽管只是发生在个别研究生和研究生导师身上，但这些偶发事件所表现出来的师生矛盾问题可能会引发社会不良反应，对整体研究生人才培养工作造成负面影响。新时代研究生导师立德树人工作的不断推进，对加强研究生导师的师德内涵建设，提升研究生导师的师德修养和育人素养，进一步提高研究生导师队伍建设质量,以及对新时代研究生人才培养工作具有重要的研究价值,也是提高新时代研究生导师立德树人工作成效的关键点。

(三) 研究生导师立德树人的紧迫性

随着中国特色社会主义进入新时代,世情、国情、党情都在发生深刻的变化。新的社会环境与形势对研究生人才培养工作提出了新的挑战。在研究生教育的客观发展条件与教育环境的变化过程中,出现了许多新情况和新问题,这些问题如果不能得到及时有效的解决,势必影响到研究生人才培养的质量。

首先,我国研究生规模的与日俱增对立德树人工作提出了新的挑战。近年来,研究生规模的不断增长给研究生导师立德树人工作增加了培养数量上的潜在压力。据统计,全国研究生的毕业人数由1999年的5.5万人跃升至2018年的60.43万人,20年间我国研究生的毕业人数增长了近11倍。2012年党的十八大召开以来至2018年,全国硕士、博士研究生毕业生累计约427万人。2020年,受新冠肺炎疫情的影响,2020年研究生招生规模又进一步扩大。近年来,研究生数量的快速增长更需要研究生教育不断进行深化改革,在传统教育方法的基础上赋予其新的教育属性,以最大限度地满足研究生人才培养规模化增长的需要。

其次,保证研究生人才培养的质量变得更为紧迫。研究生导师队伍的数量和质量都需要匹配到位,我国研究生指导教师20多年来从1997年的63167人,增长至2018年的430233人。研究生导师队伍数量的壮大在一定程度上满足了研究生教育规模化增长的需要,但同时也给研究生导师的质量管理带来了考验。研究生导师立德树人秉承教育者先受教育的理念,通过自身师德内涵质量建设满足"双促双赢"的教育需要,即在强化道德修养、提升师德水平的过程中增强自身综合素质,而其教育的着眼点就在提升研究生人才培养质量上。因此,面对新时代研究生教育发展的新态势,推进研究生导师立德树人是符合新时代研究生人才培养需要的教育任务。

二 研究生导师立德树人的研究意义

新时代研究生导师立德树人的优劣直接影响研究生人才培养质量。本书站在研究生导师的研究视角，系统性提出研究生导师立德树人的深刻内涵与丰富内容，对研究生导师立德树人的实际工作具有一定的借鉴意义和参考价值。

（一）有利于推进研究生导师落实立德树人工作

从实证研究的角度出发，运用马克思主义立场、观点、方法剖析研究生导师立德树人的现状，分析存在问题的原因。梳理习近平总书记关于立德树人的重要讲话、重要论述。收集包括研究生导师立德树人、师德建设、人才培养等与研究生教育相关的文件政策和相关数据。制作图表等来分析新时代研究生教育的现状和发展趋势。比较研究生培养单位关于研究生导师立德树人的实践方法与经验启示。研究学界关于研究生导师立德树人的相关学术研究成果。对研究生导师立德树人的政策依据、工作措施、学术论文等进行深入、系统的对比分析，并从不同层面针对研究生导师立德树人工作的落实情况进行深度调研，以期不断充实和丰富新时代研究生导师立德树人的研究内容，提高研究生教育服务国家的能力。

（二）有利于发挥研究生导师的思想政治工作主体优势

本书借鉴多个学科的优势内容，深入挖掘研究生导师作为研究生思想政治教育首要责任人的主体功能，推进将思想政治工作贯穿于研究生人才培养的全过程。思想政治教育学是实践性很强的学科，需要持续加强载体研究，以研究生导师立德树人为载体将思想政治教育有机融入其中，对于总结研究生导师立德树人的教育原则、方法及规律，调动包括研究生导师在内的所有研究生教育工作者的主观能动性，全面发挥研究生导师立德树人协同育人教育效应，强化研究生导师对师德与德育工作的认识程度，在研究生教育中筑牢立德树人思想意识等方面具有实际指导意义。

（三）有利于提高新时代研究生人才培养的质量

立足于新时代研究生教育的新形势，结合研究生教育的实际情况，深化研究生导师立德树人工作的实践。通过多角度的实证研究，分析将研究生导师立德树人工作的共性与特性相结合的优势教育方法，进一步充实与完善研究生导师立德树人的工作内容。通过优化育人环境、创新培养方式、协调师生关系、完善评价机制等，实现将研究生导师立德树人工作全员、全方位、全过程地落实到研究生人才培养过程之中，并注重其培养过程中的成效，旨在培养出大批合格且能担当民族复兴大任的时代新人、培养出德智体美劳全面发展的高质量的社会主义建设者和接班人。

三　研究生导师立德树人的研究现状

研究生导师是落实立德树人教育根本任务的主体。研究生导师立德树人工作是在高等教育中落实立德树人的重要组成部分，更是研究生教育阶段立德树人协同育人机制建设的关键，所以对研究生导师立德树人工作的研究具有重要的时代意义和实用价值。

（一）相关研究的主题分布与成果分类

近年来，学界以立德树人为研究视角开展研究有很多。在CNKI（中国知网）上以"立德树人"为主题的文章有8619篇，以"立德树人"为关键词的文章有11665篇，以"立德树人"为篇名检索到4662篇文章。其研究视角所涉及的相关领域很广，而且从CNKI上主题为"立德树人"的年度发表趋势来看，自2013年开始呈现大幅度上升态势。这充分说明立德树人已是当今国内学术界研究的重要课题，也是学者们研究的热门话题之一。通过以上研究，发现立德树人根本任务落实得越具体，效果就会越理想，所以本书将立德树人的研究视角放在研究生教育领域，从研究生导师落实立德树人工作的角度出发进行研究，以期为丰富立德树人的研究内容提供具有实际参考价值的资料。

近些年，学者们围绕立德树人教育的根本任务，进一步以教育单位、研究生导师以及研究生等不同研究角度为切入点，不断进行深入研究并取得了丰硕的研究成果。在CNKI上以"立德树人"为篇名检索出的4662篇文章中，有6篇与立德树人相关的博士学位论文，79篇硕士学位论文，其中有从研究生导师角度进行研究的学术成果。以"研究生导师立德树人"为主题在CNKI上进行检索，共有学术文章100篇；以"研究生导师立德树人"为篇名在CNKI上进行检索，共有学术文章69篇。其中关于研究生导师立德树人主体的研究文章有12篇；关于研究生导师发挥立德树人作用、价值的研究文章共5篇；研究生导师立德树人机制、路径、策略的研究文章有16篇；针对研究生导师立德树人评价的文章有5篇；针对研究生导师立德树人职责进行相关调研的文章有6篇；其他与研究生导师立德树人职责相关的研究文章25篇。目前，仅有1篇大连理工大学修晓辉硕士于2019年写的题为《研究生导师立德树人职责研究》的硕士学位论文，尚未有以研究生导师立德树人为篇名的博士学位论文及其他相关研究文章。

收集相关领域的学术资料并进行研究后发现，第一，目前学界围绕立德树人主体进行研究的文章较多。有的以高校为主体，有的以研究生教育为主体，有的以教师为主体。但以研究生导师为主体进行立德树人研究的成果却比较少，说明该研究领域具有一定的研究空间和重要研究价值。第二，研究生导师立德树人的内容，特别是研究生导师应该"立什么德"的问题少见于当前的学术成果之中，更缺乏系统性的梳理。例如，对于研究生导师的师德与研究生导师立德是什么关系等缺乏系统性研究与整理，其内外层次关系有待进一步理顺。第三，经研究发现，以往对建立研究生导师立德树人机制、路径等方面的研究相对较多，其虽是目前学术研究的关注点与落脚点，但都自成体系，从全局、全视角的角度进行研究的总体现状仍有改善空间，缺乏系统性的整理与总结，其研究的科学性与可操作性等方面仍需进一步完善。

需要注意的是，该领域的研究成果以2018年为分水岭，2018年以前研究研究生导师立德树人的学术成果相对较少，论文主要集中在从研究生教育宏观层面完成立德树人根本任务的探索，其中也有为数不多的文章从研究生教育微观的层面去探索研究如何发挥研究生导师立德树人功能作用的文章。关于研究生导师立德树人最早的一篇文章是 2015 年 1 月由李红丽、曹南燕发表的《新时期研究生导师立德树人的功用及实现途径》①，这是首篇将研究生导师与立德树人合并在一起进行研究的学术论文。2018 年 1 月，教育部出台了《关于全面落实研究生导师立德树人职责的意见》（教研〔2018〕1 号）。该文件对研究生导师立德树人提出了具体的工作要求，研究生导师立德树人作为一个教育的专有名词被固化下来，因此，对其基本内容的认识与理解成为学界研究的新内容。围绕研究生导师立德树人的专项研究逐渐开始增多，研究生导师立德树人渐渐成为社会关注和学者研究的焦点和热点。该领域的研究随着我国研究生教育综合改革步伐的加快而逐渐深入，研究范围和研究视角也越来越广，正在形成相对独立的研究领域。对其进行必要的深入研究，以及进一步明确与细化研究生导师立德树人的主要内容，有助于加深对新时代研究生导师开展立德树人工作重要性的认识，确保研究生导师立德树人工作贯彻落实到位。

笔者针对以往该领域研究现状和成果的主要内容进行了必要的归纳整理，并对该领域内所涉及的相关主要论点进行了总结，通过具体的归纳总结后，体现在如下几个方面。

1. 研究生教育中立德树人含义研究

立德树人是教育的根本任务，结合研究生导师工作的实际，对研究生导师立德树人的含义、要求、职责等的理解应更具体和更贴近现实工作。

吴潜涛和吴俊从战略高度提出立德树人要为确保中国实现现代化的正确政治方向提供人才保障，必须适应并满足中国特色社会主义现代化需要，其所立之德、所树之人是社会主义现代化所需之德和所要之人。② 立德树人的内容有理想信念教育、做人修养教育、民族精神教育、社会责任教

---

① 李红丽、曹南燕：《新时期研究生导师立德树人的功用及实现途径》，《学校党建与思想教育》2015 年第 1 期。
② 吴潜涛、吴俊：《坚持"三个面向"与"立德树人"的统一》，《思想理论教育导刊》2014 年第 4 期。

育、现代公民教育。① 卢勃等人从四个维度阐述了在从管理到治理的过程中,以主体多元化、方式多样化、治理环境民主化、多维度整合化的角度分析了研究生教育立德树人内涵的变化。② 刘晓喆提出立德树人既是教育的目标,也是人的全面发展和社会全面发展的基础。立德树人的要求从根本上是建立在以学生为中心、服务于学生成人成才的理念基础上的。要全面落实导师立德树人的职责,客观上需要建立健全以学术为重、管理重心向下、学术权力与行政权力分工合理运行协调的内部管理体制。③ 郑忠梅认为立德树人,即坚持德育为先、育人为本,就是要求研究生导师以坚定深厚的信念素养、扎实深厚的学识素养和高尚深厚的道德修养来安身立命、行为世范,培育人才。④ 成敏敏从政治、价值、情感、行为四个方面阐述了研究生导师立德树人认同感的核心内容。⑤ 薛政和于雅洁从高等教育的本质和高校的根本任务出发,立足于新时代研究生导师的政治站位和责任担当,以解决问题入手,挖掘了新时代研究生导师立德树人教育职责的时代内涵和实现路径。⑥ 王勋和马琳慧探索将中华优秀传统文化融入研究生导师立德树人职责的意义和路径,分析中华优秀传统文化中具有借鉴意义的内涵,提出将中华优秀传统文化中的师道要求融入研究生导师基本素质,将中华优秀传统文化中的职业规范融入研究生导师的基本职责。⑦

2. 针对研究生导师立德树人工作中存在的问题进行研究

学界指出研究生导师立德树人工作中存在的问题实际上是从不同侧面反

---

① 赵立莹、刘晓君:《研究生教育立德树人:目标体系、实施路径、问责改进》,《学位与研究生教育》2018年第8期。
② 卢勃、刘邦卫、鲁伟伟、薛达:《从管理到治理:研究生教育立德树人的四维建构》,《研究生教育研究》2019年第2期。
③ 刘晓喆:《研究生导师立德树人职责何以"全面落实"》,《学位与研究生教育》2019年第6期。
④ 郑忠梅:《立德树人:研究生导师职责的学术逻辑及其实现》,《学位与研究生教育》2019年第6期。
⑤ 成敏敏:《切实增强研究生导师立德树人的认同感》,《中国高等教育》2018年第24期。
⑥ 薛政、于雅洁:《研究生导师立德树人教育的新时代内涵及其实现路径》,《沈阳农业大学学报》(社会科学版)2020年第3期。
⑦ 王勋、马琳慧:《中华优秀传统文化融入研究生导师立德树人职责研究》,《四川轻化工大学学报》(社会科学版)2020年第3期。

映了研究生导师立德树人工作开展的必要性与紧迫性，也从不同角度阐明了研究生导师立德树人工作仍任重道远，只有不断深入研究问题的本质，才能找到症结，对症下药。

存在共性问题。如李家圆等人提出研究生教育的专业化程度更高且分化明显，也更容易出现重智育、轻德育，重专业、轻育人的情况。① 钱嫦萍和胡博成发现研究生导师在思想层面对立德树人工作认同感不强、立德树人见效慢且需要长期积累、相关考核评价机制不健全等是研究生导师立德树人的现实难题。② 刘志和韩雪娇提出对研究生导师立德树人的要求随时代的发展变化而不断更迭，但研究生导师育人能力的匹配度却较难契合。研究生导师经常把握不住育德、育才两个方面的平衡度，造成失衡。此外，对于研究生的差异成长与立德树人的规范引领之间也存在矛盾冲突。③ 李宇清和夏星发现青年研究生导师中存在德育教育理念缺乏、科研道德重视不够、忽略德育使命的问题。④

通过实际调查发现的问题。李海生通过对4521名研究生导师进行问卷调查，对忽视研究生课程教学、不重视研究生学位论文工作、不遵守研究生教学规范、招生指导中歧视学生、学术规范教导失责、师生关系异常、科研训练与管理失当、不尊重研究生学术劳动成果8个代表性不当行为的主要表征进行了具体分析和差异分析。⑤ 郑爱平和张栋梁通过对12所高校中1496名师生进行调查分析得出在多个维度研究生导师对师德重要性的评价普遍比非研究生导师的评价要高。但高校对于研究生导师师德建设不够重视，研究

---

① 李家圆、高殿帅、程慧敏：《我国研究生导师立德树人政策及理论综述》，《卫生职业教育》2018年第19期。
② 钱嫦萍、胡博成：《新时代研究生导师立德树人的时代内涵、现实难题和实现路径》，《思想理论教育》2019年第9期。
③ 刘志、韩雪娇：《研究生导师立德树人需要突破的三重瓶颈》，《研究生教育研究》2018年第5期。
④ 李宇清、夏星：《立德树人视域下青年研究生导师德育价值的培育》，《教育现代化》2019年第10期。
⑤ 李海生：《导师指导中不当行为的主要表征及防范对策——基于对4521名研究生导师的问卷调查》，《学位与研究生教育》2019年第4期。

生导师存在重科研、轻教学的倾向，学术功利化现象比较严重，团队精神和学科交叉合作欠佳，对研究生缺乏爱心，和学生关系淡漠等问题。① 高平发等人曝光了研究生教育中的几个典型的学术问题事件，论述了研究生导师的学术困境和道德困境表现。② 刘文成等人对湖南省的 4 所高校 80 名导师、400 名研究生进行了问卷调查，从学校、导师、研究生三个层面发现了问题。③ 张静文和刘爱书以黑龙江省的高校为调研对象，以学生评价的视角，针对研究生导师的问题行为进行了调研，发现情感暴力、放任敷衍、品德不良三个方面的问题行为发生率比较高；博士生导师的问题行为显著高于硕士生导师；理科、工科和其他学科的研究生导师问题行为显著高于文科研究生导师。④

涉及导师评价的问题。李彬等人提出当前高校研究生导师评价体系存在没有建立评价考核制度或以导师遴选制度替代；评价侧重科研、职称，鲜有涉及教学育人；评价主体单一，缺乏社会多主体参与；评价考核制度实施难，奖惩不清或赏罚不明的问题。⑤

关于导师培训工作的问题。王武习提出高校仅对新聘导师进行岗前培训教育，而未将导师职业道德教育及培训常态化，对已聘任导师培训的内容仅限于业务流程的培训，未对师德师风培训建立长效机制。评价指标体系都是定性地去约束导师的行为规范，未能定量地去细化评价指标体系。⑥

3. 对研究生导师立德树人工作相关情况进行实证研究

一些学者运用量表的方式对研究生导师立德树人工作相关现象、因素进

---

① 郑爱平、张栋梁：《立德树人根本任务指引下研究生导师师德建设研究——基于 12 所高校 1496 名师生的调查分析》，《研究生教育研究》2017 年第 4 期。
② 高平发、张欣媛、袁永红：《研究生导师践行立德树人的困境及对策》，《中国石油大学学报》（社会科学版）2017 年第 6 期。
③ 刘文成、刘亚辉、秦子玲：《新时代高校如何落实导师立德树人职责探微》，《湖北开放职业学院学报》2019 年第 22 期。
④ 张静文、刘爱书：《研究生导师问题行为的现状及特点探究——基于黑龙江省高校研究生的调查分析》，《研究生教育研究》2019 年第 4 期。
⑤ 李彬、谢水波、蒋淑媛：《立德树人视野下高校研究生导师评价体系存在的问题及对策》，《教育现代化》2019 年第 63 期。
⑥ 王武习：《以落实立德树人职责为契机加强研究生导师队伍建设》，《才智》2019 年第 29 期。

行观察与调查，并用数量化的方式给出评估和解释，增加了研究生导师立德树人研究的科学性，为提出对策提供了依据。

倪国栋等人认为研究生导师立德树人职责的七个维度变量对研究生培养质量的四个维度变量均具有显著的正向促进作用，因此得出研究生培养单位深入贯彻落实研究生导师立德树人职责能够有效提高研究生培养质量的结论，特别指出培养研究生学术创新能力、培养研究生实践创新能力以及优化研究生培养条件三项职责对研究生学术科研水平的影响效应最大。[①] 倪国栋等人又通过教育部发文的七个维度开发出研究生导师立德树人职责测量量表，以中国矿业大学为例进行调研，在不同性别、类别、年级、年龄的研究生和导师中加以对比分析，通过比较提出弥补研究生导师立德树人职责短板等对策。[②] 倪国栋等人还以江苏高校的导师为样本，设计出研究生导师立德树人职责的测量量表，通过探索性因子分析、验证性因子分析等相关分析，得出各研究生培养单位应当严格执行教育部所倡导的研究生导师立德树人七项职责并全面落实。在掌握本单位研究生导师立德树人职责落实现状的基础上，针对履行过程中存在的短板问题，及时采取有效措施进行不断改进和提高，来全面提升和改善本单位的研究生培养质量。[③] 肖凤等人以湖南省部分高校的研究生、导师、高校管理人员的3345份调查问卷为调研对象，对研究生导师立德树人履职状况分"共识性职责""倡导性职责""失范性职责"三类进行了匿名调研，通过折半系数法和克隆巴赫系数法展开分析，发现研究生对立德树人为共识性职责的认同度最高，对失范性职责的认同度最低。[④] 韩忠远和郭望远在对黑龙江省高校中研究生导师立德树人职责的调查研究中，通过12048份调查数据发现研究生导师在思政功能发挥、师德师

[①] 倪国栋、王文顺、高富宁、邓勇亮：《导师立德树人职责对研究生培养质量的影响研究》，《教育评论》2019年第7期。
[②] 倪国栋、王文顺、陈平、高富宁、吕向前、王莉：《研究生导师立德树人职责落实现状与对策研究——以中国矿业大学为例》，《高等建筑教育》2019年第6期。
[③] 倪国栋、高富宁、王文顺：《研究生导师立德树人职责的内涵、结构与测量量表开发》，《高教论坛》2019年第9期。
[④] 肖凤、刘亚辉、郑国义：《研究生导师立德树人履职状况研究——基于湖南省多所高校的实证调查》，《太原城市职业技术学院学报》2020年第12期。

风履行、与学生和谐关系建构等方面均存在评价差或较差的情况，尽管比重很低，但说明研究生导师立德树人工作仍存在问题，需要进一步思考和研究改进方案。①倪国栋等人以教育大省江苏的 356 名研究生导师为调研对象，分析导师的不同性别、学科、学校类型、年龄阶段、导师类型和政治面貌等因素，探索研究生导师立德树人职责落实情况的差异性。②

4. 研究生导师立德树人制度建设研究

制度建设是保障研究生导师立德树人持续进行、有效运行的重要内容。学者们认为通过制度建设能够有效激发研究生导师的工作热情，规范、引导研究生导师的教育行为。

初期，易森林和孙彩平提出从制度上做保障——严格导师遴选制度并建立健全导师的权责机制。③ 2018 年以后，刘林认识到制度是从立德树人所缺乏的刚性约束的视角规范导师的行为，划定导师工作边界，内生性地推进立德树人工作的有效执行。④卢勃等人以道德建设为主线，旨在通过制度形成长效机制，提出针对研究生的学术道德，从道德意识、道德规范、道德实践的角度论述了研究生学术道德的建设要形成长效机制，并且提出制度化是一种较为合理的途径，通过制度约束来达到相应的目的，这种制度化的关键是道德上"意"和"行"的规范行为。⑤刘晓喆在文章中还提出制度建设不能仅仅局限于导师群体，应从研究生教育整体的角度进行建设。在导师队伍建设制度方面，要增强制度设计的系统性，保障制度设计的各方面相辅相成和集成效应；对于导师队伍建设制度的总体设计，应包括导师遴选、师生互

---

① 韩忠远、郭望远：《研究生导师立德树人职责调查研究——以黑龙江省高校为例》，《黑龙江教育》（高教研究与评估）2020 年第 9 期。
② 倪国栋、高富宁、王文顺、杨圣奇、陈平：《江苏高校研究生导师立德树人职责落实现状——基于 356 个导师样本的调查分析》，《大学教育》2020 年第 12 期。
③ 易森林、孙彩平：《对研究生实施立德树人教育的策略研究》，《教育探索》2014 年第 11 期。
④ 刘林：《研究生导师立德树人职责与实现途径探究》，《思想教育研究》2018 年第 5 期。
⑤ 卢勃、刘邦卫、鲁伟伟、薛达：《从管理到治理：研究生教育立德树人的四维建构》，《研究生教育研究》2019 年第 2 期。

选、导师考核与奖惩等。①

5. 研究生导师立德树人工作机制建设研究

目前，学界的相关研究处在机制建设的初步探索阶段，对于构建新时代研究生导师立德树人工作机制的体系研究还不够健全和深入，仍需要进行大量的分析与研究。本书认为研究生导师立德树人工作不能仅依靠研究生导师个体的力量，而是应以研究生导师作为立德树人工作的实施主体，在研究生教育中形成多元化教育主体各方协同共治的教育合力，共同推动研究生导师立德树人协同育人机制建设常态化、稳定化、持续化发展，不断取得实质性的立德树人工作成效。

2014年徐国斌等人以浙江大学的实践为例，在立德树人视野下提出了研究生导师育人作用发挥机制形成过程中应遵循的"三三三"原则②，具有一定的参考和借鉴意义。之后，杨雷和张德庆提出机制建设的原则，认为研究生导师立德树人长效机制的建立既要保证机制与制度到位，又要保证责任与意识到位。③ 骆莎主张落实导师立德树人的主体责任，强化导师立德树人的有效引导，构建导师立德树人的协同育人机制、双向互动机制和示范引领机制。④ 于维平主张构建立德树人行为引导机制，将其分为行为引导激励机制、行为引导约束机制和行为引导保障机制，对更好地健全研究生导师绩效考核体系、加强自我约束、加大培训力度、营造良好氛围进行了论述。⑤ 褚艳新从组织专业培训、探索导师德育教育有效形式、健全评价和激励机制、进行专题宣传等四个方面探索了研究生导师育人机制。⑥ 王武习提出针对导

---

① 刘晓喆：《研究生导师立德树人职责何以"全面落实"》，《学位与研究生教育》2019年第6期。
② 徐国斌、马君雅、单珏慧：《"立德树人"视野下研究生导师育人作用发挥机制的探索——以浙江大学为例》，《学位与研究生教育》2014年第9期。
③ 杨雷、张德庆：《新时代研究生导师立德树人长效机制的建立》，《黑龙江教育》（高教研究与评估）2018年第12期。
④ 骆莎：《论立德树人中导师的教育引导作用》，《思想理论教育》2018年第11期。
⑤ 于维平：《研究生导师立德树人行为引导机制研究》，《创新创业理论研究与实践》2019年第2期。
⑥ 褚艳新：《"立德树人"视野下研究生导师育人机制研究》，《教育现代化》2019年第12期。

师队伍监管机制问题，需要建立"政府机构—高校职能部门—导师所在学院"三重监督管理模式。① 苏春艳立足新时代背景，对研究生导师落实立德树人职责中遇到的困境进行分类，并据此得出破解研究生导师立德树人机制的对策。②

6. 落实研究生导师立德树人工作路径研究

此类研究是学者研究的重点和焦点，也是有效推动研究生导师立德树人工作的着眼点。学者们分别从研究生导师、研究生教育、社会实践等不同角度对实施路径、方法措施、解决对策等进行了一些有益的探索。

从思想层面落实的研究。学者们通过研究明确了在思想意识上进行强化的重要性，如易森林和孙彩平提出强化导师的育人意识，应进行职业道德建设。③ 柳礼泉和王俊玲论述了立德树人视域下研究生导师德育自觉的提升路径。④ 刘晓喆提出全面落实研究生导师立德树人的关键在于导师主体意识的觉醒和个体行为的自觉。导师应进行职业意识的觉醒和职业道德的自觉践行、自觉探索与遵循教育规律。⑤ 夏日炜认为提高研究生导师立德树人路径首要的是要加强研究生导师师德建设、加强研究生导师道德自觉。⑥

从其他层面落实的研究。学者们在研究中阐明研究生导师立德树人不是导师单方面的事，多方合力而为才是有效解决问题的最佳方案。钱嫦萍和胡博成提出加强师德建设、明确首要责任、创新方式方法、推进协同育人、完善评价机制是推进研究生导师立德树人职责落实的多维路径。⑦ 胡绮从导

---

① 王武习：《立德树人背景下的高校研究生导师队伍建设研究》，《黑龙江教育》（理论与实践）2019年第10期。
② 苏春艳：《困境与路径：研究生导师立德树人机制的塑造》，《教师教育论坛》2020年第7期。
③ 易森林、孙彩平：《对研究生实施立德树人教育的策略研究》，《教育探索》2014年第11期。
④ 柳礼泉、王俊玲：《立德树人视域下研究生导师德育自觉的提升路径探析》，《思想教育研究》2016年第2期。
⑤ 刘晓喆：《研究生导师立德树人职责何以"全面落实"》，《学位与研究生教育》2019年第6期。
⑥ 夏日炜：《高校研究生立德树人教育路径的初步探究》，《教育教学论坛》2019年第36期。
⑦ 钱嫦萍、胡博成：《新时代研究生导师立德树人的时代内涵、现实难题和实现路径》，《思想理论教育》2019年第9期。

师、学院、学校三个层面阐述了落实研究生导师立德树人职责的路径。[1] 杨守鸿等人提出应从"组织建设""课程教学""科学研究""生活行为"四个方面创新和拓宽研究生导师立德树人的现实路径。[2] 修晓辉和王新影从社会、学校、导师自身三个方面提出加强师德师风建设、完善研究生导师考评制度、提高研究生导师的立德树人意识的解决对策。[3]

选择某一研究角度切入并进行挖掘性的研究。有的学者选择从某一角度进行深度挖掘，采取分化研究的方式逐步推进，从研究成果发表的时间先后顺序上看，高平发等人提出研究生导师践行立德树人应该从学术和道德两个维度来进行，具体策略分为如下六个方面：坚持率先垂范，做人格塑造的榜样；坚持学术信仰，做学术上的领路人；端正学术态度，做学术规范人；坚持洁身自好，做有责任感的学者；倡导平等协作，做学生的良师益友；引导职业评估，指导研究生的职业发展规划。[4] 王金梅从研究生培养的角度提出了落实导师立德树人职责的途径。[5] 王武习提出从提高导师的使命与责任，优化导师年龄结构、学缘结构等队伍建设，从意识形态、人文素养与科学精神、导师队伍培训等提高研究生导师基本素质，从学者、师者、管理者三个角色明确导师责任、正确定位导师角色及职责，健全研究生导师监督和激励机制，完善导师定量及定性指标和绩效管理体系六个方面推进导师队伍建设的思路及对策。[6] 李海生提出从完善制约导师指导行为、充实导师行为规范、构建常态化的导师行为规范培训机制、加大对导师行为的监督与对导师违规行为的查处力度、建立研究生投诉以及权益保障机制五个方面防范导师

---

[1] 胡绮：《高校研究生导师立德树人职责落实的路径》，《西部素质教育》2019年第10期。
[2] 杨守鸿、杨聪林、刘庆庆：《新时代研究生导师立德树人的现实路径研究》，《学位与研究生教育》2019年第7期。
[3] 修晓辉、王新影：《研究生导师立德树人职责研究》，《文化学刊》2019年第5期。
[4] 高平发、张欣媛、袁永红：《研究生导师践行立德树人的困境及对策》，《中国石油大学学报》（社会科学版）2017年第6期。
[5] 王金梅：《从研究生培养角度落实导师立德树人职责研究》，《考试周刊》2018年第68期。
[6] 王武习：《立德树人背景下的高校研究生导师队伍建设研究》，《黑龙江教育》（理论与实践）2019年第10期。

的不当行为。① 程昊以工科研究生教育为背景，阐述了单一导师负责制的弊端，提出通过导师团队模式立德树人的良好建议。② 尹富强等人认为关爱是研究生导师立德树人的出发点，从了解、德育、权益保障及长期关怀四个方面阐述了导师关爱的具体做法。③

7. 研究生导师立德树人工作评价体系研究

客观正确的评价能够起到科学规范地引导研究生导师投入立德树人工作的作用，学者们从立德树人工作的实际出发，针对当前研究生导师立德树人工作评价中存在的问题，对完善研究生导师立德树人工作评价体系提出了建设性的意见。

崔延生等人最早提出了相关观点，建立导师综合评价体系，采取导师互评和学生测评两种方式相结合，从导师工作的多方面、多角度进行测评。④ 之后，曹洪军和王娜提出的相关方案则深入和具体了许多，针对研究生导师立德树人考评工作存在的问题，从全员、全面、全程、精确和模糊相结合四个维度提出了考评工作原则，构建了"二三三"考评指标体系，还针对考评结果的运用提出了正向激励和反向惩罚相结合的原则。⑤ 骆莎从研究生教育整体的角度构建导师评价体系，提出把立德树人纳入教学评估、学科评估和导师考核指标体系。坚持把学术委员会评价、教学督导评价、研究生评价和导师自我评价相结合，建立科学、公平、公正、公开的考核体系，加强对研究生导师立德树人职责落实情况的考核和评价。⑥ 李彬等人则加入社会因素，从全局的角度提出研究生导师的考评应该建立研究生教育教学管理部

---

① 李海生：《导师指导中不当行为的主要表征及防范对策——基于对 4521 名研究生导师的问卷调查》，《学位与研究生教育》2019 年第 4 期。
② 程昊：《工科研究生立德树人教育中导师团队的作用及对策》，《教育观察》2019 年第 13 期。
③ 尹富强、周晓莹、刘夏：《关爱是新时代研究生导师立德树人的出发点》，《卫生职业教育》2019 年第 13 期。
④ 崔延生、付婷婷、谭智敏、费德厚、刘禹辰：《研究生导师在高校"立德树人"教育中的作用研究》，《教育现代化》2016 年第 1 期。
⑤ 曹洪军、王娜：《促进研究生导师"立德树人"考评工作的四重维度》，《思想政治教育研究》2017 年第 1 期。
⑥ 骆莎：《论立德树人中导师的教育引导作用》，《思想理论教育》2018 年第 11 期。

门、研究生、同行专家、导师自身以及社会"五位一体"的导师评价主体体系。① 之后，刘志等人提出研究生导师立德树人评价需要平衡的三对矛盾冲突，指出评价结果应真实客观、评价过程的情感牵涉、区分导师立德树人的教育影响程度是评价工作存在的理论与实践难题②，这些都有待进行后续跟进性研究与突破。

8. 开展研究生导师立德树人工作培训研究

此类研究从提高研究生导师立德树人规范性的角度，研究建立研究生导师培训的体制机制，学者们在强化培训内容、丰富培训方式、增强培训效果等方面进行了有益的思考与探索。

胡绮认为导师培训应成为导师队伍建设的重要内容和常态化工作。③ 沈蓉等人提出要通过不定期的、规范的、有计划的培训来提高导师自身的道德修养。④ 曹洪军和张红波从制度建设、方案设计、保障供给三个方面提出了优化研究生导师立德树人培训机制的措施。⑤ 崔延生等人提出以适应导师教学和科研实际应用为课程内容，以讲座和座谈为课程分类，以参观和互动为课程实践，以课堂讲授和网络分享为课程方式，研究制定包括内容、授课方式、考核方式等完整的导师教育培训体系。⑥ 王武习提出加强导师培训机制，要针对研究生导师开展全员培训工作、积极为研究生导师提供交流平台、发挥示范作用。⑦ 通过加强对研究生导师在育人立德先进理念方面的培

---

① 李彬、谢水波、蒋淑媛：《立德树人视野下高校研究生导师评价体系存在的问题及对策》，《教育现代化》2019 年第 63 期。
② 刘志、刘健康、许畅：《研究生导师立德树人评价需要平衡三对矛盾冲突》，《学位与研究生教育》2019 年第 4 期。
③ 胡绮：《高校研究生导师立德树人职责落实的路径》，《西部素质教育》2019 年第 10 期。
④ 沈蓉、沈利荣、刘伟、王鹏、徐含乐：《工科院校研究生教育中立德树人机制探究》，《科技风》2017 年第 19 期。
⑤ 曹洪军、张红波：《论研究生导师"立德树人"培训机制的优化》，《煤炭高等教育》2017 年第 4 期。
⑥ 崔延生、付婷婷、谭智敏、费德厚、刘禹辰：《研究生导师在高校"立德树人"教育中的作用研究》，《教育现代化》2016 年第 1 期。
⑦ 王武习：《以落实立德树人职责为契机加强研究生导师队伍建设》，《才智》2019 年第 29 期。

训，强化研究生导师对研究生的德育意识。① 成敏敏认为增强导师立德树人的认同感首先要对导师进行规范化专题培训。②

（二）关于研究生导师立德树人工作相关研究述评

综观上述研究成果，学界从不同角度、不同层面，围绕研究生导师立德树人工作的相关内容展开探究，取得了丰硕的学术研究成果，推动了研究生导师立德树人工作相关学术研究的进步。在分析已发表的有关研究生导师立德树人学术论文的过程中，发现相关研究的主要内容多集中在研究生导师立德树人工作中存在的问题和实现的路径、对策上，无论是对相关机制建设进行研究还是用设计量表进行数理分析，都是为了更加真实地反映出研究生导师立德树人工作中存在的问题以及尽快解决问题的必要性。所以，当前该领域的相关研究仍显不足，存在研究内容上的缺失，从而为本书提供了在该研究领域继续深入探究的可行性，也为开展相关的实证研究留出了足够的研究空间。

1. 分散研究较多，理论研究不足

学界针对研究生导师立德树人工作方面的研究目前仍较分散，尤其缺乏基础性理论研究。新时代以来，针对研究生导师立德树人工作研究内容仍较分散的问题，国家出台的一系列相关政策散见在多份政策文献中，缺乏系统的梳理与整理。另外，研究生导师立德树人工作机制研究的系统性仍不强，多集中在提高研究生导师责任意识、规范研究生导师行为、推进研究生导师师德建设等单一层面上，尚未从思想、队伍、制度建设全局统筹的角度出发，发挥出研究生教育的协同育人优势，形成系统化的、相对完善的研究生导师立德树人工作机制和运行体系。当前该领域的学术研究仍没有从理论基础的角度进行细化研究，缺乏对研究生导师立德树人工作基础理论研究的支撑也会使得研究生导师立德树人工作相关研究呈现一定程度的零散和表象化特征，从而使该领域的相关研究仍停留在比较肤浅的基础层面上。理论研究依据不足，再进行相关深入研究的张力也明显不够，更不利于拓展该研究领域纵深性育人研究。

---

① 尹倩：《护理硕士专业学位研究生"立德树人"教育研究》，《内蒙古教育》2019年第29期。

② 成敏敏：《切实增强研究生导师立德树人的认同感》，《中国高等教育》2018年第24期。

2. 历史研究较多，实证研究不足

立德树人是中华优秀传统教育文化的精髓，体现了教育的本质和内涵，更体现了以人为本的育人理念。在现有的立德树人研究中，追溯立德树人历史和挖掘立德树人当代价值的研究较多，但从研究生导师立德树人的角度、从研究生教育以及导师制的培养模式具有特殊性的现实角度出发，对道德和德的内涵进行系统性梳理、深入挖掘立德树人的教育价值与意义，以及研究生导师立德树人工作核心内容的相关研究仍为空白。新时代研究生导师立德树人是实践性非常强的研究课题，仅停留在理论、历史层面的研究难免不够全面客观，而其所做的理论研究和历史研究需要回到实践过程中才能对其有效性等内容加以印证，以增强研究结果的实用性与可信度。本书将针对以往相关研究领域实证研究的不足，从实证研究的角度出发，从教育环境到教育主体再到教育对象，全视角、分层次推进深度调研和探究研究生导师立德树人工作的理念与方法，以增进对研究生导师立德树人工作职责的了解与认识，深入挖掘存在的问题，剖析产生问题的原因，提出解决问题的可能性，提高研究生导师立德树人工作研究的时代参考价值。

3. 调研角度广泛，调研深度不足

针对研究生导师立德树人工作的调研，学界普遍采用编制调查问卷的调研方式，即将调查回收的有效问卷用SPSS、AMOS等软件进行多项因子和信度分析，而后制成量表或者通过列表进行相关性分析。使用调查问卷的匿名调研形式可以调研出一定程度上的真实内容，但调查内容大都是提前设计好的，尽管调查过程是客观的，但为了使各因子、信度等符合量表的设计要求，调查问题往往在设计的时候就具有一定的导向性，所以调查的结论也可能会带有设计者的倾向性。尽管调研范围和调研对象的覆盖面是展开的，但调研的深度还略显不够。由于针对研究生教育问题深入调研的力度不足，不能深入研究生导师和研究生一线的教育教学环境之中，本书运用深度访谈等实证调研方法弥补问卷调查调研方式存在的不足。通过面对面深度访谈的调研形式倾听研究生导师和研究生分别反映研究生导师立德树人教育实践的真实现状的相关研究目前仍属空白，值得通过本次实证研究去尝试和探究。

结合新的时代形势，通过开展多种方式进行调研，弥补之前研究方法上的缺失，才能全方位、立体化地呈现研究生导师立德树人工作成效的实际情况，便于有的放矢地解决研究生导师立德树人工作中存在的问题并进行产生问题原因的深层次分析，为进一步推进新时代研究生导师立德树人工作夯实理论基础。

四　研究生导师立德树人工作的研究策略

本书建立在现有相关研究成果的基础之上，立足新时代研究生教育的背景和环境，针对目前学界未曾涉及或研究不够的相关领域开展重点性研究，以丰富研究生导师立德树人研究的内容，更有效地使研究生人才培养质量得到不断提升。

（一）研究方法

本书立足于马克思主义的立场、观点和方法，综合运用如下研究方法全面分析、深入研究研究生导师立德树人工作。

1. 实证研究方法

本书通过把调研对象分类别、分层次、分阶段、分领域地逐步推进来开展调研工作。先是从管理者的角度出发，分地区、分类别地实地走访和从教育部门官方网站收集具有代表性和借鉴性的省级研究生教育行政主管部门、研究生培养单位对外公开的有关研究生导师立德树人工作的政策措施和经验做法并做系统性梳理总结。之后，对研究生导师立德树人工作的主、客体双方进行了深度的实证调查研究，通过现场采访、电话访谈、网络互动等途径，选取了不同类型高校20所，不同层次、不同学科、不同专业的研究生导师、研究生在读生或毕业生共46人进行深度访谈。所有访谈内容均围绕研究生导师和研究生就研究生导师立德树人实际工作中的真实想法、现实状况、实际感受、存在的问题等调研内容展开深入调研。此外，还针对研究生教育主、客体双方共同关心的热点问题进行了无记名网络问卷调查，将从一线调研的调查结果与访谈内容进行归纳、整理与综合分析，在实证分析研究的基础上进行深度提炼，以提升对新时代研究生导师立德树人工作成效研究的深度。

2. 比较研究方法

该研究方法是哲学社会科学经常采用的重要方法。本书一方面是将不同时期的研究生导师、研究生的数据进行比较研究，梳理并分析了我国研究生教育40余年以来，特别是对近20年不同时期、不同角度、不同主体的相关资料进行分类整理、数据比对、分析研究。通过可视化较强的图表形式清晰地展现我国研究生教育的发展历程，呈现我国研究生教育在不同发展过程中的发展趋势。另一方面是针对不同研究生培养单位落实研究生导师立德树人工作的具体做法进行比较研究。调研省市级研究生教育主管部门和各研究生培养单位落实研究生导师立德树人工作的有关政策、文件、做法与效果，以全景式、立体化、多维度的调查研究方式，从教育行政管理、实施主体、作用对象等角度全方位地比较分析有关研究生导师立德树人工作的直接材料。从政策执行的角度比较分析研究生导师立德树人的实际工作方法，进行条理性地概括整理，综合分析利弊与异同，并通过比较分析体现政策制定与执行的反差度或一致性，增强相关实证研究结果的说服力。

3. 文献研究方法

本书扎实做好前期各学科文献资料的收集、整理，吸收各学科先进的理论思想，以调查研究、比较研究、数据分析为辅助手段，发挥不同学科的相对优势和特色，创新性地交叉运用在本书的论证过程之中。首先，全面收集和梳理了我国优秀传统道德文化的大量史料，习近平总书记关于立德树人、人才培养的重要论述和重要讲话，教育领域特别是研究生教育领域的相关政策依据以及学界有关研究生导师立德树人工作的学术研究成果。其次，查阅马克思主义有关人的全面发展学说的经典文献著作，将其学说原理与立德树人工作实践相结合进行研究。再次，系统性整理了我国研究生教育发展，研究生导师、研究生人才培养，研究生导师职责的政策文献和学界研究等。最后，收集整理了比较有代表性的地方研究生教育行政部门和研究生培养单位关于落实研究生导师立德树人的具体措施等。在掌握了以上相对全面的第一手资料的基础上，下功夫对收集来的原始文本、文献资料展开分析与研究，使得本书的内容更具有针对性和实效性。

（二）创新设想

本书是建立在已有立德树人研究的基础上，借鉴以往的研究经验和现有的研究成果，从梳理立德树人工作发展的历史脉络到把握新时代研究生导师立德树人协同育人机制的新要求，力求在以下三个方面有所创新。

1. 研究方法上的创新

综观以往关于研究生导师立德树人工作的研究，发现其中理论研究比较多，而相关的实证研究则显得薄弱。本书在马克思主义理论，思想政治教育学原理，哲学、统计学、伦理学、管理学、教育学、心理学等多学科研究视域下，博采众长，采用多学科交叉的实证研究方法，除了进行大量的问卷调研外，还对地方研究生教育行政部门的政策文件和措施、研究生培养单位的落实情况和主要做法、研究生导师立德树人工作过程中的典型案例等做了深入地实证研究。同时，扎根于新时代研究生导师立德树人的一线实际工作中，通过走访研究生导师和研究生，开展研究生导师立德树人工作的深度访谈，在整理相关访谈内容的基础上，进行了系统性、创新性实证分析与研究。通过以上几方面的调研，对新时代研究生导师立德树人工作的现状、问题、问题产生的原因等都有了更好的理解和把握。本书运用统计分析的方法对广泛收集的相关数据进行深度分析、研究，用可视化较强的图表分别进行数据分析与结果比对，通过汇总以上数据分析结果，探究研究生导师立德树人工作的教育形势与发展趋势，以增强新时代研究生导师立德树人工作实证研究的科学性和可行性。

2. 研究内容上的创新

本书是建立在中国优秀传统道德文化研究的基础上，立足于新时代研究生教育时代背景的研究成果。在含义层面上，运用借鉴历史的研究方法搜集史料，梳理我国优秀传统教育文化中的道德以及立德树人的历史发展脉络，对研究生导师立德树人工作中的关键词"德"及其内涵进行梳理与整合，根据研究生教育和研究生导师立德树人工作的客观性与特殊性，提炼研究生导师立德树人工作的核心内容。在理论层面上，运用马克思主义人的全面发展理论、习近平关于立德树人的重要论述、思想政治教育学原理进行理论基础性研究。在体制层面上，着眼于新时代的新要求，从培养模式、培养环境、培养目标等不同侧面阐明研究生导师立德树人工作的必要性，从研究生导师和履行职责方面分析研究生导师立德树人工作的独特优势。在实践层面上，从研究生育人工作规范性、研究生导师素质和研究生素养三个角度剖析研究生导师立德树人工作中存在的现实问题，从立德树人工作制度、管理、理念和育人能力方面剖析问题产生的原因。在策略层面上，在全方位开展实证研究并对其进行结论分析的基础上，从研究生教育和社会整体发展的角度出发贯彻和落实"三全育人"理念和体系，以创新和丰富新时代研究生导师立德树人协同育人机制构建的基本内容。

3. 研究观点上的创新

基于新时代研究生导师岗位特殊性的角度，提出研究生导师"德"的内涵，包括从为人之德、为师之德、为业之德三个层面的内在相互关系进行分析研究，强调研究生导师要在推动学术发展过程中展现研究生导师的从业美德并贯穿于研究生导师立德树人工作的教育全过程。提出把握正确的政治方向、培养严谨的学术道德、树立积极的人生态度作为研究生导师立德树人工作的核心内容，并在分析德与才辩证关系的基础上论述研究生导师立德与树人的统一关系，在创新育德与育人相结合的过程中，探索培养研究生成为德才兼备的高素质人才的育人方式。从研究生导师的角度出发，提出在立德树人工作主、客体互动中教学相长的必要性和可能性，对研究生导师立德树人因材施教、循序渐进的教育规律进行探索。针对该研究领域实证研究的内容与结果进行系统分析与反思，提出建设性的意见和建议以及工作思路。在探索新时代研究生成长成才规律、提升研究生导师立德树人工作潜能和成效的基础上，提出把育德理念与教育实践进行系统性、创新性的有机结合，发挥出教育单位各级各部门教育人员协同育人机制的优势作用，形成研究生教育的整体合力。提出内部控制制度对研究生导师立德树人协同育人机制的建立与运行具有监督作用，考评制度化建设是构建新时代研究生导师立德树人协同育人机制的有力保障。

第二章
研究生导师立德树人的基础理论

党的十八大报告首次提出"把立德树人作为教育的根本任务",自此对有关人才培养基本规律的认识和把握又上升到了一个新的高度。立德树人教育理念对教育者和教育对象均有着不同寻常的深远意旨,对新时代中国特色社会主义现代化建设和发展也具有重要的现实意义。坚持将立德树人作为教育事业改革发展的中心环节,强调立德树人在人才培养中坚持以立德为先和以树人为本的教育原则、遵循因材施教的育人规律,落实在研究生教育中,在提升研究生导师综合素养的同时,探索以德为先的培育途径,为国家培养德才兼备、全面发展的研究生人才。

立德树人意蕴深刻,培养德才兼备的人是指培养的人应以德为先、以德为要。因此,立德树人中的"德"是关键,研究生导师在落实立德树人之前先要知晓并理解我国优秀传统文化中道德的深刻内涵和历史演进过程,掌握以德为先对研究生导师和育人工作的重要性,从而全面把握立德树人的教育理念,更深一步领悟和把握研究生导师立德树人的核心内容。此外,要按照新时代党和国家对研究生教育提出的新要求,坚持马克思主义人的全面发展理论和习近平总书记关于立德树人的重要论述,运用道德教育的思想和方法,更好地促进新时代研究生导师立德与树人的有机统一。

第一节 立德树人的基本内涵

"德"字首见于商代的甲骨文中。到了周朝,人们对德的认知是个人、家庭、国家都要有德才能安定。随后的历朝历代以德治国的思想一直传承至今,成为中华民族传统美德的重要根源。在中国优秀传统文化中,德占据了极其重要的地位。古代培养人的思想是立德、立功、立言,排在第一位的就是立德;现代培养人的标准则是德、智、体、美、劳全面发展,德仍排在"五育"之首。可见,德是培养人的根基,是育人之源,立德树人的思想因此源远流长、历久弥新,对后人的启示教育作用也依然显著。

新时代研究生导师立德树人教育要引领正确的政治导向,传承严谨扎实的学术道德,帮助研究生树立积极向上的人生态度。立德树人的教育意义对高层次人才培养至关重要,对构建健康可持续发展的教育生态环境体系具有重要意义。

一 立德树人的历史演进及含义

中华上下五千年博大精深的文明脉络中,立德树人是其中的精髓和瑰宝。德是立德树人中的关键,发挥着核心作用,德不仅具有深刻的内涵,也蕴含着丰富的人生哲理。立德树人的形成、发展经历了较长的演进历程,经过几千年历史的洗礼,积淀出丰富的哲学内涵,体现了对立德和树人的理解和认识是经历反复深化后的认知过程,特别是德对人在成长中的重要性是一以贯之的思想内核,也需要在新时代的育人实践中得到不断发展和丰富。

(一)我国传统文化中的德

德是我国优秀传统文化中至关重要的观念之一,从认识德的积极意义开始,德的重要性就已包含在德的内涵之中。对德的内涵的理解是一个不断发展深化的认知过程,它始终秉承中华优秀传统文化的精髓,倡导人们注重道德修养、重视为人处世道德涵养的道德理念。从甲骨文中的"德"字开始,尽管对其是否具有现代意义上"德"的含义仍存有学术争议,但对其代表着一种美好的情操还是具有共识的。春秋时期,齐国丞相管仲认识到"故德者,得也。得也者,其谓所得以然也"[①]。战国末期的韩非子又进一步进

---

① 黎翔凤撰《管子校注》(卷第十三·心术上第三十六),梁运华整理,中华书局,2004。

行了区分:"德者,内也;得者,外也"①,意为德与得有别,德存于内心,得源于外部。"德者,性之端也。乐者,得之华也。"② 意为德是人性端正的开始;乐是德行修养的外现。"礼乐皆得,谓之有德。德者,得也。"③ 表示在当时那个年代,礼、乐的真谛都明白了,才是有道德的人,也必然心有获得。德对人、对社会都具有积极的意义,修身先修德。正如老子的《道德经》中所讲的:"修之于身,其德乃真;修之于家,其德乃馀;修之于乡,其德乃长;修之于国,其德乃丰;修之于天下,其德乃普。"④ 老子以此向世人表达出人修德的最终目的和意义:修身是修德的开始,也是德的返璞归真,修家是修德的补充,修德是为厚德载物,修乡是修德的延长,也是德的延伸,修国是修德的放大,其德也会得到充实,修天下是修德的终级目标,其德达到惠及天下的目的。

中华优秀传统文化历来重视个人和社会的道德建设。孔子在《论语》中说:"为政以德,譬如北辰,居其所而众星共之。"⑤ 意思是奉行政德,用德来行使政令,统治者就会如同北极星般指明方向,在它周围的星星会环绕着它转,表明了孔子以德治国的思想理念。《荀子》第一卷中的《劝学》把道和德结合起来:"故学至乎礼而止矣,夫是之谓道德之极。"⑥ 以此来告知人们学完礼(古时候的礼指典章制度和道德规范,礼的作用就是有节制,有礼的地方才可以说是有道德)就结束了,可以说就到达了道德的巅峰。老子曰:"重积德则无不克,无不克则莫知其极。"⑦ 意为积德就会攻无不克并具备无限能力。三国时期魏国的李康在《运命论》中写道:"若夫立德,必须贵乎?则幽厉之为天子,不如仲尼之为陪臣也。"⑧ 意思是立圣人之德,就一定得到显贵吗?那幽、厉二王作为天子,不及作为陪臣的孔子。再次深

---

① (清)王先慎集解《韩非子》,姜俊俊校点,上海古籍出版社,2015。
② (元)陈澔注《礼记·乐记》,金晓东校点,上海古籍出版社,2016。
③ (元)陈澔注《礼记·乐记》,金晓东校点,上海古籍出版社,2016。
④ 溪谷:《道德经——无为与自由》,华夏出版社,2017。
⑤ (春秋)孔子:《论语》,杨伯峻、杨逢彬译注,岳麓书社,2018。
⑥ (战国)荀况:《荀子》,(唐)杨倞注,上海古籍出版社,1989。
⑦ 溪谷:《道德经——无为与自由》,华夏出版社,2017。
⑧ 胡彦、刘丽辉、王德祥、赵卫华、和勇主编《大学国文》,云南大学出版社,2017。

刻表达了德在为人处世中的重要价值。唐代杜荀鹤在《经废宅》中留下经典的诗句——"人生当贵盛,修德可延之"①,意为人的一生若想富贵鼎盛,只有重视道德才能得到延长。清朝入关后的第二位皇帝,也是中国历史上在位时间最长的皇帝康熙流传已久的治国名言"国家用人,当以德为本,才艺为末",表达了国家应任人唯贤,首先重视人的德行,然后才是才能和技艺。从以上古人对德的理解可以看出,尽管在社会生产力不是很发达的古代,人们对世间万物的认识仍处于萌芽阶段,认识得还不是很到位,甚至不乏有些观点失之偏颇,但对德的认识却已经达成了基本共识,特别是把德看作立身之本和处世之道的重要标准,要自觉提高自身的品德修养,这些都对后世的道德思想产生了积极的影响和作用。

中华传统文化道德思想中关于德的不朽之说不胜枚举。《春秋左传注·襄公二十四年》记载,叔孙豹曾提出:"大上有立德,其次有立功,其次有立言,虽久不废,此之谓不朽。"②意为上为树立道德标准,中为建功立业,最后是著书立说,不随时间的推移而被废弃,这才是不朽。被后人冠誉为"三不朽"之说,成为为人处世的最高标准,一直流传至今,教育人们要"立德""立功""立言"。把"立德"摆在首要的位置,是因为无论何时,道德都会是人安家、立身、立业的基础。到了唐初,教育家孔颖达从儒家传统的政治观出发,强调以德治国,他在书中提道:"立德,谓创制垂法,博施济众,圣德立于上代,惠泽被于无穷。"之后他又进行了详细解释:"能捍大患则祀之法施于民乃谓上圣,当是立德之人。其余勤民、定国、御灾、捍患,皆是立功者也"③,并主张"德能为善政之道"。德指治理国家的良策,"立德"即统治者应制定合理的、符合道德标准的规章制度,并告知臣民去遵守,订立有德的良策,受益的是全体社会;"立功"即发挥道德榜样力量为国家和人民除暴安良,真正做出实事,就是建立功绩;"立言"即将尊德、守德的行为或事件用言语记录下来使之广为流传,造福后世。人只有

---

① 《全唐诗》,卷六九一,中华书局,1999。
② 杨伯峻编著《春秋左传注》,中华书局,1981。
③ (清)阮元校刻《十三经注疏》,上海古籍出版社,1997。

具备了"三不朽"的思想观念,才能治好家、从好政。到了清朝,魏源在《默觚·学篇九》的开篇中增加立节为第四个不朽:"立德,立功,立言,立节,谓之四不朽。自夫杂霸为功,意气为节,文词为言,而三者始不皆出于道德,而崇道德者又或不尽兼功节言,大道遂为天下裂。君子之言,有德之言也;君子之功,有礼之用也;君子之节,仁者之勇也。故无功、节、言之德,于世为不曜之星;无德之功、节、言,于身心为无原之雨;君子皆弗取焉。"[①] 魏源将立节即名节、气节融入立德的不朽之说有待商榷,但魏源从另一侧面强调了立德是为人处世的首要前提,有德之人的功绩值得被人大加赞赏,无德之人即使建立功勋也会被人所不齿。

综上所述,立德树人根植于中华优秀传统文化的厚土之中,立德树人中德的内涵有着相当丰富的表达,也有着厚重的价值底蕴,是一个动态发展变化的认识过程。人生而为人,首先要明德、懂德,德是一个人的立人之本,也是人在社会立足的立身之本。俗语讲"做事先做人,做人先立德",自古以来,人们就已形成这种共识,毋庸置疑。立德树人是教育的根本任务,立德在前,也充分说明立德是为人的先修课程并且也是必修课程。德对人的影响深远,立德教育应贯穿人的一生,从小知德、懂德,才能立德、尊德。

立德教育是由浅入深、循序渐进的教育过程,不同教育阶段立德树人的内容、方式等都应有所差别。针对不同教育对象各年龄段的身心发展特点、个性心理特征、知识水平和结构层次等的差异,分门别类、因材施教,形成从量变到质变、从低级到高级、从简单到复杂的渐变式的教育体系,从而发挥出叠加的教育效果。教育人要树立正确的世界观、人生观、价值观,做人要正直、诚信,与人相处要遵守最基本的道德准则,也代表着人所拥有的高尚道德品质等。总之,德代表的是人生轨道上的一股浩然正气、一种优秀品质、一个崇高境界。立德是中华优秀传统文化的悠久传承,人应把立德确立为人生的最高境界,先立德才能去追求事业发展、建功立业,无论是治国、治军还是治家、修身,树立德业都是前提和基础。德的内涵随着时

---

① (清)魏源:《魏源集》,中华书局,1976。

代的进步也在不断充实。正如1919年陈独秀在《新青年》上发表的《本志宣言》一文中所讲的："我们相信政治、道德、科学、艺术、宗教、教育，都应该以现在及将来社会生活进步的实际需要为中心。"[①] 德的重要性在中华优秀传统文化中的地位毋庸置疑，随着人类社会的发展与进步，人们对德的理解和认知程度在不断增强，德的内涵也经历着不断演变和深化拓展的发展过程。

当下，崇德、尚德不仅已成为中华民族的传统美德，也是人们所信奉和追求的道德信仰和社会风气，更是新时代立德树人中德的丰富内涵的生成基础与认知基础。进入新时代后，在中华传统美德的基础上又赋予了德更加丰富的时代内涵，共产主义的理想信念、社会主义核心价值观、实现中华民族伟大复兴的中国梦等内容都融入了新时代道德建设的内容之中，也将会对新时代中国特色社会主义现代化建设起到良好的助力作用。在当代道德实践中不断加深对德的内涵的领悟和理解并不断树立与修正正确的道德标尺，才能体悟到德的真正内涵，感受到德带给人的真正力量。

（二）道德的历史演进过程

在我国五千年的文明历史长河中，尊德、崇德、守德、重德的思想一直是中华民族亘古不变的文化传统。对道德的演进过程追本溯源，探究道德本真的发展历程，有助于增强对道德重要性的认识。德起源于人们为人处世、待人接物中最为朴素的想法，代表着美好的、不掺杂任何私心杂念的品质和正道。德的历史道路在不同的时代有不同的内容和要求，人们对德的认识经历了从原始到朴素再到充实而成熟的发展历程。

早在远古时期，原始社会生产力落后，人们靠集体劳动维持生活，部落成员一律平等。那时的德属于一种朴素而又原始的集体主义道德，部落各族首领像父亲一样照顾族群，维护氏族社会的公共生活，德表现为公平、互助、正义等。到了上古时代，在统治者阶级中有了禅让制，当时德才兼备的统治者在位时就把首领之位让给下一任，尧、舜、禹就是其中最具有代表性

---

① 中央教育科学研究所编《中国现代教育大事记》，教育科学出版社，1988。

的三位首领。统治者在活着的时候能将帝位传给其他有德之人，在皇位更迭中能够秉承用人唯贤所表现出的大德风范，对当时人的道德观念的形成会产生一定的作用，也为后世子孙树立了正确的德的导向。考古发掘资料表明，各民族的先民文化在不同区域形成的数个文化体系中都蕴藏着朴素的道德标准和道德准则。李宗侗先生关于德的解说表明德肇始于图腾崇拜盛行的原始社会母系氏族时代，之后李泽厚先生又推测德的原义可能是各氏族的习惯法规[1]，也就是现代意义上德的起源。

进入奴隶制社会后，随着社会生产力的发展，私有制出现了，德也分化为公德和私德。在当时的社会形态中，德主要是为统治阶级服务的，但勤劳、节俭、廉洁是奴隶社会初期人们所承认并提倡的质朴美德，而且提出并形成了忠、礼、智、仁等道德观念和思想。这些观念和思想不仅成了社会道德意识的一部分，也推动了良好社会风尚的产生。周朝时期的统治者重视德的修养，提出了"以德配天"的思想，对后世的封建社会产生了巨大的影响。

春秋战国时期是我国从奴隶制社会到封建制社会的过渡时期，道德思想中出现了等级服从的意识。这个时期是我国道德思想发展的多产期，最具有代表性的人物是伟大的思想家、教育家，儒家学派创始人孔子，他被后人尊为"大成至圣先师"。孔子对传统道德观念的超越式发展和对教育的贡献是无人能及的，经其弟子整理后的《论语》影响力最为广泛。孔子思想中带有德治思想，如"君子之德风，小人之德草，草上之风，必偃"[2]。意思是君子如风，小人如草，草随风动而必倒，比喻君子要能起到德的统帅和引领作用。孔子还从平民的视角，将"德""礼""仁"升华到新的境界，成为人的道德自觉和礼乐文化。孔子在《周易·系辞下》中讲："精义入神，以致用也；利用安身，以崇德也……穷神之化，德之盛也。"[3] 意思是精研事物的义理达到神妙的境界，目的是充分发挥其作用；利用这些道理来安身立

---

[1] 李德龙：《先秦时期"德"观念源流考论》，吉林大学出版社，2016。
[2] （春秋）孔子：《论语》，杨伯峻、杨逢彬译注，岳麓书社，2018。
[3] 《周易》，冯国超译注，华夏出版社，2017。

命，也是为了提高自己的道德修养……穷究事物的神妙之处和通晓变化之道，这是最大的德行。之后，孔子又写了一整套关于人修炼、提升道德修养的原则、方法：是故《履》，德之基也。《谦》，德之柄也；《复》，德之本也；《恒》，德之固也；《损》，德之修也；《益》，德之裕也；《困》，德之辨也；《井》，德之地也；《巽》，德之制也。"履"在当时指礼，礼即生活中由于风俗习惯等而形成的行为准则和各种礼节，礼说明了道德修养的基础，凡事要符合礼；"谦"指谦虚，说明了道德修养的关键；"复"指原来、原始，说明了道德修养的根本，要恢复原来的状态；"恒"指恒久，说明了如何巩固道德修养，道德修养要持之以恒，才能巩固提高；"损"说明了如何进行道德修养，修是指修养、修行，要抑制过度的欲望；"益"说明了如何充实道德修养，要增益善行，才能使道德修养得到充实；"困"说明了如何辨别是否有道德修养，因为在穷困的时候最能检验人的本性，最能检验人是否具有道德修养；"井"说明了道德修养达到的境界，井即井水，在当时象征井水无私地养育民众，具有很高的德行，地指境界、地步；"巽"说明听从道德规范的约束，巽有逊顺、顺从之义，制为约束。尽管孔子的道德礼教带有一定的封建政治色彩，但通过礼、乐相结合的方式把道德规范潜移默化地内化于人的情感与意识之中，这样进行道德教化和陶冶情操的做法一直影响至今。

战国时期思想界出现了百家争鸣。孟子对儒家伦理道德思想进行了发扬，提出了将"德"根植于心的性善论，并将仁、义、礼、智"四德"视为道德规范的核心。孟子与孔子所处的时代不同，对德的理解各有千秋，但对德于人重要性的认识是相通的。尽管仍存在局限性，但孟子胸怀天下的德的情怀对推动民德、民风还是起到了良好的作用。这个时期另一代表性人物荀子将"礼"作为道德行为的最高准则，他提出的"积善成德""论德定次"等道德思想总体上与儒家"德主刑辅"的思想是一脉相承的，在当时社会中对营造良好的道德环境、提高人的道德修养等方面起到了一定的积极作用。

自汉朝之后，儒家思想的教化作用越来越突出。在天人合一思想的影响下，西汉董仲舒提出了"罢黜百家，独尊儒术"的主张，继承和发扬了孔孟重视道德教化的传统，其德治思想得到了汉武帝的重用。他又在《春秋繁露》中最早提出了"三纲五常"，即"君为臣纲、父为子纲、夫为妻纲"和"仁、义、礼、智、信"。"三纲五常"不仅成为封建道德思想的核心内容，也是封建社会最基本的道德准则和规范，对整个封建社会形成了广泛而又深远的思想影响。

东汉末年，曹操的一句"宁我负人，毋人负我"，表现出的道德观念被世人指责，与以仁义著称的刘备所表现出的"欲伸大义于天下"的道德情怀形成了比较大的反差，并且刘备重视道德，临死前以遗诏敕后主："惟贤惟德，能服于人"[①]，教育其子刘禅只有贤明、品德高尚才能让人信服。

两晋时期，玄学与佛教思想使儒家的伦理思想受到冲击，道德与宗教的相互争斗促进了世俗道德与宗教道德的相互吸收与融合。注重道德在治理国家中的作用，沿袭汉朝统治者的做法，两晋和南北朝时期由于社会常年动乱，道德观念表现为多元化。在国家治理中，盛行比较具有代表性的"德主刑辅"的治国方略，并且以法律形式对道德行为进行了规范。

隋唐时期又重现了大一统的王朝，社会生产力提高，社会经济繁荣发展，人们对道德生活表现出了前所未有的精神面貌，形成了隋、唐道德精神。儒家思想仍占据社会主要地位，并且道德作为思想上层建筑的内容也得到了较大程度的提升，还加强了社会道德教育。人们逐渐认识到德在治理国家中固然重要，但德不是万能的，道德与法律应该并列成为治理国家的重要方法，一改前朝"德主刑辅"中泛道德化的倾向，将"德刑并重"作为治理国家的方略，而且推行"德本法用"，即以德为本、以法为用的思想，使得道德对推动社会发展所起的作用越来越突出。这个时期的隋唐儒家学者对后代的道德思想起到了重要的承上启下作用。他们对儒家道德思想进行了理性研究，丰富并充实理论层面的研究内容，形成了儒教与道教、佛教三足鼎立的局面。

宋朝时期，道德重新兴盛，人们对社会道德行为、道德关系规律性等的

[①] （宋）司马光编著《资治通鉴》（第一卷），中华书局，2007。

认知又有了较大程度的提高。宋明时期儒、道、佛教在隋唐时期鼎立的基础上，出现了三教融合或被称为"三教合一"的局面。理学家、思想家朱熹将儒学的精髓总结为"孝悌忠信、礼义廉耻"，在民间被称为"朱子八德"，这也成为古代做人的基本道德准则。北宋时期范仲淹的"先天下之忧而忧，后天下之乐而乐"体现出的大德思想激励了众多仁人志士，这一思想信条遂成为中华民族道德精神的重要元素。"唐宋八大家"之一的王安石重视道德教化对人的教育作用，主张用道德教育和感化培养"为天下国家之用"的人才。他提出道德要靠养，而且要有良好环境和风俗习惯去培养道德品质，他对道德的起源和本质、道德教化的方法等进行深入研究，其中蕴藏着丰富的德育思想。南宋名臣文天祥在《过零丁洋》中留下了"人生自古谁无死，留取丹心照汗青"的千古名句，表达了作者在国破家亡时为国捐躯的大无畏精神和浩气长存的爱国情怀，一直被当作爱国主义教育的重要垂范。

从历代的道德思想传承中不难看出，德在国家治理中的作用越来越突出。重视道德建设的王朝在其他方面也都会得到长足的发展，反之则败。比如元朝社会道德沦丧，结果元朝存在了不到一百年就灭亡了。

明朝将道德抬到了至高无上的地位，尊崇道德成为统治者巩固新政的首选。明太祖朱元璋注重思想教化，推行礼仪制度改革，用"教礼乐，育贤才"进行道德教化，又提出"贵贱各有等第"的封建等级制度，用衣冠服饰区分尊卑贵贱。另外，明朝还将儒家的道德标准和行为规范浓缩为"忠孝节悌礼义廉耻"。但明朝有以传统道德代替制度的传统，这种道德与制度相背离的状态，滋长了明朝当政大臣以传统道德掩饰非传统道德的不良风气，从而致使整个国家体制管理涣散。

清朝进一步强化封建专制制度，在清王朝的统治下，道德观念经历了各民族间的融合、稳定和逐渐割裂的发展过程。社会民众与清朝政府的道德观念、道德要求和规范相背离，而且国家内部统治者与被统治者之间在道德层面上出现的渐行渐远的趋势，成为清朝衰败并走向灭亡的主要原因之一。即便如此，清朝历史中仍涌现了不少志士仁人，留下了不少名垂千古的不朽之作,一直被后人所传诵。如大儒顾炎武在《日知录》中写到"保天下者,匹夫之贱,与有责焉耳矣"①,后被梁启超精练为"天下兴亡,匹夫有责",体现出中华传统道德思想中爱国的崇高情怀。清朝道光年间,在林则徐写的《赴戍登程口占示家人》中提出:"苟利国家生死以,岂因祸福避趋之",代表了禁烟英雄为了国家舍小我保大国的勇气和信念,堪称热爱祖国的道德典范。

从古至今,德都是与人类历史共同发展和演进的。从我国历史上道德思想发展的脉络中不难看出,道德思想对历朝历代的国家治理和社会发展都发挥了较大的作用。重视道德建设、弘扬正统文化的朝代国泰民安,老百姓安居乐业,而且以国为重的大德、以民为重的公德、以善为重的私德早已在人们心目中成为正向的道德观念标准,被各朝各代人们推崇。

(三) 立德树人的历史脉络

立德树人不仅是中国传统教育思想的理论精髓,也是解决当今世界教育领域所面临问题的一剂良方。联合国教科文组织在 2015 年发布的新版研究报告——《反思教育:向全球"共同利益的理念"转变?》中提出了当今社会的教育问题:"主要关注的是教育过程的结果,而往往忽视了学习的过程。关注结果,主要是指学习成绩",而忽视了"对于个人和社会发展具有重要意义的知识、技能、价值观和态度"②。立德树人是教育人的过程,其强调在教育的过程中,不仅要授之以才,还要育之以德,明确德在人成长过程中的作用和意义,这与当下联合国教科文组织提倡的教育理念相吻合。所以,回顾立德树人的历史与现实,能够更全面地理解其所蕴含的深刻意蕴,也就能够从更深的思想层面去理解立德树人对我国教育乃至世界教育的时代价值。

1. 从历史层面看立德树人的发展历程。了解立德树人深厚的历史渊源,坚持古为今用的原则是立德树人坚实的历史基础。

第一,立德是中国优秀传统文化中的重要思想。大到治国小至修身,立

---

① (清) 顾炎武:《日知录集释》,(清) 黄汝成集释,上海古籍出版社,1985。
② 周洪宇主编《中国教育黄皮书》,湖北教育出版社,2017。

德都是至关重要的。对一个国家来讲，尚德、培德、养德、守德、修德更是重中之重。从政治统治的角度，早在西周时期，统治者就宣扬"以德配天"的传统思想。《春秋左传注·僖公五年》载有"惟德是依"，"惟德是辅"，"明德惟馨"，"惟德是物"[1]，说明德在处理国家政事中越来越重要。《国语·鲁语上》讲"不厚其栋，不能任重。重莫如国，栋莫如德"[2]，后一句指的是没有什么栋梁比道德品质高尚的人更能胜任的了。国家是至高无上的，只有有德的人才能出任国之栋梁。德是做人做事的根本，要以德立人、树人以德。《庄子·天地》中讲要"立德明道，非王德者邪"[3]，意思是立人德、明天道，才是具有盛德的统治者。

从个人成才的角度出发，立德是首要素养，立身必先立德，无德无以立身。立德是修身、齐家、治国、平天下的出发点，也是伴随人一生的根基。《大学》第一章就讲了"古之欲明明德于天下者，先治其国；欲治其国者，先齐其家；欲齐其家者，先修其身；欲修其身者，先正其心；欲正其心者，先诚其意；欲诚其意者，先致其知，致知在格物。物格而后知至，知至而后意诚，意诚而后心正，心正而后身修，身修而后家齐，家齐而后国治，国治而后天下平"[4]。这段经典论述流芳百世，意思是古时候想要使天下人能弘扬光明正大的德行，就要先治好国；要想治好国，先要管好家；要想管好家，先要修好身；要想修好身，先要正好心；要想正好心，先要修好志；要想修好志，先要学到知识；获得知识的途径是去探究万事万物，在探究万事万物原理的过程中，不断丰富所学知识。得到知识后，意念才能至诚；意念至诚后，心态才能端正；心态端正后，才能修养品德；修养品德后，才能管好家；管好家后，才能治好国；治好国后，才能使天下太平。老子在《道德经》中写下"是以大丈夫处其厚，不居其薄"[5]，其中的道理是做人要实

---

[1] 杨伯峻编著《春秋左传注》，中华书局，1981。
[2] （战国）左丘明：《国语·鲁语·子叔声伯辞邑》，（三国）韦昭注，上海古籍出版社，2015。
[3] （战国）庄周：《庄子》，萧无陂注译，岳麓书社，2018。
[4] 《大学 中庸》，赵清文译注，华夏出版社，2017。
[5] 溪谷：《道德经——无为与自由》，华夏出版社，2017。

事求是，才能厚德载物。北宋王安石在《范洪传》中也讲到个人修养水平是治国安邦的基础所在，是至关重要的："五事人君所以修其心治其身者也。修其心。治其身。而后可以为政于天下。"① 其中提到的"五事"是指"貌、言、视、听、思"，劝人要修心治身。这与儒家的修身、齐家、治国、平天下的思想是一脉相承的，以此来告诫人们应当顺天道之五行而行人道之五事。

第二，树人在中国传统文化中影响深远。树人概念最早出自春秋时期军事家管仲创作的一篇散文——《管子·权修》："一年之计，莫如树谷；十年之计，莫如树木；终身之计，莫如树人；一树一获者，谷也，一树十获者，木也，一树百获者，人也。"② 后来演变成"十年树木，百年树人"。比喻要使小树成材需要很长的时间，而培养人才则需要更多的时间，是个长久之计，不能拔苗助长。树人的寓意是国家、民族、家庭只有先培育好人，文明才能得以传承。

第三，立德树人是中国教育思想的传承。立德树人传承和弘扬了我国优秀传统文化和教育思想，拥有长时间的历史积淀，也经历了发展变化的过程。《中国教育通史》中记载，陈独秀、毛泽东等老一辈革命家早在20世纪20年代就提出了改革教学内容、教学方法，提出德智体全面发展的培养目标。陈独秀1922年在创办平民女校时写的《平民教育》一文中，就曾提出教育是改造社会的重要工具之一，为改造社会最后的唯一工具③，教育的目的是培养改造社会的人。

毛泽东主席曾提出了德智体"三育并重、身心并完"的培养目标，认为只有德智体全面发展，才能成为具有改造社会抱负，又有强健体魄的新人才。④ 1957年毛泽东在《关于正确处理人民内部矛盾的问题》中强调"教

---

① 冯克诚主编《（宋）王安石"荆公新学"教育思想与教育论著选读》（第二辑·第十二卷），中国环境科学出版社、学苑音像出版社，2006。
② 黎翔凤：《管子校注》，中华书局，2004。
③ 陈独秀：《独秀文存》，安徽人民出版社，1987。
④ 田正平主编《中国教育通史》（中华民国卷上），北京师范大学出版社，2013。

育方针应该使受教育者在德育、智育、体育几方面都得到发展，成为有社会主义觉悟的有文化的劳动者"①。

1980年，邓小平同志在《贯彻调整方针　保证安定团结》中指出"要加强各级学校的政治教育、形势教育、思想教育，包括人生观教育、道德教育"②。

1982年公布的《中华人民共和国宪法》第四十六条规定："国家培养青年、少年、儿童在品德、智力、体质等方面全面发展。"

1994年8月31日，中共中央出台的《关于进一步加强和改进学校德育工作的若干意见》明确指出"德育工作是社会性的系统工程"，要站在学生的角度思考工作开展的方式，结合国家建设和社会发展的需要，运用正确的工作方法对学生做好德育教育，进行全面的教育引导。

1999年6月，江泽民在《教育必须以提高国民素质为根本宗旨》中指出："坚持教育与社会实践相结合，以提高国民素质为根本宗旨，以培养学生的创新精神和实践能力为重点，努力造就有理想、有道德、有文化、有纪律的，德育、智育、体育、美育等全面发展的社会主义事业建设者和接班人。"③

2004年，中共中央、国务院发布《关于进一步加强和改进大学生思想政治教育的意见》（中发〔2004〕16号），其中要求"坚持育人为本、德育为先"，把人才培养作为根本任务，把思想政治教育摆在首要位置。

2006年8月29日，胡锦涛在中央政治局第三十四次集体学习发表的讲话——《办好让人民满意的教育》中首次提出"把立德树人作为教育的根本任务"，同时指出要"坚持育人为本、德育为先，把立德树人作为教育的根本任务，努力培养德智体美全面发展的社会主义建设者和接班人"④。

2007年，党的十七大报告首次提出"育人为本、德育为先"的理念。

---

① 《毛泽东文集》，第七卷，人民出版社，1999。
② 《邓小平文选》，第二卷，人民出版社，1994。
③ 《江泽民文选》，第二卷，人民出版社，2006。
④ 中共中央文献研究室编《十六大以来重要文献选编》（下），中央文献出版社，2008。

这也是在党的教育方针中首次将"德育"作为教育工作的首要任务。2007年8月31日，胡锦涛在全国优秀教师代表座谈会上再次强调："要坚持育人为本、德育为先，把立德树人作为教育的根本任务，加强爱国主义教育，深入开展理想信念教育，加强和改进学生思想政治工作，把社会主义核心价值体系融入国民教育体系，引导学生树立正确的世界观、人生观、价值观、荣辱观，努力培养德智体美全面发展的社会主义建设者和接班人。"[①]

在 2010 年发布的《国家中长期教育改革和发展规划纲要（2010—2020年）》中也提出要坚持德育为先，要求把社会主义核心价值体系通过立德树人融入国民教育全过程。

德育为先的教育思想不仅继承了我国教育思想的优良传统，还体现了育人以德的思想发展历程，更是对德育教育所处位置的延续与升华。只有把育与德相结合，把德贯穿在育之中，才能够更好地发挥将德内化于心的价值作用，从而实现育德于人的教育目标。德育为先是前一个历史阶段的认识程度，德育为先是立德树人思想形成与变化过程的一种体现，为开阔新时代教育视野进行了铺垫，也建立起切实可行的实践基础。

2. 从现实层面看立德树人的当代发展。立德树人的提出和发展贯彻了党的教育方针，体现了我国对教育工作认识的不断深化，还体现了我国教育思想发展和变化的时代高度。

第一，将立德树人写入党代会报告。2012 年，党的十八大首次正式提出"要坚持教育优先发展，全面贯彻党的教育方针，坚持教育为社会主义现代化建设服务、为人民服务，把立德树人作为教育的根本任务，培养德智体美全面发展的社会主义建设者和接班人"[②]，这与党的十七大报告提出的"坚持育人为本，德育为先，实施素质教育，提高教育现代化水平，培养德智体美全面发展的社会主义建设者和接班人"[③] 一脉相承。

[①] 胡锦涛：《在全国优秀教师代表座谈会上的讲话》，人民出版社，2007。
[②] 中共中央文献研究室编《十八大以来重要文献选编》（上），中央文献出版社，2014。
[③] 胡锦涛：《高举中国特色社会主义伟大旗帜　为夺取全面建设小康社会新胜利而奋斗——在中国共产党第十七次全国代表大会上的报告》，人民出版社，2007。

2013年党的十八届三中全会进一步指出："全面贯彻党的教育方针，坚持立德树人，加强社会主义核心价值体系教育，完善中华优秀传统文化教育。"①

2017年党的十九大报告指出："要全面贯彻党的教育方针，落实立德树人根本任务，发展素质教育，推进教育公平，培养德智体美全面发展的社会主义建设者和接班人。"②

第二，将立德树人写入国家规划。我国早已把立德树人作为国家教育的重要内容写入了国家建设规划体系中。《国家中长期教育改革和发展规划纲要（2010—2020年）》的战略主题中坚持以人为本、全面实施素质教育是教育改革发展的战略主题。坚持德育为先，立德树人，把社会主义核心价值体系融入国民教育全过程；全面部署"德育为先、能力为重、全面发展"的教育改革发展战略目标。

《中华人民共和国国民经济和社会发展第十三个五年规划纲要》提出："要坚持立德树人，把立德树人作为教育的根本任务，培养德智体美全面发展的社会主义建设者和接班人。要遵循教书育人规律、遵循学生成长规律，让学生成为德才兼备、全面发展的人才。"

2017年1月10日，《国务院关于印发国家教育事业发展"十三五"规划的通知》（国发〔2017〕4号）中将坚持立德树人作为教育新发展理念的基本原则之一，提出"全面实现'十三五'时期教育改革发展目标，必须紧紧围绕全面提高教育质量这个主题，把立德树人作为根本任务，全面实施素质教育"。

2017年1月17日，教育部、国务院学位委员会发布了《学位与研究生教育发展"十三五"规划》，强调坚持立德树人，突出人才培养的核心地位和提高研究生教育主动服务区域经济社会发展需求的能力。

第三，将立德树人写入法律和文件。我国教育工作的根本大法——

---

① 《中国共产党第十八届中央委员会第三次全体会议文件汇编》，人民出版社，2013。
② 习近平：《决胜全面建成小康社会　夺取新时代中国特色社会主义伟大胜利——在中国共产党第十九次全国代表大会上的报告》，人民出版社，2017。

《中华人民共和国教育法》（2015年12月27日第二次修正）第六条规定："教育应当坚持立德树人，对受教育者加强社会主义核心价值观教育，增强受教育者的社会责任感、创新精神和实践能力。"①

《中共中央关于全面深化改革若干重大问题的决定》（2013年11月15日公布）要求"坚持立德树人，加强社会主义核心价值体系教育，完善中华优秀传统文化教育，形成爱学习、爱劳动、爱祖国活动的有效形式和长效机制，增强学生社会责任感、创新精神、实践能力。这是对深化教育领域综合改革的目的性要求和基本导向"。

《教育部关于全面深化课程改革　落实立德树人根本任务的意见》（教基二〔2014〕4号）指出："立德树人是发展中国特色社会主义教育事业的核心所在，是培养德智体美全面发展的社会主义建设者和接班人的本质要求。"

2018年，中共中央、国务院印发的《关于全面深化新时代教师队伍建设改革的意见》（中发〔2018〕4号）明确提出："造就党和人民满意的高素质专业化创新型教师队伍，落实立德树人根本任务，培养德智体美全面发展的社会主义建设者和接班人。"

2019年，中共中央、国务院印发的《新时代公民道德建设实施纲要》提出把立德树人贯穿学校教育全过程的要求。

第四，习近平总书记关于立德树人的重要论述。习近平总书记曾多次要求把立德树人作为教育工作的中心环节，全面贯彻党的教育方针，党的十八大以来在同教育界的讲话中一再强调"国无德不兴，人无德不立"②。国家的发展靠教育，重视教育行业以德育人，把育德与思想政治工作结合在一起，筑牢教育质量的基础，共同作用于培养社会主义建设者和接班人的工作中。

2013年9月9日，习近平向全国广大教师致慰问信中提到教师要自觉

---

① 全国人民代表大会常务委员会法制工作委员会编《中华人民共和国教育法》，载《中华人民共和国法律汇编》（下册），人民出版社，2016。
② 习近平：《平"语"近人——习近平总书记用典》，人民出版社，2019。

增强立德树人、教书育人的荣誉感和责任感。

2014年5月4日，习近平在北京大学师生座谈会上强调"青年要自觉践行社会主义核心价值观，大学是高等教育的载体，是实施高等教育的学校，是立德树人、培养人才的地方，是青年人学习知识、增长才干、放飞梦想的地方。全国高等院校要走在教育改革前列，紧紧围绕立德树人的根本任务，加快构建充满活力、富有效率、更加开放、有利于学校科学发展的体制机制，当好教育改革排头兵"[1]。

2014年9月9日，习近平在同北京师范大学师生代表座谈时曾指出："好老师应该懂得，选择当老师就选择了责任，就要尽到教书育人、立德树人的责任，并把这种责任体现到平凡、普通、细微的教学管理之中。"[2]

2014年12月28～29日，习近平在第二十三次全国高等学校党的建设工作会议上指出："办好中国特色社会主义大学，要坚持立德树人，把培育和践行社会主义核心价值观融入教书育人全过程。"

2016年12月7～8日，习近平在全国高校思想政治工作会议上强调"要坚持把立德树人作为中心环节，把思想政治工作贯穿教育教学全过程，实现全程育人、全方位育人，努力开创我国高等教育事业发展新局面。高校立身之本在于立德树人。高校教师要坚持教育者先受教育，努力成为先进思想文化传播者、党执政的坚定支持者，更好担起学生健康成长指导者和引路人的责任"[3]。

2017年5月3日，习近平在中国政法大学考察时也强调要坚持立德树人，德法兼修，抓好法治人才培养，励志勤学，刻苦磨炼，促进青年成长进步。

2018年5月2日，习近平在北京大学师生座谈会上的讲话中指出"要

---

[1] 习近平：《青年要自觉践行社会主义核心价值观——在北京大学师生座谈会上的讲话》，人民出版社，2014。
[2] 习近平：《做党和人民满意的好老师——同北京师范大学师生代表座谈时的讲话》，人民出版社，2014。
[3] 习近平：《把思想政治工作贯穿教育教学全过程　开创我国高等教育事业发展新局面》，《人民日报》2016年12月9日，第1版。

把立德树人的成效作为检验学校一切工作的根本标准,真正做到以文化人、以德育人,不断提高学生思想水平、政治觉悟、道德品质、文化素养,做到明大德、守公德、严私德;要把立德树人内化到大学建设和管理各领域、各方面、各环节,做到以树人为核心,以立德为根本"①。

2018年9月10日,习近平在全国教育大会上指出要努力构建德智体美劳全面培养的教育体系,形成更高水平的人才培养体系。"要把立德树人融入思想道德教育、文化知识教育、社会实践教育各环节,贯穿基础教育、职业教育、高等教育各领域,学科体系、教学体系、教材体系、管理体系要围绕这个目标来设计,教师要围绕这个目标来教,学生要围绕这个目标来学。"②

2019年3月18日,习近平在学校思想政治理论课教师座谈会上从政治方向、根本任务、培养目标等几个方面再次强调:"新时代贯彻党的教育方针,要坚持马克思主义指导地位,贯彻新时代中国特色社会主义思想,坚持社会主义办学方向,落实立德树人的根本任务,坚持教育为人民服务、为中国共产党治国理政服务、为巩固和发展中国特色社会主义制度服务、为改革开放和社会主义现代化建设服务……培养德智体美劳全面发展的社会主义建设者和接班人。"

第五,研究生教育领域有关立德树人的要求表述。2013年3月,教育部、国家发展和改革委员会、财政部联合印发《关于深化研究生教育改革的意见》,将立德树人进一步确定为我国研究生教育的根本任务,从导师责权、考核评定、师德师风建设等方面对新时代研究生导师立德树人工作提出了改革意见,明确了新时代研究生导师作为研究生培养第一责任人的身份。

2014年3月,《教育部关于全面深化课程改革落实立德树人根本任务的意见》指出立德树人是发展中国特色社会主义教育事业的核心所在,是培养德智体美劳全面发展的社会主义建设者和接班人的本质要求。

---

① 习近平:《在北京大学师生座谈会上的讲话》,人民出版社,2018。
② 习近平:《坚持中国特色社会主义教育发展道路 培养德智体美劳全面发展的社会主义建设者和接班人》,《人民日报》2018年9月11日,第1版。

2016年上半年，教育部启动博士研究生教育综合改革，明确博士研究生导师在立德树人工作中的职责，使立德树人工作更具针对性。

2017年1月23日，国务院学位委员会第三十三次会议指出，高校要以立德树人为根本，以人才培养为核心，发挥好研究生导师的引路人作用，加强和改进研究生思想政治教育。会议再次强调导师是研究生培养的第一责任人，也是立德树人工作的第一责任人。

2018年8月8日，教育部、财政部、国家发展改革委联合出台《关于高等学校加快"双一流"建设的指导意见》（教研〔2018〕5号），要求以中国特色世界一流为核心，以高等教育内涵式发展为主线，落实立德树人根本任务。紧紧抓住坚持办学正确政治方向、建设高素质教师队伍和形成高水平人才培养体系三项基础性工作。

《教育部办公厅关于进一步规范和加强研究生培养管理的通知》（教研厅〔2019〕1号）提出要突出立德树人的根本任务和要求，严格执行培养制度。培养单位要把落实立德树人根本任务、增强导师培养人才的责任心和事业心作为着力点，筑牢质量第一关口。

第六，立德树人不仅成为我国教育事业的重要理念与根本任务，也成为教育者育人的根本遵循与行动指南。立德树人体现在人才培养的全过程中，对人的培养具有特别重要的教育意义。

首先，德的培养与培育是一个长期的、渐进的过程，以德化人需要经历从感性到理性，从理性到实践，在实践中不断深化的过程，即从外显到内潜，逐步内化后再通过外化于行表现的育人过程。如西晋时期的周处，从小缺乏家庭管教，性情暴烈，村里人将他与猛虎、蛟龙并称为三害。之后，周处幡然悔悟，在向文人名士请教后迷途知返、改过自新，成为救国救民的清官。周处的一生就可以证明德的教化需要内化，而且要经历长期的、反复的、逐渐提升的过程。立德教育越早越好，早期教育也容易见到成效。比如，东汉末期的文学家孔融四岁让梨的故事和宋朝的司马光七岁时就能在危急时刻砸缸救人的故事一直流传。这么小的孩子就懂得谦让，就知道遇到危险要先救人的道理，不仅难能可贵，更值得后人去总结和学习。道德意识的培养与培育一定要靠教育，需要来自家庭、社会、学校的良好教育，需要来自身边人的举止和言谈的隐性教育，更需要来自整个社会道德风气的熏陶和教化。

其次，德不是等到了大学、研究生教育阶段再去培育，而是要从娃娃抓起。立德教育是涵盖人一生的系统教育，从小接受立德教育将对人生产生更为广泛而深远的思想影响。人出生后，要抓住早期教育的关键期进行育德启蒙教育。当人还处在对外界事物的懵懂期时，就应通过简单的思想教育方式使人记住道德行为和道德的简单概念等，对道德建立初步的感性认知。在学前教育阶段，灌输并培养道德意识，逐渐养成良好的道德习惯，塑造幼儿基本道德的雏形。小学教育阶段就要开始进行基本的道德行为规范教育，培养并树立正确的道德观念，养成一定的道德意识，培养分辨基本道德是非的能力，要对德的重要性有非常清晰的认知。中学教育阶段的教育对象是青少年，这个时期是人生的"拔节孕穗期"，也是世界观、人生观、价值观形成的关键期，不仅需要巩固和深化之前立德教育的内容，还要帮青少年扣好人生的第一粒扣子。在这个时期，立德教育需要进行精心引导和栽培，精准滴灌，既要关注青少年的主体需要，也要尊重青少年的个性差异。立德的内容应有不同，针对不同的教育对象施以最适合的立德教育更能适应青少年时期的发展特点，进行中华传统道德教育的渗透。通过运用身教重于言教、感化重于说教的教育方式使青少年逐渐懂得做人做事的道理，也能理解并感悟中华优秀传统文化中道德思想所蕴含的深刻道理，把德育的内容植入青少年的内心，从而使青少年的思想观念、价值取向、道德水平等逐渐引入正向转变。

最后，人在进入最高学历教育阶段后所接受的立德树人教育则具有更深层次的意义。高等教育阶段是人生发展的重要时期，从个人发展的角度出发，教育对象在经历过从未成年人到成年人的转变期后，对世界观、人生观、价值观都有了更为深刻的认知。从国家发展的角度出发，"高等教育是一个国家发展水平和发展潜力的重要标志"[1]。所以在这个阶段进行立德教育对新时代中国特色社会主义的建设与发展都将具有特殊的意义。高等教育又

---

[1] 习近平：《在北京大学师生座谈会上的讲话》，人民出版社，2018。

分为大学教育和研究生教育两个教育阶段,这两个教育阶段的立德教育要有所区别对待。在大学教育阶段,教育对象的世界观、人生观、价值观正逐渐走向成熟,适宜开展强化式、体验式的思想教育。通过开展主题教育、专题讲座等形式从理论高度深入扎实地推进德育教育,还可以组织党建和社会实践活动,加强劳动教育等让教育对象通过亲身参与积极的道德实践,切实体会并亲自感受到道德之于人、之于社会的重要性,并自觉进行正确的道德认知和道德养成,坚定共产主义的理想信念,树立和践行社会主义核心价值观,把实现中华民族伟大复兴的中国梦确立为人生的奋斗目标和理想。到了研究生教育阶段,教育对象的分化比较明显,有从本科直升的,也有已成家立业的,总体特征是比本、专科时期增添了更多生活的负担和压力,使得研究生看待问题更加现实也更加理性。所以,根据研究生的年龄特点和学业方式,立德的内容需要在大学阶段的基础上,从引导和指导的角度出发,更多地去启发研究生对道德内容自觉地进行反思,并进行理性分析与辨别。巩固和增强研究生对立德教育的价值认同,自发地增强道德修养,逐渐将之前立德教育的外化过程向内化过程进行转化并逐渐外显。通过研究生自身的理解与反思加深对道德价值观的认识,使立德思想入脑入心,从而提高其道德行为的自觉性和践行道德行为规范的自主性,使自身成为有道德的人,以德立身、以德立行、以德立人,自觉地把小我融入大我,并促使研究生的道德自觉行为在社会中产生正能量的蝴蝶效应,实现新时代立德树人教育的社会价值。

(四) 立德树人的基本含义

从字面上理解立德树人的基本含义,"立"即建立、树立,"德"即道德、品行、政治品质,"树"是培植、栽培,"人"是指人的品质、性格或荣誉。[1] 把立德树人合并在一起是人才培养规律的表述,具体指树立德业,强调以德立人、树人以德,培养德才兼备的人。德,在《说文解字》中的释义是"升也"[2],即能够使人得到升华之意。德与道之间存在关联,《管子

---

[1] 中国社会科学院语言研究所词典编辑室编《现代汉语词典》(第 7 版),商务印书馆,2016。
[2] (汉)许慎:《说文解字》,(清)段玉裁注,上海古籍出版社,1988。

校注》上记载:"德者,道之舍,物得以生。"① 意思是德即得,得就是舍,舍就是得,生命得以生长、延续。从老子的《道德经》中也可见一斑:"道生之,德畜之,物形之,势成之。是以万物莫不尊道而贵德。道之尊,德之贵,夫莫之命而常自然。"② 表明道生成,德培养,物形状,器形成。所以世间无不尊道重德。道的尊贵,德的贵重,不用给其爵位,其也会始终自行演化。"同于道者,道亦乐得之;同于德者,德亦乐得之"③,意思是同道中人,道会乐于助人;崇德之人,道也会使之有德。冯友兰先生在简述老子的思想时也认为"道是万物之所由来"④,即德穿插在道之中。《庄子·天地》中进一步讲明"故通于天地者,德也;行于万物者,道也"⑤,表明德贯穿于天地之中,道遍行于万物之中。德,今指广义上的道德,是衡量行为正当的观念标准,是人作为社会中的一分子所要遵守的行为规范与准则。这些行为规范与准则存在不同的评判标准,是在特定的生产能力、生产关系和生活形态下自然形成的。

立德树人的基本含义有两层,一是立德,指树立品德、建立德业;二是树人,指教育学生、培养人才。⑥ 立德树人蕴含着中华民族的教育传统,具有历史继承性。在教育领域提倡的是教育者要在育人的过程中注重对社会公认的道德规范、道德素养等的培养,用合乎道义的方法将立德贯穿立人、立业过程的始终。《中庸》的第一章第一句就讲"天命之谓性,率性之谓道,修道之谓教。道也者,不可须臾离也;可离,非道也。"⑦ 意思是人的气质就是本性,顺着本性去做事称之为道,修养道德的方法称之为教化,因此道无处不在,不能分离,能离开的那就不是道了。孟子也教导人们:"君子深造之以道,欲其自得之也。自得之则居之安;居之安则资之深;资之

---

① 黎翔凤:《管子校注》(卷第十三·心术上第三十六),梁运华整理,中华书局,2004。
② 溪谷:《道德经——无为与自由》,华夏出版社,2017。
③ 溪谷:《道德经——无为与自由》,华夏出版社,2017。
④ 冯友兰:《中国哲学简史》,赵复三译,世界图书出版公司,2013。
⑤ (战国)庄周:《庄子》,萧无陂注译,岳麓书社,2018。
⑥ 董娅:《中国共产党加强和改进大学生思想政治教育研究》,人民出版社,2016。
⑦ 《大学 中庸》,赵清文译注,华夏出版社,2017。

深则取之左右逢其原。"① 意思是君子遵照一定的办法来深造，是渴望自己有所得。自己有所得，就会把握牢靠；把握得牢靠，就会厚积薄发；厚积薄发后，运作就会左右逢源。立德树人的过程是把德育贯穿于培养人的全过程中，让受教育者掌握得道的方式，成为有道德的人。

德是立德树人的核心，指广义上的道德。道德思想是社会意识形态的重要内容，是人们共同生活的行为准则和规范。道德通过人们的自律或通过一定的舆论对社会生活起约束作用。② 道德作为行为准则，主要是以规范的形式发挥作用，包含行为主体价值观念和行为方式的社会规范，是评价善与恶、美与丑、正义与非正义、光荣与耻辱的标准。③ 德贯穿于立德树人的育人过程，包括教育对象的个人品德、职业道德素养、价值判断等。立德树人的过程突出以德育人的重要性，育人者自育，教育者自身要先立德，再将道德知识、道德情感、道德意识和道德行为蕴含在教育对象培养的各环节之中，以德立教、以德立人、以德立身，完成将德育内化于心与外化于行相统一的教育效果。

从德的社会属性去理解立德树人。奴隶制社会的道德维护奴隶主阶级的利益，资本主义社会的道德维护资产阶级的利益，而社会主义社会道德的根本方向是建立共产主义的道德，所以要把坚定正确的政治方向放在以育人为首位的原则之中，这也是社会主义道德的特殊性。我国正处在新时代中国特色社会主义现代化建设阶段，要坚定地坚持党的教育方针，培养共产主义道德品质。社会主义的教育工作者应养成共产主义德育的自觉性，切实履行好道德规范的责任，坚持教育的道德原则，在自觉地践行共产主义道德信念的行动中增强道德定力、提高道德修养。立德树人既是教育的根本任务，也是培育人、塑造人的过程，具有实践性。这既是新时代中国特色社会主义现代化建设的客观要求，也是社会主义人才培养所必须遵循的特殊规律。

---

① 金良年：《孟子译注》，上海古籍出版社，1995。
② 中国社会科学院语言研究所词典编辑室编《现代汉语词典》（第 7 版），商务印书馆，2016。
③ 王学俭、马忠：《立德树人思想政治教育基本问题研究》，中国社会科学出版社，2013。

二 研究生导师"德"的内涵

人是社会属性的存在，离不开人际交往，人际交往需要遵守共同的道德原则、准则等以保持良好有序的运转状态。在这其中，道德是人际交往中最基本的行为准则和行为规范。德表现为一种公序良俗或是一种道德良知，都是人内心的行为准则，有时更多地表现为精神层面、内心世界的纯净程度。社会是向前发展的，"人们自觉地或不自觉地，归根到底总是从他们阶级地位所依据的实际关系中——从他们进行生产和交换的经济关系中，吸取自己的道德观念"[①]。进入新时代，"厘清'立德树人'基本内涵特别是'德'的含义，不仅是值得探索的理论与学术问题，更是关系到有效落实立德树人根本任务的重要实践问题"[②]。德既是立德树人中的根本要求，也是立德树人工作的基础。为师先为人，为人先立德。研究生导师自身要先立德，先修炼德行，才能在研究生人才培养工作中将德育自然而然地贯穿其中，培养出具有共产主义思想品德和行为习惯的研究生。这是新时代中国特色社会主义社会的客观要求，也是为培养时代新人服务的重要内容。本书结合新时代研究生导师立德树人工作实际，围绕以立德为根本，以树人为核心的教育原则，从研究生导师为人、为业、为师三个方面对研究生导师"德"的内涵进行了划分，旨在从各个角度更加突出研究生导师立德、修德、强德的必要性和重要性，促进新时代研究生导师的治学之道与为人之道相结合，共同服务于立德树人工作（见表2-1）。

表2-1 研究生导师"德"的内涵分类框架

德门	德纲	德目
为人之德	价值层面的道德	公民道德、社会公德、家庭美德
为业之德	职业层面的道德	职业道德、师德修养、职业责任
为师之德	业务层面的道德	学术道德、学术诚信、学术良心

[①] 《马克思恩格斯全集》，第二十卷，人民出版社，1971。
[②] 王树荫：《厘清立德树人根本任务中"德"的含义》，《光明日报》2019年12月4日，第16版。

（一）为人之德

为人之德即人之道德，道德是一种社会意识形态，属于意识形态的范畴，是人们德行品质养成和为人处世中自愿自觉遵守的社会行为准则和规范。从人的价值观层面，研究生导师的为人之德是指导师作为社会公民，应遵守基本的公民道德规范，崇尚社会公德，传承家庭美德，具备最起码的公民道德素质。研究生导师不仅自身应遵德守礼，起到典范和榜样带动的作用，还负有传承美德的责任和义务，要在日常的言传身教中，塑造研究生良好的人格和高尚的道德品质。"一个老师如果在是非、曲直、善恶、义利、得失等方面老出问题，怎么能担起立德树人的责任？"① 新时代研究生导师肩负着立德树人的职责，就更应该把为人之德作为首要的、贯彻始终的基础工作去做，坚持崇德修身，把公民的道德意识、道德信念、道德修养、道德行为等内化为自身的道德观念和价值目标。

党和国家制订的公民道德建设相关纲要不仅是"承载道德理念、鲜明道德导向、弘扬美德义行"的为人之德，还是每个社会公民品质养成和做人做事的道德行为准则与行为规范，更是新时代研究生导师所要遵守的最起码的道德规范。2001年9月中共中央就曾向社会颁布《公民道德建设实施纲要》，对社会主义道德建设提出了明确要求。2019年10月，中共中央、国务院在新时代的历史时期，印发了《新时代公民道德建设实施纲要》（以下简称《纲要》），明确我国公民道德必须坚持马克思主义道德观和社会主义道德观，倡导共产主义道德，确立我国公民道德建设的社会主义方向。基本原则是以为人民服务为核心，以集体主义为原则，并且将爱祖国、爱人民、爱劳动、爱科学、爱社会主义作为公民道德建设的基本要求。《纲要》还要求要坚持以社会主义核心价值观为引领，把国家、社会、个人三个不同层面的价值要求贯穿到公民道德建设的各个方面，强调以主流价值观建构社会的道德规范、强化公民的道德认同、指引公民的道德实践。

---

① 习近平：《做党和人民满意的好老师——同北京师范大学师生代表座谈时的讲话》，人民出版社，2014。

公民的基本道德规范有不同的表现形式。党的十七大报告从社会的角度，提出了"四德建设"，即社会公德、职业道德、家庭美德、个人品德①，从社会道德体系建设的角度对德进行了划分。个人品德是作为社会的人应该遵守的最起码的行为规范；社会公德是在社会交往和社会生活中应该遵循的行为规范；职业道德体现在职业活动中，是与职业活动息息相关的行为规范；家庭美德是在家庭生活中应该遵守的行为规范。个人品德是最基本的道德要求，个人品德通过社会公德、职业道德和家庭美德的行为进行外化。

习近平总书记站在新时代的历史高度，明确了人之为人要遵守道德准则的具体要求，将德从个人的角度进行了划分，每个人都应该遵从。"一个人只有明大德、守公德、严私德，其才方能用得其所。修德，既要立意高远，又要立足平实。要立志报效祖国、服务人民，这是大德，养大德者方可成大业。同时，还得从做好小事、管好小节开始起步，'见善则迁，有过则改'，踏踏实实修好公德、私德，学会劳动、学会勤俭、学会感恩、学会助人、学会谦让、学会宽容、学会自省、学会自律。"② 习近平总书记将德划分为大德、公德和私德，从人的角度将德进行了更为具体的划分，体现出更为具体的指导性，充实了德的时代意义。

从具体的德的表现来看，德是做人做事的基本原则，根据人在社会中角色的不同，也有不同的分类标准。如有的学者认为身为干部的德的外在表现包括政治品德、职业道德、社会公德、家庭美德、个人品德五个方面。③ 其中政治品德处于最高级别，是人才的灵魂，"确保人才的政治方向，是人才成长和发展中最强有力、最持久的内在动力，同时对社会公德、职业道德的

---

① 胡锦涛：《高举中国特色社会主义伟大旗帜　为夺取全面建设小康社会新胜利而奋斗——在中国共产党第十七次全国代表大会上的讲话》，人民出版社，2007。
② 习近平：《青年要自觉践行社会主义核心价值观——在北京大学师生座谈会上的讲话》，人民出版社，2014。
③ 韩强：《干部德的考察评价研究》，《中共天津市委党校学报》2012 年第 4 期。

完善和提升起着引领和导向作用"①。另外，由于职业的不同，德的外在表现也会有所差异，比如社会公认对教师和医生的职业责任和道德要求高，所以逐渐把师德和医德作为特殊、独立的道德准则固化了下来。

德是人内在与外在表现的集合体，内在的德决定德的外在表现。新时代研究生导师立德树人的实践是促进研究生导师道德共治的过程。研究生导师的社会公德与职业道德的提升能够促进个人道德品质的提升，研究生导师在立德树人工作中创造出来的美德也对社会公德的发展产生了积极的推动作用。新时代研究生导师为人之德的内涵除了参考以上对公民道德的基本要求外，还应将社会主义核心价值观内化为自身的道德品质，"核心价值观其实就是一种德，既是个人的德，也是一种大德，就是国家的德、社会的德"②。培养良好的道德品质是研究生导师为人之德的基本需要，也是基本要求。"四有好老师"的重要标准之一就是要有道德情操，需要通过强化自身道德建设，致力于用其自身高尚的人格与道德品质潜移默化地感染影响研究生。研究生导师先要能激发出身为道德主体的自觉性，自身实现"德"的主动式内化。"师也者，教之以事而喻诸德者也"③。这句话说明了德的传承的重要性，将良好的道德品质内化在言传身教中，外化在为人师表的行动中，潜移默化地达到立德树人的目的。

（二）为业之德

为业之德即授业之德，即研究生导师从事教师职业应遵守的职业道德。为业之德是从研究生导师的职业层面，对研究生导师在职业道德上的规定与要求，是研究生导师从事教师职业的从业道德要求，表现为新时代研究生导师的职业素养和精神风貌，是研究生导师从业过程中必须遵守的行为准则，也是符合教师职业特点的一种职业公德。

---

① 马抗美：《立德树人：高水平人才培养体系建设的核心》，《光明日报》2018 年 7 月 12 日，第 5 版。
② 习近平：《青年要自觉践行社会主义核心价值观——在北京大学师生座谈会上的讲话》，人民出版社，2014。
③ （元）陈澔注《礼记·学记》，金晓东校点，上海古籍出版社，2016。

教育是培养人的事业，所以研究生导师的职业道德具有不同于一般道德的特殊性，主要体现在研究生导师要为人师表，做研究生的行为示范。研究生导师首先应具备教师的身份，所以先要恪守从教道德。师德是研究生导师职业成长中外在标准和内在品质的统一，是研究生导师在从事研究生人才培养工作时，需要遵循的，能体现专业特性、道德价值、导师人格品性的规范和准则。① 研究生导师应遵守高校教师职业道德修养的基本规范，即遵守教师的师德规范，树立良好的师德师风，这也是研究生导师立德树人的根本保证。"其身正，不令而行；其身不正，虽令不从。"② 这也是流传了两千多年的早已在人们脑海中根深蒂固的教育职业规则，表达的意思是为人师首先要坚守职业道德，要行得正，做正确的事，才能让学生信服。新时代研究生导师立足从事教师职业和研究生人才培养需要的现实，要先以德修身、自觉身体力行、发挥示范作用，具备良好的道德品质和道德素养，才能以德立学、以德施教、以德育人、做有德之师，才能在教书育人和立德树人的教育过程中延续为师从业之道。

习近平总书记对广大教师先后提出了"三个牢固树立""四有""四个引路人""四个相统一"的好老师标准，又对新时期教师的综合素质提出"政治要强、情怀要深、思维要新、视野要广、自律要严、人格要正"的"六要"要求，这些都是新时代研究生导师师德师风建设的根本遵循。新时代以来，党和国家对师德建设的要求也越来越明确，《教育部关于建立健全高校师德建设长效机制的意见》（教师〔2014〕10号）要求培育高校教师高尚的道德情操。中共中央和国务院联合出台的《关于全面深化新时代教师队伍建设改革的意见》（中发〔2018〕4号）要求把提高教师思想政治素质和职业道德水平摆在首要位置，突出全员全方位全过程师德养成。2011年，教育部、中国教科文卫体工会全国委员会发布了《高等学校教师职业道德规范》（教文〔2011〕11号），明确了"爱国守法、敬业爱生、教书育

---

① 李海生：《导师指导中不当行为的主要表征及防范对策——基于对4521名研究生导师的问卷调查》，《学位与研究生教育》2019年第4期。
② （春秋）孔子：《论语》，杨伯峻、杨逢彬译注，岳麓书社，2018。

人、严谨治学、服务社会、为人师表"六个方面的师德要求。2018年，教育部下发的《新时代高校教师职业行为十项准则》（教师〔2018〕16号）从坚定政治方向、自觉爱国守法、传播优秀文化、潜心教书育人、关心爱护学生、坚持言行雅正、遵守学术规范、秉持公平诚信、坚守廉洁自律、积极奉献社会十个方面丰富了新时代高校教师职业规范的内容。

坚持正确的政治方向是新时代研究生导师坚守为业之德的首要要求。首先，步入新时代，坚持中国特色社会主义的发展道路是研究生导师从事教师职业最基本的政治要求，体现出研究生导师的政治本色，保持坚定、鲜明而正确的政治立场是最重要的。在思想上，坚持马克思主义，知识通过思想转变成信念，研究生导师要把树立和增强共产主义理想信念作为思想建设的首要任务，自觉地严以修身，既要坚持共产主义的远大理想又要坚持中国特色社会主义的共同理想，用习近平新时代中国特色社会主义思想武装头脑。在政治上，与以习近平同志为核心的党中央始终保持高度一致。在行动上，自觉保持与党中央政治同向、思想同心、步调同频、行动同力的自律性。

另外，要树立正确的政治观念。自觉学习、领悟新时代中国特色社会主义的理论精髓和精神实质，自觉投入伟大复兴中国梦的建设中，把立德树人教育实践与中国特色社会主义的建设需要相结合，将正确的政治观念融进导师的从业之道，端正导师从业的政治思想，增强政治认同。在研究生导师遴选时，要把政治条件放在首位，作为任职标准的必选项。研究生导师不论是不是中国共产党党员，都需要确立正确的政治方向，都要坚持为党育人的初心、为国育才的立场，这也是新时代研究生导师师德建设的基础。

将导师的为业之德作为新时代研究生导师职业之道中常抓不懈的重点工作，在为业之德的建设中增强职业认同。研究生导师的为业之德具体体现在研究生导师对研究生进行教育教学和管理培养的过程中，表现为必须要遵守的行为准则以及必须具备的道德品质、道德观念、高尚情操等。研究生导师是研究生学术指导者和人生引路人，其品德和格局直接关系研究生人才培养质量。研究生导师的为业之德是指导师不仅要有较高的科学研究工作能力和学术水平，还要通过高尚的师德展现研究生导师的人格魅力，追求崇高的人生境界，才能在道德和知识共同提升的同时促进研究生道德素质的提升和综合素质的提高。

（三）为师之德

为师之德具体是指研究生导师与其他教师的身份不同，有着比其他教师更高的要求，相应的为师之德的内涵也相对丰富。研究生导师除了担任教学的基本任务外，还承担着科研、学术研究任务，具有较高的学术造诣，需要进行学术创新与学术传承，所以对研究生导师的从师道德和品行要求等与其他类型的教师应有所区别。研究生导师对研究生的德育任务不仅包括一般意义上的思想道德教育，更包括学术道德的塑造。[1] 从研究生导师业务工作的角度，研究生导师承担着重要的传承科研创新能力的任务，这是研究生教育的特色。研究生导师的为师之德是导师在传授学术、科研本领之中所体现的道德品质，是研究生导师具备扎实学识修养的重要体现。新时代研究生导师的为师之德要求其不仅要思想素质过硬、师德师风高尚，还要业务能力突出、作风品行端正，在严谨治学中传承和弘扬学术道德。师德是从师之本，研究生导师要将为师之德贯穿在研究生创新人才培养的全过程，将学术道德、学术规范与学术诚信入脑入心，在推动学术发展中展现研究生导师的从师美德。

研究生导师要先厚德载物，增强自身的道德涵养，体现"大学之道，在明明德，在亲民，在止于至善"[2]的宗旨。导师之"导"有双重含义：一是在人品、修养上引导研究生健康成长；二是在专业知识上引导研究生向纵深方向发展。[3] 研究生导师自身要具备科学研究的能力和素质，也要指导研究生对学术产生敬畏之心，恪守学术道德，遵守学术规范，还要将优秀的学

---

[1] 高平发、张欣媛、袁永红：《研究生导师践行立德树人的困境及对策》，《中国石油大学学报》（社会科学版）2017年第6期。
[2] 《大学　中庸》，赵清文译注，华夏出版社，2017。
[3] 李冬梅：《重视导师在研究生学术道德培养中的作用》，《学校党建与思想教育》2003年第9期。

术研究能力传授给研究生。孔子在《周易·系辞传下》也讲了"德薄而位尊，知小而谋大，力小而任重，鲜不及矣"[①]。这句话表明个人德行微薄却位于尊贵之列，知道的不多却要不自量力地谋求大事，能力不足却要自以为是地接受重任，这些情况很少有不招来灾祸的。所以，人要重视修身修德，努力使自身的德能配得上在社会中所处的地位或享受的待遇，才能发挥出德所蕴含的巨大能量。新时代研究生导师作为培养高层次创新人才的教师，更应重视自身的为师之德，在研究生导师的育人岗位工作中彰显出研究生导师的高贵品德，以德服人，以德立人。

新时代研究生导师与普通教师不同的一点是，研究生导师要在承担科学研究任务、格物致知的过程中完成育人工作，这是研究生导师应有的比其他教师更高的从业要求，也是体现研究生导师师德的重要方面。近年来，党和国家对学术道德的重视程度越来越高，要求也越来越明确。在 2007 年中国科学技术协会发布《科技工作者科学道德规范（试行）》的基础上，2009 年，教育部主要针对高校下发了《关于严肃处理高等学校学术不端行为的通知》；2010 年，教育部科学技术委员会学风建设委员会编辑了《高等学校科学技术学术规范指南》，此外还配有《高校人文社会科学学术规范指南》等按学科分类的专项指南；2016 年，教育部又印发了《高等学校预防与处理学术不端行为办法》，细化了针对学术不端行为的管理，各研究生培养单位也配套出台了相应的管理文件或相关规定。

有学者指出研究生导师最重要的工作内容是利用自身的科研思维和教育方法来提高研究生的思维能力和创新能力，不断努力提高学生学术研究能力，培养拔尖的学术研究人才。[②] 新时代研究生导师要用心踏实地完成科学研究任务，处处严格要求自己，以求真务实的态度对待学术成果，讲求学术诚信，潜心做研究、搞学问，在学术研究中彰显学术风范和为师美德。对研究生通过思想诱导、科学向导、方法指导、人生引导的主要方式进行传道，

[①] 《周易》，冯国超译注，华夏出版社，2017。
[②] 左崇良：《研究生导师责权机制的法理分析》，《学位与研究生教育》2018 年第 8 期。

口传心授，让所立之德由心而生，产生示范带动作用，真正让立德树人教育成为研究生教育的重中之重。

学术诚信体现着严谨、真诚的学术态度，是科学道德的准则之一，也是越来越重要的道德规范，更是保证学术研究可靠、科学、公正的前提条件和基础。学术诚信是科学研究的内在规范，指在学术研究中要遵守学术规范、遵循学术准则，认真做事，努力思考，不去触碰和违反学术科研中约定俗成的底线和准则。新时代研究生导师要严格要求自己，在学术研究与立德树人中营造风清气正的学术风气、浓郁良好的学术氛围和健康进取的学术之风。与此同时，对研究生进行学术规范与学术诚信教育，指导研究生踏实做人、做事、做学问，将学术道德规范教育内化在立德树人的过程之中，通过自身对待科学研究严谨、负责的态度影响研究生，把诚信做人与立德树人贯穿在日常研究生教育教学活动之中，形成一种有形加无形的良性教育习惯。在与研究生共同协作、共同研讨、共同创新中培养研究生的组织力、执行力、协同力、创新力等，修炼并传承为师之德，为社会创造更多的学术价值、培养更多的合格人才。

总而言之，研究生导师以上这三个方面"德"的内涵是既相对独立，又相互交叉、兼容并包的关系，同时还有逐层递进的包含关系（见图2-1）。研究生导师也是社会成员，在不同的场合有不同的身份。研究生导师首先是

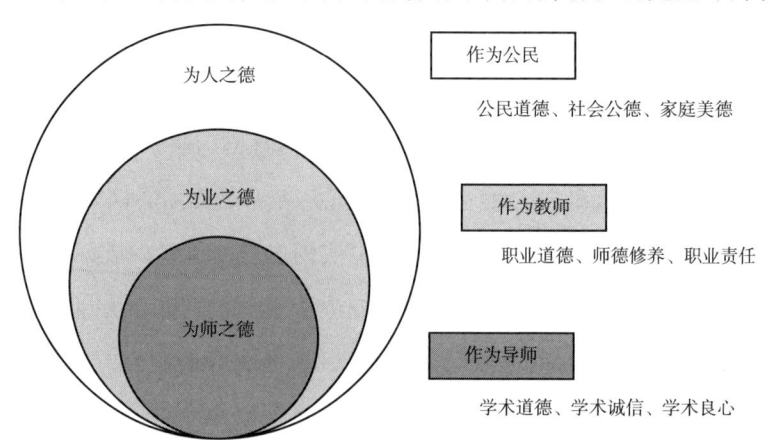

作为公民
公民道德、社会公德、家庭美德

作为教师
职业道德、师德修养、职业责任

作为导师
学术道德、学术诚信、学术良心

（为人之德 ⊃ 为业之德 ⊃ 为师之德）

图 2-1 研究生导师"德"的内涵关系

社会公民，无论何时何地都要遵守最起码的公民道德，所以为人之德所代表的内涵范围最大；作为人民教师，研究生导师要严格要求自己，遵守从业之道、加强职业道德，因此为业之德的内涵主要体现在从事教师的职业活动；作为研究生导师，要遵守科研业务、学术活动中的学术道德，故为师之德的内涵范围主要涉及学术研究领域，是研究生导师应该遵守的为师道德。

三　研究生导师立德树人的核心内容

高校具有进行知识和文化传承的使命，新时代研究生导师作为培养高层次创新人才的教师更是肩负着传承优秀传统文化的责任和使命。立德树人代表着中华传统教育思想的精髓，立德树人既是研究生导师的教育工作目标也是研究生导师的教育工作任务。研究生导师立德树人不是一个抽象的概念，而是提高研究生思想道德素质、科研和学术能力的基本途径。立德树人的过程没有固定统一的范式，研究生导师需要根据培养对象的实际情况，重视以德为先，发挥创新性教育优势结合具体的工作因地制宜地开展。研究生导师会在立德树人过程中先受到教育，同时也让研究生获得受益终生的启迪。德是依靠人的信念、习惯、传统和教育的力量去约束和调整个人行为的抽象概念，所以，立德树人要内化于研究生的内心之中，根植正确而理性的明辨性思想，以及追求良善与正义的思想观念，培养德行素质。在正确观念的作用下，逐渐使研究生的德外化为行动，并不断向着积极向上、崇德向善的方向发展。

从宏观上理解，新时代研究生导师立德树人是研究生人才培养的教育过程，研究生导师作为立德树人的主体，遵循研究生教育规律，把育德贯穿于育知、育人的培养过程中。育德和育人具有共通性，不因教育对象的性格、经历、理想等的不同而进行改变。在微观层面上，新时代研究生导师立德树人工作的主要内容是研究生导师通过研究生教育教学过程，渗透正确的道德观念指导下的求学、为人、做事的理念、方法与原则，促进研究生从量变到质变的提升。有学者认为研究生导师立德树人即坚持育德为先、育人为本，就是要求研究生导师以坚定深厚的信念邃养、扎实深厚的学识素养和高尚深厚的道德修养安身立命、行为世范、培育人才。① 也有学者认为研究生导师立德树人是"帮助研究生完成道德发展的'意义建构'，即把导师所传授的道德知识内化为道德情感，引发研究生产生共鸣并逐渐形成一种自发的意志品质和精神状态，最后落实到实践应用中，再次加深对这种理念的理解与认同，在大脑中长期存储的这种理解与认同的'图式'，便形成了较为稳定的认知结构，从而指导研究生执行道德行为"②。

新时代研究生导师应处理好思想政治工作与立德树人的关系，用正确的政治思想引领立德树人的全过程，形成具有德行的思想、态度与习惯。进行道德培养，不是处处生硬地去强调德的重要性，最好的方式是把立德树人本身作为一种懂德、悟德、育德的教育方式，用言传身教、上行下效的方式去影响、去感化、去熏陶，才能使立德树人的作用更为深远和深刻。本书对新时代研究生导师立德树人工作中起决定作用的核心内容进行了提炼，通过核心工作内容强化研究生的价值理想认同和价值导向认同，从而推动新时代研究生导师立德树人工作做深做实，取得更为理想的育人成效。

（一）把握正确的政治方向

立德树人首先要让研究生把握正确的政治方向，按照我国的政治要求培养人。新时代研究生导师在立德树人过程中不仅自身要坚定还要让研究生有坚定的理想信念，共同认清时代责任和历史使命。研究生导师立德树人是为党和国家培育高层次专门人才，其培育人才的质量直接关系党和国家的建设与发展，根植爱国情怀是把握正确政治方向的重要内容。为了早日实现"两个一百年"奋斗目标，更好地推进新时代国家建设的伟大进程，就需要接续培养大批有理想、有道德、有文化、有纪律的高层次研究生人才。青年强则国家强，对研究生进行爱国主义教育、把握住研究生的政治方向是研究生人才培养的核心和关键，要让研究生自觉地融入新时代中国特色社会主义

---

① 郑忠梅：《立德树人：研究生导师职责的学术逻辑及其实现》，《学位与研究生教育》2019年第6期。
② 刘志、韩雪娇：《研究生导师立德树人需要突破的三重瓶颈》，《研究生教育研究》2018年第5期。

国家建设的大环境中，正确认识世界，全面了解国情，增强为实现伟大复兴的中国梦而不断拼搏与奋斗的信心和决心。

此外，应引导研究生树立正确的理想信念。青年一代有理想和抱负，国家才会更有实力和前途，坚定研究生的理想信念是提升立德树人效果的关键。新时代研究生导师要引导研究生深刻认识中国特色社会主义制度的优越性，让研究生认识到社会主义核心价值观对自身成长的重要价值，坚定"四个自信"，增强"四个意识"，做到"两个维护"。从心理学的角度看，美国心理学家阿尔伯特·艾利斯提出情绪的"ABC 理论"，该理论认为人的情绪及行为表现 C(consequence) 并非是由诱发事件 A(activating event) 直接引起，而是由个体的信念 B(belief) 即对诱发事件 A 的认知和评价所导致的。可见，坚定研究生理想信念能对立德树人起到关键性的作用。树立正确的理想信念不仅是指研究生个人的理想信念要明确，更应符合党和国家的发展需要，还要引导研究生能把个人的理想信念与社会的理想信念统一起来，树立把个人的小我融入国家的大我、树立与这个时代发展主题同心同向的理想信念。正如清华大学校长邱勇在 2019 级本科生开学典礼上讲的"人生的意义只有在服务国家、贡献社会的奋斗中才得以彰显"。新时代研究生导师在立德树人工作中渗透并引导研究生将个人的奋斗与国家的发展与进步同频共振，形成正确的价值判断，培养其成长为对社会有用的人。

(二) 培养严谨的学术道德

研究生导师立德树人具有教育的生产功能，在教育过程中，教育者本身带着一种权威，教育工作是有生产能力的，通过教育延续再生产。[①] 新时代研究生导师在立德树人中，不仅自身要成为研究生的"智库"，为研究生传递学业基础知识，即立业，还要能用内心自觉、自发的教育情怀去传承道德教育理念，即立德，运用适当的教育方式或营造良好的教育环境氛围对研究生起到栽培的作用。在不断完善和修正道德观念中影响研究生的思想，进而

---

① 〔法〕P. 布尔迪约、J. -C 帕斯隆：《再生产——一种教育系统理论的要点》，邢克超译，商务印书馆，2002。

改良或改变研究生的行为，让尊德、守德、修德在研究生成长成才中发挥出更为广泛、深远而持久的影响力。促进研究生德才兼修与全面发展，培养时代和社会发展所需要的高层次专门人才。新时代研究生导师培养研究生德行素质的具体工作不能墨守成规、故步自封，而是要能审时度势、推陈出新。一方面随着社会的客观发展、教育要求和教育对象的实际需求的变化而不断改进，另一方面随着研究生导师的育人水平、能力、素养等方面的提升进行不断地充实和完善。

新时代研究生导师应在培养研究生高尚的道德情操的基础上逐步提高研究生的学术道德品质，提高研究生的思想道德素质是立德树人的核心和关键，也是研究生做人做事的基本道德。提高研究生的思想道德素质应从道德意识和道德行为两大方面入手。道德意识包括道德认知、道德情感、道德意志、道德信念等内容，其中培养基本的道德意识是首要目的，因为道德意识直接影响人的道德行为，如言语、行为、习惯等方面。此外，研究生导师对研究生进行学术、科研能力的培养是研究生教育的主要工作之一。根据研究生教育工作的需要，研究生导师承担着传承学术伦理、捍卫学术尊严的使命，研究生导师要在注重培养研究生做人做事基本道德品质的基础上，注重研究领域道德规范、学术诚信等方面的教育和培养，用规范性的道德要求对研究生的道德理念产生影响。新时代研究生导师通过自身恪守学术道德、遵守学术规范、体现学术品格等进行学术道德引领，指导研究生遵守学术道德规范，形成并提高学术道德的意识和水平，养成严谨的学术研究态度，锻炼研究生在科研道路上讲求学术诚信，不断追求卓越品德，成长为新时代高素质专门人才。

（三）树立积极的人生态度

新时代研究生导师立德树人工作是融入研究生人才培养全过程的，以立德为核心的道德内化更多的是培养积极向上的人生态度，用这种态度去影响研究生的人生。人生态度是每个人形成的相对稳定的心理倾向和基本意愿，人生态度决定着人未来的人生高度。研究生导师的人生态度也会直接影响研究生的人生态度。研究生导师拥有志存高远、胸怀天下的人生态度,才能孕育出壮志凌云、抱负不凡的国之栋梁。这就需要研究生导师要把自己的人生态度全方位融入研究生人才培养的全过程之中。人生态度的培养不同于知识的传授,需要融进师生日常的为人处世、待人接物之中,也要融进教育对象对事物看法的见微知著中,它是逐渐传承和塑造而成的。研究生导师要让研究生树立勇于担当这个时代赋予的历史使命,敢于对党、对国家、对个人负责,保持乐观进取,为实现伟大复兴的中国梦而不懈努力奋斗的人生态度。

立德树人可以提升研究生志向高远的精神境界和积极的心态品质,激发出研究生的内在动力。人们常说格局决定人生,格局有多大,成功的可能就有多大。影响格局的重要方面是人的精神境界,包括人的思想深度、眼界宽度、人格高度、胸怀广度,还有思想觉悟、精神修养等。精神境界的培养不是指去灌输大道理,关键是研究生导师为人师表、率马以骥的作用的发挥。研究生导师看待问题的角度与方式、研究问题的切入点、诲人不倦的敬业态度、取得成绩成果后的心理倾向等都会直接影响研究生精神境界的高远程度。作为培养最高层次人才的人民教师,研究生导师不仅要处处以身作则,保持乐观健康的心态,更要事事为研究生做好示范,用实际行动践行研究生导师无私的育人情怀,才能在提升自身精神境界的过程中促进研究生志向高远的精神境界的不断养成。研究生导师立德树人教育的初衷是在培养研究生健全人格的过程中,根据社会的发展和认识的深化不断调整或扩充立德树人的工作内容。新时代研究生导师立德树人主要是从为人处世的道德精神层面强化建设,正人先正己。"经师易遇,人师难遭"[①] 是司马光在《资治通鉴》中记载桓帝延熹七年(164)时,陈国童子魏昭回答郭泰的一句话,表明找教书本知识的老师容易,但要是想找到能以渊博的学识、高尚的人格修养去教学生如何做人的老师就不容易了。所以,研究生导师应注重以德立身、以德立行、以德施教、以德育人,在做好经师的基础上做研究生的人师,才能更好地发挥出精神世界对物质世界的主观能动性,尽可能地为研究

[①] (宋)司马光编著《资治通鉴》(第一卷),中华书局,2007。

生的成长成才创造良好的培养条件,通过培养研究生健全的人格逐步提升其精神境界与志存高远的人生态度,对研究生的人生观产生积极的影响。

新时代研究生导师立德树人的核心内容是研究生导师立德树人的关键,研究生导师对立德树人的成效起决定性的作用。研究生导师需要把以上核心内容融进科学研究、学术能力培养的学业教育过程之中,把立德树人的教育理念内化在研究生教育教学的过程之中,融会贯通在学术知识的传授、研究技巧的把握、学术规范的掌握之中,融入研究生的规范行为实践之中。育德于情、育德于境、育德于心、育德于行,从而促进研究生身心的全面发展。

第二节 研究生导师立德树人的理论基础

新时代研究生导师立德树人立足于我国教育的现实需要,是新时代研究生教育工作的重要组成部分,坚持从马克思主义的基本立场、观点出发,用科学的理论进行支撑和指导。马克思主义人的全面发展理论从人的本质出发强调人与社会共同获得全面发展。习近平总书记在新时代的历史阶段提出关于立德树人的重要论述,是对马克思主义理论的深化和发展,也是指导研究生导师立德树人教育实践的科学思想。道德原理与社会生活密切相关,学校是社会生活的一部分,立德树人工作应注重道德教育思想,将道德教育作为研究生导师立德树人工作的理论基础,把握并运用道德教育的原理的方法和规律,发挥其对新时代研究生导师立德树人工作的指导作用。

一 马克思主义人的全面发展理论

马克思、恩格斯关于人的全面发展学说是马克思主义理论的重要内容。"人的发展"是马克思一生关注的重要问题,而且马克思主义把人的全面发展作为共产主义的基本条件之一。我国坚持把立德树人作为根本任务,"始终坚持育人为本德育为先、遵循人的全面发展价值旨归"[1]。将马克思主义

---

[1] 王树荫:《立德树人 70 年——中国共产党"培养什么人"的战略抉择》,《教学与研究》2019 年第 10 期。

基本原理与我国具体的教育实践工作相结合,尊重历史与现实中具体的人,尊重人的全面发展需要,对新时代研究生导师立德树人工作有十分重要的指导作用和现实意义。

(一)人的全面发展是人的本质要求

人是现实的人,具有社会属性。"人的本质不是单个人所固有的抽象物,在其现实性上,它是一切社会关系的总和。"[1] 从人具有社会性的角度出发,人不能是孤立、封闭的,人的本质是一切社会关系的总和,所以,人是社会的人,人的生存离不开社会关系,人必须不断地获得社会物质资料生产所需要的商品,才能满足自身生存需要。人生活在社会关系之中,人与人之间需要相互交往,彼此是相互影响、相互联系的关系,全社会每个人的全面发展才是人的真正发展。就像马克思在莱比锡宗教会议上所说的那样——"一个人的发展取决于和他直接或间接进行交往的其他一切人的发展"[2]。人有与他人交往的需求,并需要在社会交往中得到认同,这就需要有知识和技能的支撑。随着人的社会关系从简单到复杂的发展变化过程,人所掌握的知识和能力也需要越来越丰富而全面的发展提高,在满足自身基本社会交往需要的基础上,不断增强自身才干和技能,使自身得到全方位发展,以满足人成长发展的需要。

人总是会处于一定的社会关系之中,社会关系的类型多种多样,有个人与个人之间的关系,有个人与群体之间的关系,有垂直的关系也有水平的关系,有相对固定的关系也有社会互动的关系等,各种关系错综复杂但却组成了系统性且有规律可循的有机关系网。关系之间的相互联系,还可从宏观的角度分为主要关系和次要关系。主要关系是起决定作用的关系,比如个人和国家的发展关系。国家的发展与每个人都息息相关,国家的强盛给个人提供了更多的发展机遇,同理,个人也要随着国家建设发展的步伐促进人的全面发展。国家的全面发展是个人全面发展的前提与基础,国家的建设与发展也离不开每个人的努

---

[1] 《马克思恩格斯选集》,第一卷,人民出版社,2012。
[2] 《马克思恩格斯全集》,第三卷,人民出版社,1960。

力与奋斗，个人的全面发展也是国家全面发展的基石。人类社会始终是向前发展的，新时代的中国取得了前所未有的历史性进步，新时代中国特色社会主义建设为人的全面发展提供了广阔的发展空间和机遇，同时也迫切需要大批德才兼备的高素质人才。通过新时代研究生导师立德树人工作，发挥社会主义国家的育人优势，把人的全面发展作为人才培养目标，通过接续培养一批批德智体美劳全面发展的人才逐步推动社会整体的全面发展与进步，同时使个人在研究生导师立德树人的过程中获得更为自由而全面的发展。

（二）社会为人的全面发展创造条件

社会发展具有历史性和前进性，社会是向前发展着的、不断运动的，总的方向是前进的、上升的。人是推动社会历史发展的主体，也是历史的创造者，人只有在推动社会全面发展的过程中，才能更好地发挥出主观能动性的优势，获得自身的全面发展。马克思在《共产党宣言》的无产者和共产党人部分中讲过："人们的观念、观点和概念，一句话，人们的意识，随着人们的生活条件、人们的社会关系、人们的社会存在的改变而改变。"[1] 个人有实现自我价值的需要，个人自我价值的实现是社会价值实现的基础，同时会随着社会的变化与发展，在促进实现社会价值的过程中创造自我价值实现的更多条件与机会，只有在促进社会更大价值实现的前提下，个人才能获得更为全面的发展，最终实现个人与社会的双赢。

社会在不断地发展、进步，从而影响、改变着人的社会生活。一方面，社会存在决定社会意识，人的思想观念反映着时代的国势与民情，人的素质和行为需要符合时代发展的需要和趋势；另一方面，人实践的目标、能力和水平都会受到所处时代政治、经济社会发展程度的限制，"人类始终只提出自己能够解决的任务，因为只要仔细考察就可以发现，任务本身，只有在解决它的物质条件已经存在或者至少是在生成过程中的时候，才会产生"[2]。新时代的社会必然有新的时代要求，新时代对人才培养质量也有新的要求，

---

[1] 《马克思恩格斯选集》，第一卷，人民出版社，2012。
[2] 《马克思恩格斯文集》，第二卷，人民出版社，2009。

所以对人才培养过程也必然有新的要求。立德树人是适应新时代人才培养需要的新要求，也是培养人才必须要遵循的教育规律。立德树人重在德才兼备，重在培养人全面的成长发展，是马克思主义人的全面发展理论的继承与发展，对培养德智体美劳全面发展的时代新人具有重要的指导意义。

(三) 实践活动是人全面发展的基础

社会是实践的社会，"人应当通过全面的实践活动获得全面的发展"[1]。人不能独立存在，都要融入社会生活。人需要通过社会实践活动获得全面发展，社会实践活动是人全面发展的途径与平台。马克思告诉世人"只有在共同体中，个人才能获得全面发展其才能的手段"[2]，这个共同体也可以指集体，人在集体中进行的活动是实践活动，在社会实践活动更为广阔的空间和舞台上，人才能得以更全面地发展。"个人的全面发展，只有到了外部世界对个人才能的实际发展所起的推动作用为个人本身所驾驭的时候，才不再是理想、职责等等，这也正是共产主义者所向往的。"[3] 我国的教育是社会主义教育，是为了每一个人的教育，也给每一个教育对象提供了接受教育的机会，每个教育对象在教育实践活动中都能够全面发展自己的能力。新时代研究生导师立德树人教育实践活动以研究生为教育对象，研究生导师通过立德树人教育过程向教育对象提供全面发展的条件与机会，符合马克思主义人的全面发展理论的基本原理。

人在社会实践活动中的全面发展需要培养的过程。社会生活本质上是实践性的，"全部社会生活在本质上是实践的。凡是把理论引向神秘主义的神秘东西，都能在人的实践中以及对这个实践的理解中得到合理的解决"[4]。人学到的知识和理论需要在实践中去检验和验证。一方面，在实践验证的过程中不断加深对理论的认识与理解，历史就是在实践的基础上不断被创造出来的；另一方面，也需要在实践活动的基础上不断地进行继承、创新和发展，推动

---

[1] 恩格斯：《反杜林论》，人民出版社，1999。
[2] 《马克思恩格斯选集》，第一卷，人民出版社，2012。
[3] 《马克思恩格斯全集》，第三卷，人民出版社，1960。
[4] 《马克思恩格斯选集》，第一卷，人民出版社，2012。

社会历史不断向前发展，冲破旧有观念的束缚，接受新的思想，打破旧有的各种限制，进行新的探索，掌握新的知识，开发新的领域。与此同时，锻炼并提高个人各方面的能力与素质，实现个人的全面发展。立德树人是新时代教育的根本任务，是我国在新的历史阶段教育领域的育人实践过程。新时代研究生导师立德树人适应现阶段研究生人才培养的需要，研究生导师在立德树人的教育实践中发挥主观能动性，更好地促进并实现教育对象的全面发展。

二 习近平关于立德树人的重要论述

习近平关于立德树人的重要论述属于习近平新时代中国特色社会主义思想的重要组成部分。立德树人在习近平新时代的重要讲话、专著、论述中被提及不下30次。在多次重要讲话中习近平反复强调要全面贯彻党的教育方针，落实立德树人根本任务，教育工作更要坚持把立德树人作为中心环节，服务于中国特色社会主义现代化建设，服务于党和国家的人才培养工作。习近平关于立德树人的重要论述不仅代表中国共产党对教育工作的认识提升到了新时代的高度，还对研究生导师立德树人工作实践具有重要的现实指导意义。

习近平关于立德树人的重要论述始于2012年11月党的十八大，近8年来经历了如下发展历程（见图2-2），内容在不断充实与丰富，也在实践探索中不断深化与发展。

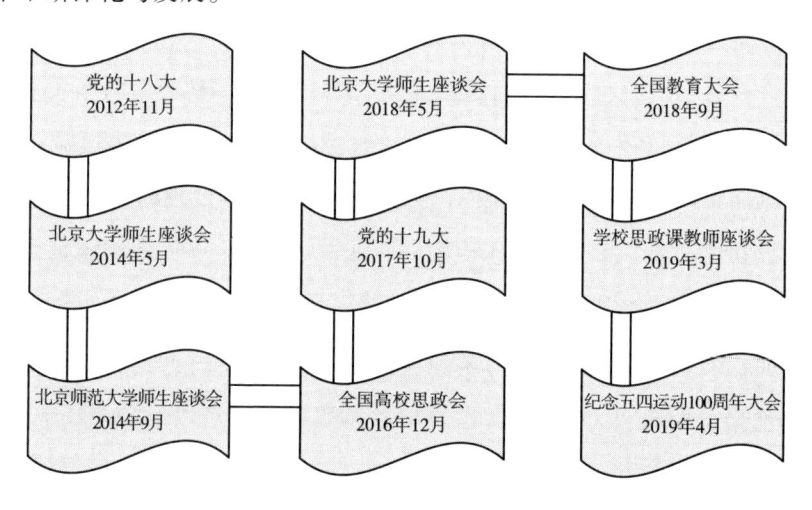

图2-2 习近平关于立德树人重要论述的发展历程

通过对习近平总书记的重要讲话和论述进行整理与归纳，笔者总结出以下三个方面的主要理论要点。

(一) 育人的根本在于立德，立德树人是人才培养的辩证法

教育事业影响甚至决定国家长治久安、民族复兴和国家崛起的问题。习近平总书记于 2018 年 9 月在全国教育大会上讲过党的十八大以来，党对教育事业特别是培养社会主义建设者和接班人工作高度重视。在此之前，2018 年 5 月，习近平总书记在北京大学师生座谈会上的讲话中就解决培养什么样的人、如何培养人的问题提出立德树人是人才培养的辩证法，并强调："人无德不立，育人的根本在于立德。这是人才培养的辩证法。办学就要尊重这个规律，否则就办不好学。"① 在人才培养时，教育也是有规律可循的，习近平总书记提出的人才培养辩证法就是科学的育人规律。

我国的教育坚持把立德树人和培养社会主义建设者和接班人作为教育的两大根本任务，其前提是将立德树人作为人才培养的辩证法。教育工作的重要价值是培养人，青年的价值取向决定了未来整个社会的价值取向②，研究生教育阶段是研究生价值观形成、确立和巩固的关键时期，所以要遵循教育规律、遵循研究生的成长成才规律，有针对性地科学育人。立德树人的根本在立德，立德树人与人才培养同样是持之以恒的育人工作，这是育人的规律也是育人的辩证法。其具体是指人才培养除了掌握学业知识以外，更多的是将德的思想、观点、方法，以及社会主义核心价值观融入教育对象的日常行为，端正教育对象的世界观、人生观和价值观，养成良好的道德行为习惯，确立为实现我国国家富强和民族复兴而不懈努力的坚定理想信念，为实现中华民族伟大复兴的中国梦的决心和意志，为党和国家源源不断地培育良才。

(二) 在立德树人的过程中培养高素质教师队伍

习近平总书记多次强调人才培养的关键在教师。当前，"知识获取方式

---

① 习近平：《在北京大学师生座谈会上的讲话》，人民出版社，2018。
② 习近平：《青年要自觉践行社会主义核心价值观——在北京大学师生座谈会上的讲话》，人民出版社，2014。

和传授方式、教和学的关系已发生了革命性变化"①，这对教师队伍的能力和水平提出了更新、更高的要求。2013年9月10日，习近平总书记在给全国广大教师的慰问信中就激励教师要自觉增强立德树人、教书育人的荣誉感和责任感，学为人师，行为世范。2014年9月9日，习近平在与北京师范大学师生座谈时强调教师的工作是塑造灵魂、塑造生命、塑造人的工作。"国家繁荣、民族振兴、教育发展，需要大力培养造就一支师德高尚、业务精湛、结构合理、充满活力的高素质专业化教师队伍。"② 教育的关键在于发挥出教师的积极性、主动性和创造性，而培养高素质的教师队伍对于推动立德树人工作的不断发展具有重要的时代意义。

建设高素质的教师队伍，需要让教师在立德树人的教育实践中获得锻炼和成长。在立德树人过程中，教育者自身要先得到提升，先受到立德的教育，才能更好地去树人。立德树人的要求随着新时代教育改革步伐的加快也在与时俱进。教师要把立德树人放在首位，要成为"经师"，不断地进行知识储备和知识更新，精于"授业""解惑"，还要能"见贤思齐焉，见不贤而内自省也"③，用实际行动去充分践行陶行知先生所说的"捧着一颗心来，不带半根草去"的奉献精神，不断提高道德修养和文化品位，把握好自身的人生方向。同时，教师还要能成为学生的"人师"，注重先行提高自身修养，突出师德建设，率先垂范，以身作则，在学生中树立起良好的师德师风，以"传道"为责任和使命，共同推进以德立身、以德立学、以德施教，帮助学生把握好人生航向。每个教师在立德树人教学管理实践和教育改革的发展中不断成长蜕变，通过立德树人的育人过程也得到了锻炼和历练，逐渐从稚嫩走向成熟。随着每个教师综合教育能力的不断增强，教师队伍的整体素质也将逐步得到提升。

（三）把立德树人内化到人才培养体系的全过程

立德树人是系统性、长期性的教育工程，习近平总书记强调要培养既有

---

① 习近平：《在北京大学师生座谈会上的讲话》，人民出版社，2018。
② 习近平：《做党和人民满意的好老师——同北京师范大学师生代表座谈时的讲话》，人民出版社，2014。
③ （春秋）孔子：《论语》，杨伯峻、杨逢彬译注，岳麓书社，2018。

高尚品德又有真才实学的社会主义建设者和接班人。把立德树人教育思想贯穿在人才培养体系中乃是习近平总书记关于立德树人重要论述的关键内容。2018年，习近平总书记在北京大学师生座谈会上的讲话中就已提出"要把立德树人内化到大学建设和管理各领域、各方面、各环节，做到以树人为核心，以立德为根本。人才培养体系涉及学科体系、教学体系、教材体系、管理体系等，而贯通其中的是思想政治工作体系"①。2019年在全国教育大会上习近平总书记再次强调"要努力构建德智体美劳全面培养的教育体系，形成更高水平的人才培养体系"②。教育的一切工作都要围绕这个教育目标，以立德树人为中心环节，把思想政治工作贯穿在教育教学的全过程。

习近平总书记要求健全立德树人落实机制。需要在教育工作过程中注重学生德智体美劳互相促进、协调且全面发展，贯彻"五育"并举，把立德树人渗透到德育、智育、体育、美育、劳动教育之中。同时，在人才培养工作中要构建全员、全过程、全方位的"三全育人"工作体制机制。教育作用的对象是人，是活生生的人，是一个个独立的个体。人，本质上就是"文化"的人，而不是"物化"的人；是能动的、全面的人，而不是僵化的、"单向度"的人。③ 在各级各类教育中要能调动一切积极因素，找准受教育者的问题症结，对症开方，采用最合适的育人方式，构建全员、全过程、全方位的育人机制，产生立德树人的整体合力，形成多方联动的育人格局和协同共治的强大局面，从而为推动新时代立德树人工作凝聚育人力量，达到药到病除的教育效果。

三 学校教育中的道德教育思想

道德是建立在一定社会经济基础之上的社会意识形态，"志于道，据于德"④，人的志向在道，根据在德。道即理想的人格或社会图景，德是立身

---

① 习近平：《在北京大学师生座谈会上的讲话》，人民出版社，2018。
② 习近平：《坚持中国特色社会主义教育发展道路培养德智体美劳全面发展的社会主义建设者和接班人》，《人民日报》2018年9月11日，第1版。
③ 习近平：《之江新语》，浙江人民出版社，2007。
④ （春秋）孔子：《论语》，杨伯峻、杨逢彬译注，岳麓书社，2018。

根据和行为准则。在人类历史的演进过程中，道德观念无不发挥着无形而又有力的主观能动性，特别是在扭转政治危机、文化危机的过程中发挥着关键性的作用。道德品质的培养具有一定的连续性，道德教育更需要从小进行，以期养成良好的品德习惯，所以，在学校教育中进行道德教育是人才培养的必要环节，也是人才培养过程中的重要内容。蔡元培于1912年在全国临时教育会议开会词中就曾讲到"人才教育者，尚有十年树木、百年树人之说，可见教育家必有百世不迁之主义，如公民道德是"[1]。

学校道德教育的内容应随着时代发展的需要来落实可持续发展的目标。一方面，进入新时代后，我国经济基础的日渐雄厚，客观上要求作为社会意识形态的上层建筑所对应的道德教育理应得到充分的发展，以达到精神文明和物质文明同步发展的目标。另一方面，新时代中国特色社会主义现代化建设离不开传承中华优秀传统道德教育思想，同时还应汲取国外优秀道德教育思想的精华，培养出具有崇高思想品德的时代新人。作为学校道德教育主体的教育工作者首先应具备中华民族优秀传统道德修养，在传承优秀思想品德的基础上开展新时代立德树人工作，重视德育的培养价值在人才培养中的核心作用，培养出众多符合我国未来社会发展需要的"六有"接班人。

（一）顺应时势丰富道德教育内容

道德教育指对受教育者有目的地施以道德影响的活动，包括提高道德认识、陶冶道德意志、确立道德信念、养成道德习惯等。道德教育是社会道德要求转化成为个人的道德品质的重要环节。[2] "道德是由道德意识、道德规范和道德实践（道德活动）三个部分构成。"[3] 所以不难看出，道德教育所涵盖的内容较为丰富。道德教育又称为德育，包括学校的道德教育、社区的道德教育、家庭的道德教育、公民的道德教育、人类的道德教育等若干方面。学校是组织教育活动的主要机构，也是教育活动的重要载体，更是社会

---

[1] 中国蔡元培研究会编《蔡元培全集》（第二卷），浙江教育出版社，1997。
[2] 夏征农、陈至立主编《辞海》（第六版），上海辞书出版社，2009。
[3] 唐礼勇：《涂尔干的道德教育思想》，中国社会科学出版社，2018。

生活的必要延伸。因此，学校的道德教育所覆盖的范围也较为宽泛，而且随着社会发展的需要，学校道德教育的社会属性也越来越凸显，其道德教育的内涵也在不断地扩展与完善。

众所周知，道德或德行的养成不能仅靠纪律进行约束或靠社会道德规范进行限制，而是要通过道德教育进行润物无声式的教化与引导，激活受教育者自身道德修养的原动力，重视品德修养和道德教化内外相结合的教育模式，从而使其能够适应新时代社会发展与进步的需要。将学校的道德教育与人的学习、工作、生活紧密相连，促使受教育者在社会实践中得到真实有效的自我完善与提高。杜威认为道德教育是在学校的社会生活中逐渐养成的，发展是道德教育的根本目的，道德教育不能灌输，而应遵循认识—发展的道德教育规律。之后，柯尔伯格延续了道德教育发展规律的思路，提倡学校的道德教育要根据受教育者的认知发展水平，从发展心理学的角度围绕道德认知、道德判断、道德推理能力等方面的培养内容展开各种丰富的道德教育活动，进行道德内化与外化的同化修炼。

随着时代的发展与进步，社会对道德教育的认知和理解也在不断演化，需要根据新时代的发展需要与时俱进地进行德育改革。新时代中国特色社会主义建设所面临的新形势和新需求以及新的社会环境必然对大众心理诉求产生新的影响，所以在新时代的道德教育过程中，更应注重构建积极健康的道德教育环境，以促进受教育者尽快适应新形势下的德育要求。我国现行学校的道德教育是具有中国特色的社会主义道德教育。"育才造士，为国之本"，即我国学校的道德教育应以实现中华民族伟大复兴为己任，以社会主义核心价值观作为精神价值引领和道德教育引导，通过各种道德教育形式和途径正确引导受教育者坚定中国特色社会主义共同理想和道德观念，弘扬以爱国主义为核心的民族精神和以改革创新为核心的时代精神，培养良好的道德情操，从而使受教育者树立正确的世界观、人生观、价值观。

（二）传承道德教育思想中的精髓

学校的道德教育思想源于中华优秀传统道德教育的思想。从古至今，思想品德教育、社会道德规范等在国家建设中所受重视的程度都会直接影响到国家的发展与进步。我国的道德教育思想源远流长，下至普罗大众上至最高统治阶级，随着社会的进步，人们逐渐意识到道德教育的重要性，更将道德教育为政治所用，纷纷对民众进行有利于国家统治的道德教化。早期如西周时期的立法指导思想：明德慎罚。到了春秋战国时期，孔子在《论语·为政》中曾说："道之以政，齐之以刑，民免而无耻，道之以德，齐之以礼，有耻且格。"① 反映出孔子"为政以德"的思想。在国家治理中，如果以强权为手段，以强硬的刑罚来震慑，百姓只会暂时免于罪过却没有羞耻之心；如果以道德去引导老百姓，用仁义礼教去同化，百姓们不但会产生羞耻之心，还会欣然归服。尔后，孔子的德政治国思想备受后世君主的推崇，崇尚用道德去教化臣民，用道德进行感化教育。

国外也是如此，德国哲学家康德就曾指出："必须注意道德教化。"② 美国教育家杜威也很重视道德教育，他强调道德应与学校教育过程相联系，重视二者间产生相互关联的责任和道德在改造和指导人际关系中所发挥的作用。道德是一种能够养成习惯的思想品德，能从外部培养以激发受教育者理性并主动地运用道德思想指导道德行为。杜威的这些观点，为道德教育提供了可供参考和借鉴的教育方法。法国社会学家涂尔干则认为，道德教育具有引导社会行为向善的重要社会职能。道德教育在于塑造人的思想品德，通过学校的道德教育使受教育者产生正确的道德观念并使其成为道德化的"社会人"。因为"道德行为是由预先决定行为表现的行动规范体系所组成的，这些规范规定着一个人在既定的情境中应该怎样行为；举止得当，就是从良知上服从"③。因此，涂尔干强调要在道德教育中发现隐藏其中的道德力，通过教育过程中的人文关怀使道德力真实地呈现出来，以凸显道德教育的核心价值。

学校道德教育思想的传承既要抓住道德教育的核心教育理念，也要围绕道德教育的本质开展立德树人工作。台湾学者詹栋梁总结了道德教育的实质

---

① （春秋）孔子：《论语》，杨伯峻、杨逢彬译注，岳麓书社，2018。
② 〔德〕伊曼努尔·康德：《论教育学》，赵鹏、何兆武译，上海人民出版社，2005。
③ 〔法〕爱弥尔·涂尔干：《道德教育》，陈光金等译，上海人民出版社，2001。

并得到了社会的公认:"道德教育的本质,就是教导学生对于善与义务能知又能行。"① 学校道德教育传承的是传统道德思想的精髓,当受教育者受到正确的道德教育思想的影响后,会转化为影响其外在行为的内因,促使其正向发展。因此,教育者应在立德树人的教育过程中,吸收并运用好德育思想的精髓,根据每名受教育者的思想特点量体裁衣,通过促进受教育者思想品德观念上的转变,逐渐达到改变其外在行为表现的目的。

(三) 发挥道德教育主体优势作用

学校教育中,教育者具有教育的主动权和控制权,在学校的道德教育过程中更要注重发挥教育者的主体教育优势。根据道德教育的目标,最大限度地激活教育者道德教育的主观能动性,以确保道德教育的教育效果。美国心理学家柯尔伯格在《道德教育的哲学》一书中也阐明了道德判断的基本方式、要素、规范等,其主张教师可以将道德发展的目的定作对道德发展的促进。② 康德认为教育的目的是使每个人的所有能力得到完美的发展,他还认为教育的最高目标是成就道德。杜威在《道德教育原理》一书中也曾指出"教育的终极目的在于品格的形成"③。檀传宝则认为道德教育的目的就是德育活动预先设定的结果,是德育活动所要生成或培养的品德规格。④ 由此可见,学校道德教育的第一要务是确立一种思想品格,即发挥出教育者的主体教育优势,引导受教育者按照道德准则规范行为,把道德的内在价值根植于受教育者的思想之中,并转化为自主行动。道德是明确规范的总体,教育者需要使受教育者的行为受到理性的约束,从而符合社会发展的需要。学校的道德教育也建立在理解和把握社会发展的基础之上,依照受教育者心智发育的顺序循序渐进地进行引导,往往能够起到良好的教育效果。

道德教育的主体优势作用还体现在道德教育的主客体双方所具有的共生性和接续性上。道德教育是在人与世界的相互关系、相互作用中至关重

---

① 檀传宝:《德育原理》,北京师范大学出版社,2007。
② 〔美〕柯尔伯格:《道德教育的哲学》,魏贤超、柯森等译,浙江教育出版社,2000。
③ 〔美〕杜威:《道德教育原理》,王承绪等译,浙江教育出版社,2003。
④ 檀传宝:《学校道德教育原理》(修订版),教育科学出版社,2003。

要的基本环节。道德教育思想强调优秀道德思想的培养，主张教育者引导受教育者在道德行为养成过程中学会思考、辨别、选择，促进受教育者的德行全面成长，培养受教育者产生共情、共鸣、同感等道德情感，引导受教育者进行积极正面的思想品德建构，进而逐渐成长为成熟的道德主体。学校道德教育的主体性还体现在推进"道德他律"向"道德自律"的发展方向上，当受教育者能够正确处理人与自然、人与社会、人与人之间的共生关系时，即可引导并培养其形成共享性的思想价值取向和人格特征。此时，初始的受教育者就会慢慢成长为新的道德教育主体，接续性地去影响、感化、带动其他受教育主体进行道德思想转变，周而复始，以促使更多的受教育者实现道德实践能力方面的提升，形成更多真正的道德主体，在学校和社会交往中营造良好的道德风尚，促进社会风气良性运转，推动形成良好的社会环境。

第三节　研究生导师立德与树人的本质关系

德与才一直是辩证统一的整体，既是两个范畴，又是评判人综合素质的准则，同时，德与才还是相互发展的前提和相互依存的条件。德与才是人才培养的重要内容，二者天然地融合在落实立德树人教育根本任务的过程之中。立德树人包括立德与树人两个方面，是教育事业永恒的育人主题。立德是基础，树人是目标，将立德穿插在树人的教育过程中，德业并进，才能实现使教育对象既具有道德理想又具备非凡才华的终极育人目标，这也是成就立德树人教育的完整过程。立德作为树人的前提和基础，既先为人而后处世，对于人的世界观、人生观、价值观的完善也具有重要意义。研究生导师要在立德树人教育中把握育德教育与知识传承的关系，即处理好立德与立才的关系。立德树人犹如栽树，树根不摇才能枝叶繁茂。作为立德树人教育主体的研究生导师自身应对立德树人有清醒的认识，协调好立德与树人的关系，树立以德为先、以才为本、德才兼备的教育理念，从而对新时代高素质专门人才培养起到积极的推动作用。

一 德与才的辩证关系

德与才是人不可或缺的品质与能力，是人才培养的核心内容。厘清德与才的关系，处理好立德与立才的关系，将修德、养德与增长才干运用到立德树人教育过程中，用立德立身、用才华立业是培养人才的基础和前提。《资治通鉴·周纪一 威烈王》中对德与才有段十分形象的表达："夫聪察强毅之谓才，正直中和之谓德。才者，德之资也，德者，才之帅也。"① 意思是"才"是指聪慧、体察、顽强、果敢，"德"是指正义、公平、平易近人。才是德的助力，德是才的引领。这句话充分表明了德与才的辩证关系，反映出育德和育才具有同等重要性，落实在育人过程中体现为培养才德兼备的人，如研究生教育的目标就是培养新时代德才兼备的高素质专门人才。

（一）德与才的含义

《现代汉语词典》中德字的解释是道德，品行。《大广益会玉篇》中对才字的解释是"才，才能也"②。之后，"朱熹注：才，犹材质，人之能也"③。这里的才具体指知识与能力。道德属于社会意识形态，是思想上层建筑的一部分，体现人本能的东西，是作为社会的人必须要遵从的行为准则和规范。道德虽看不见、摸不着，却能调整个人在社会中的关系行为。

德与才一直以来是评判人的标准和原则，德才兼备是人追求与修炼的目标。孔子在《论语》中说："质胜文则野，文胜质则史。文质彬彬，然后君子。"④ 这句话是告诉世人要内外兼修，既要有品德也要有文采，才合乎君子之道。《庄子·天地》中言："执道者德全，德全者形全，形全者神全，神全者，对圣人之道也"。意即走正道的人德行完备，德行完备的人身体健康，身体健康的人精神健康，修身养性对应天道。这句话的本意是倡导人们追求身心健康。司马光在《资治通鉴·周纪一 威烈王》中写下了著名的"德才论"："是故才德全尽谓之'圣人'，才德兼亡谓之'愚人'，德胜才

---

① （宋）司马光编著《资治通鉴》（第一卷），中华书局，2007。
② （南朝）顾野王：《大广益会玉篇》，中华书局，1987。
③ 《孟子》，任宪宝编著，中国言实出版社，2017。
④ （春秋）孔子：《论语》，杨伯峻、杨逢彬译注，岳麓书社，2018。

谓之'君子'，才胜德谓之'小人'。"① 意为有德有才称为圣人，无德无才称为愚人，德多于才称为君子，才多于德则称为小人。

教育是培养人的事业，研究生教育培养的是高层次专门人才。习近平总书记强调："人才培养一定是育人和育才相统一的过程，而育人是本。"② 德是才的内在本质，才是德的外在表现，两者之间存在交集，也相互影响。一般来讲，人们普遍认为道德与知识是正相关的关系，德是随着才（如知识、能力）的水平的提升而不断提高的，这是正常的发展轨迹。但也有反例，有的人注重自身才的积累与增长，忽略或不在乎德的修养，即使知识和能力达到了一定水平但德的方面仍存在缺失，如果德不配位，注定是难以致远的。

（二）德与才的关系

德与才是并列关系，二者属于不同的范畴，相互渗透，息息相关。人的成长既需要有德行也要有能力，德与才一方面靠自身的积累和领悟，另一方面需要依靠教育不断获得新知与成长。二者互为存在和发展的条件，相互影响和促进，是共融共生的关系。

1. 德与才联系紧密

德与才相辅相成、相得益彰，二者是紧密联系在一起的，两手抓，两手都要硬，但德与才也存在差别，主要体现在以下三个方面。

第一，德与才的统一性。德与才是辩证统一的，二者互为存在和发展的前提。德与才是有机统一体，德与才来源于实践，并统一于实践，二者都是在实践中获得并通过实践表现出来的。德是才的前提和基础，德行正的人能够促进才能的提高，德是才的方向和精神；才是人发展的内部驱动力，受德的制约，德的基础扎实是才发展和成功的基础条件，也是才得以施展的强大平台。

第二，德与才的主从性。德与才存在主与从的关系。以大树为喻，树干和枝叶是密不可分的，德是树干，才是枝叶，树干是主，枝叶是从，即德主

---

① （宋）司马光编著《资治通鉴》（第一卷），中华书局，2007。
② 习近平：《在北京大学师生座谈会上的讲话》，人民出版社，2018。

才辅。但树干是主要部分,枝叶是从属部分,如果树干枯死,则枝叶也将存活不了多久,而没有枝叶的树干是可以存活的,其可以培育出新的枝叶。所以,对人来讲,德是才的根本,才是德的枝叶。德是第一位的,是先决条件,是才的统帅,决定才的使用;才是德的支撑,人可以没有才,但不能没有德。有德又有才的人是上品,有德但无才的人次之,但无德有才的人如同没有树干的枝叶,空有一副架子,外强中干,着实不可取。

第三,德与才的互通性。才的提升离不开德的基础,德的修炼程度影响着才的强弱。德与才好比是大树的不同部分,二者具有相互关联、相互作用、协调发展的内在关系。树干是树的主干,好比德,枝叶是树干的旁枝,好比才。只有树干鲜活、挺拔而笔直,才能给枝叶预留出更多的生长空间,不断给枝叶输送水分和养分;如果树干枯了,没有了营养供给,那枝叶也必然茂盛不起来;枝叶长得茂盛能够促进养分的循环与平衡。才在德的引领下才能获得更大程度的提升,在修德中不断修才,才决定人的知识、水平、能力等文化素养、业务素养的高低,而德代表的道德素养将最终决定人的发展目标和走向。

2. 研究生导师德与才的辩证关系

德与才是教师更是研究生导师必须具备的职业素质。德所发挥的作用就好比短板效应中的那块短板,是木桶盛水量的关键,而才代表的是其他木板,那么要想使木桶多盛水,就需要设法增加最短木板的长度,使所有"木板"都能齐头并进、德才兼备。如若忽视了自身德的建设,使代表德的短板暴露了出来,那么即使其他代表才的木板再长,这只木桶的水也会永远盛不多、盛不满。

从研究生导师自身来看,德是"五育"之首,研究生导师坚持以德为先,追求德才兼备。在教书育人的过程中,导师应把修德、养德与增长才干结合起来,用道德立身,用才华立业,才能更好地立行,成为德才双馨的好导师。从研究生导师育人来看,研究生导师不仅要育智育才,更要育心育德,"种树者必培其根,种德者必养其心"[①]。这就要求研究生导师自身先要

---

① (明)王阳明:《传习录注疏》,邓艾民注,上海古籍出版社,2015。

以德为先，具备德才兼备的素质和能力。德与才是研究生导师作为教师应该具备的基本素质与能力，研究生导师提升德与才的途径是实践，即研究生导师立德树人的实践过程。研究生导师的才是德的有力支撑，影响着德的作用范围，才的水平高了，有利于德的作用发挥；才的能力强了，有助于对德的理解和升华，得到更多方面的历练。新时代研究生导师坚持以修德为前提，重视以才为要、专于增长才干是为了更大限度地完成树人的根本任务，更好地培养研究生的业务能力，最大限度地发挥德的价值，这是德才并重的必要保证，也是研究生导师保持德与才相结合教育工作的必要途径。

具体来看，研究生导师德与才的辩证关系重点阐述的是自身德的建设与专业能力提升二者刚柔相济的问题。研究生导师在追求专业水平提升的过程中强化道德修养，这是新时代立德树人工作的需要，即研究生导师自身全面发展和培养德才兼备研究生人才的需要。立德是研究生导师自身软性建设的基础内容，古人讲要先修身，才能齐家、治国、平天下，所以德是研究生导师的育人根本，是树人之基，好比是人类赖以生存的土壤，土壤肥沃才能不断为植物提供养料和水分。专业能力是研究生导师从教的命脉，是看家本领，研究生导师在师德过硬的基础上修炼专业技能，不断追求专业水平的发展和突破，推动育德工作的有力发展。新时代研究生导师要通过道德建设使自身的育人土质越来越肥沃，才能不断培育出科研之花，结出学术之果。反之，贫瘠的育人土壤无法种出优质的果实，即使某位导师的科研能力超强，学术成果颇丰，但如果其道德出现了问题，迎来的都将会是思想品德评价上的一票否决。

二 立德与树人的关系

立德树人强调以德为先，坚持以育德为育人的根本，包括立德与树人两个方面。立德是树人的前提和基础，立德和树人是相互依赖、互为共生的动态联动关系。"德"字为先，先立德、再树人，先成人，再成才。[1] 立德，

---

[1] 李红丽、曹南燕：《新时期研究生导师立德树人的功用及实现途径》，《学校党建与思想教育》2015年第1期。

简而言之就是立人以德；树人，是以德育人。人才培养是育德与育才相结合的过程，立德是树人的基础并为树人服务，立德为了树人，而离开了立德，树人就会偏离正确的方向或者根基不牢，树人是立德的任务、目标和导向。所以，立德与树人是相互关联、不可分割的有机整体，立德和树人组合在一起，才能发挥出最大的整体育人效能。

（一）立德和树人的联系

立德与树人是交织在一起的并列关系，二者联系紧密、相互影响、相互制约，统一于立德树人的教育实践之中。

第一，立德和树人具有联系的客观性。立德和树人体现在教书育人的过程之中，二者有着天然的客观联系。从操作的角度看，立德和树人可分为育人过程的两个部分，这两个部分体现了育人的不同侧面，二者互为表里、相互依存。从字面上理解，立德在树人之前，表明立德是树人的前提和基础，立德是作用于树人的，树人必须要先立德。

第二，立德和树人在实践中相互统一。立德和树人是育人过程的不同侧面，二者统一于教书育人的实践过程中，为了实现树人目标而立德，立德又在教书育人的实践中不断深化与升华，促进树人的效果。同时，教育者在教书育人过程中逐渐加深对立德和树人的领悟，不断改进工作，达到育人者自育的目的，周而复始地不断提升树人的水平与成效，实现立德与树人的正向循环。

第三，立德和树人之间存在因果关系。立德和树人互为原因和结果，相互作用、互为目标。立德是树人的原因，只有先立德、立正德、立好德，才能得出树有德之人的结果；反过来，树人也是立德的原因和目标，先确立树人目标，根据树人目标立德。所以，树什么样的人体现了立什么样的德，立什么样的德则决定树什么样的人，二者之间互为因果、互相影响、相辅相成。

（二）立德和树人的区别

立德和树人是教书育人过程的两个着力点，树人是立德的出发点也是落脚点，立德既是树人的要求也是基本内容。

第一,立德和树人作用对象有差别。二者是育人过程的两个方面,对应不同的作用对象。立德的对象不仅是教育者,也有受教育者,教育者在从事教育工作时自身需要先立德。立德的内容包括政治原则、理想信念、道德品质、职业道德等,在教育者立德的过程中完成对受教育者的道德知识传授;树人的对象是受教育者,主要指塑造人、培养人的过程,是提高受教育者各方面素质和能力的过程。

第二,立德的内容贯穿于树人之中。立德是前提,树人是目标。树人重在树,树的过程需要立德,教育者的立德贯穿在树人环节的始终,而且会影响受教育者一生。教育者培养的是人,在培养过程中渗透的教育理念、德育思想等影响受教育者思想观念的形成,这些思想观念一旦形成即可固化,其不仅贯穿于受教育者在校学习期间,还将延续到毕业之后步入社会以及走上的工作岗位之中,而且会一直伴随、影响受教育者的一生。

第三,立德的效果影响树人的质量。教育者立德的内容、程度等影响立德的效果,立德的效果又会直接影响树人的质量。立德的效果与树人的质量呈正相关的关系。立德的效果越好,树人的质量越高,反之亦然。立德是为了树人,所以,为了提高树人的质量,要先把立德的工作做实,注重把握立德的内容、不断加深对立德的领悟程度,才能更好地树人。

三 研究生导师立德与树人的有机统一

新时代研究生导师是培养高层次专门人才的人,更应该身先士卒,在育人过程中坚持以德为先,坚持立德与树人的有机统一。将以德为先融进研究生人才培养的目标之中,培育德、智、体、美、劳全面发展的高层次专门人才,确立了这个目标之后,研究生导师围绕此目标开展育人工作。德国哲学家雅斯贝尔斯说:"教育是人的灵魂的教育,而非理智知识和认识的堆集","谁要是把自己单纯局限于学习和认知上,即便他的学习能力非常强,那他的灵魂也是匮乏而不健全的"[①]。所以,新时代研究生导师在育人过程中要将德转化为育人理念,努力实现道德与知识的兼顾,把立德内化在树人的过

---

① 〔德〕雅斯贝尔斯:《什么是教育》,邹进译,生活·读书·新知三联书店,1991。

程之中，于立德树人的教育过程之中获得人格与道德的升华。

（一）以德为先，强化道德建设

德是研究生导师的基本素质和职业要求，也是身为教师和从事教育工作的原则和导向。研究生导师自身德要过硬，还要修炼德，不断加强道德修养与师德修养。道德建设过程就是不断锤炼职业道德、修炼职业品质、提高职业素养的过程。处理好德与才在自身发展和完成立德树人根本任务的关系，不断培育立德树人的肥沃土壤，在适宜环境下培育良才。师德高尚的研究生导师，其专业能力才会更高深，专业之路才会更稳固且久远。研究生导师的专业能力建设是不断学习、提升、完备的过程，以德为导向，用正确的道德观念解决专业领域中的难题，从中加深对道德的理解与认识和对专业知识的认知和掌握。

新时代研究生导师自身的道德建设过程蕴含在教书育人的工作之中，也蕴含在提高专业能力的过程之中，是研究生导师综合素质提升的表现，也是研究生导师加强自身建设、积极投身育人工作的根本途径。德育贯穿研究生导师立德树人教育实践全过程。早在19世纪初，赫尔巴特就已提出培养德行的核心在教学，道德教育的基本途径与手段也在教学，教学与管理和训育一起，共同促进学生道德性格的力量培养，这也是教育的目的。他认为："道德普遍被认为是人类追求的最高目的，因此也是教育的最高目的。"[1] 其主张把教育对象培养成为具有完美道德品格的人。还认为"教学如果没有进行道德教育，只是一种没有目的的手段，道德教育（或称品格教育）如果没有教学，就是一种失去手段的目的"[2]。以上言论说明中西方教育者对强化道德建设、以德为先的教育理念的理解达到了前所未有的默契程度，对立德树人教育思想的认识，及其对教育工作的育人意义也都具有很高的共识，再次表明立德树人既是中国的也是世界的教育理念。新时代研究生导师应坚定立业先立德的教育理念，以德为先，强化自身的道德建设，以德立

---

[1] 张焕庭主编《西方资产阶级教育论著选》，人民教育出版社，1979。
[2] 李诚忠主编《教育词典》，黑龙江科学技术出版社，1989。

身,并将道德教育融进专业教育,以德树人。

（二）以才为本,增强专业能力

研究生导师通过传授知识影响研究生人格品质的培养,这个过程在实现程度上可能千差万别,但宗旨和目的是具有一致性的。以德为先需要以人为本做导向,研究生导师的专业能力是伴随研究生导师职业生涯的教学基本功。取得研究生导师岗位资格的重要标准就是研究生导师的学术能力、专业素质。加强研究生导师自身专业能力建设是体现研究生导师执教能力和育人水平的关键,是研究生导师从事教育事业的看家本领。学术造诣是研究生导师实现个人职业生涯理想的需要,更是研究生导师修德、育德的有力保障。

新时代研究生导师在立德的基础上,也要坚持以人为本,不断增强专业能力,提高专业素养,这是提升研究生导师综合素质的源头活水。才,指提高专业能力、业务能力等方面的专业水平建设。一方面树立终身学习的理念,不放松对自身的要求,才能不断求得真学问;另一方面要体现在教书育人中,研究生导师立德树人是双向互动的教育过程,"人只有通过教育才能成为人"[1]。教育主体——研究生导师和教育对象——研究生在教和学、知和践、思和悟中都会受益匪浅,收获并实现其个人的全面发展,以教学相长的态度投入育人事业,在向研究生传授德与才的过程中提高育人能力。

（三）德才并重,提高综合素质

研究生导师的德与才是完整的统一体,二者之间是相辅相成的关系。研究生导师作为专业教育与德育教育的最佳介体,注重德才并重,把德渗透在才的培养中,在才中培育德。爱因斯坦曾说:"用专业知识教育人是不够的。""通过专业教育,他可以成为一种有用的机器,但是不能成为一个和谐发展的人。"[2] 在专业教育中渗透德育的思想,推进立德树人,培养德才兼备、全面发展的人才,要坚持在德育中促进研究生专业成长,以保证专业

---

[1] 〔德〕伊曼努尔·康德:《论教育学》,赵鹏、何兆武译,上海人民出版社,2005。
[2] 《爱因斯坦文集》（增补本）,第三卷,许良英、赵中立、张宜三编译,商务印书馆,2009。

教育的正确方向；同时，分清德育内容的主次，以培养研究生的科学精神和学术道德为切入点，在专业教育中渗透德育内容。①

新时代研究生导师将立德树人中的育德与育才相结合，是培养全面发展的研究生人才的重要方式。立德树人就是坚持育德为先，通过以德育人来引导人、启发人、激励人；树人是坚持以人为本，通过因材施教塑造人、改造人、发展人。研究生导师立德树人关注研究生道德教育与专业教育的全面培养、全面发展，是新时代中国特色社会主义特有的育人方式，通过德育、智育、体育、美育、劳动教育"五育"并举的育人方式，培养时代所需要的全面发展的合格人才。德是立德树人的核心要义，要强调育人先育德。育德就好比衣服上的第一粒扣子，第一粒扣子若扣正了，人生的道路才不会偏离正轨。

研究生导师从注重德才并重的教育方式中提高综合素质、收获全面发展。研究生导师是研究生教育的教育主体，应树立在立德树人的育人过程中实现主体价值的目标，在发挥教育主体价值中促进研究生导师综合素质的提升，与研究生一道获得全面发展。研究生导师不仅是研究生学术、科研上的引路人，还需要在研究生道德修养、人格品质上提供指导，指导就是立德树人的教育过程。立德树人强调德才并重，不仅体现着促进研究生全面发展的内涵要求，还促进教育双方在相互融合的和谐状态中得到全面发展。

研究生导师在立德树人中与研究生得到共同提高，促进自身和研究生获得德与才的全面发展。研究生导师立德树人的内容要以此为指导，全面启迪研究生的潜能和智慧，培养全面发展的创新型、复合型、应用型研究生人才。研究生导师立德树人强调把道德教育放在首位，在明道、信道、传道的过程中，不是简单地授业、解惑或是单纯地进行德育要求，而是要创造性地把道德育人与学术育人进行有机结合，建立德与具体事物之间的联系，将德育要求与研究生个体的自由发展相结合。通过立德树人，使研究生导师把个

---

① 柳礼泉、王俊玲：《立德树人视域下研究生导师德育自觉的提升路径探析》，《思想教育研究》2016 年第 2 期。

人的才能在促进研究生人才培养的实际工作中发挥出来，让教育理想和职责在立德树人的教育实践中起到全面的推进作用。把研究生看作社会中的一员，站在新时代中国特色社会主义建设与发展的利益高度引导和规范研究生人才培养活动。研究生导师为了立德树人，既要严格要求自己，不断提高自身综合素质，又要在道德和学术等方面重视培养和教育研究生。在创新育德与育才相结合的过程中，培养研究生成为德才兼备的人才，并与研究生共同提高自觉、自省、自悟的境界，从而获得师生双方共同的提高与发展，体现出研究生教育既适应又促进社会与人的发展的双重目标。

第三章
新时代研究生导师立德树人的独特优势

研究生导师作为研究生教育的主体力量，理应具有立德树人的责任与担当。新时代研究生导师立德树人应将立德树人的普遍性与特殊性相结合，遵循研究生教育的育人规律。列宁说："规律就是关系……本质的关系或本质之间的关系。"① 新时代研究生教育的育人规律体现在研究生人才的培养过程之中，要立足于新时代中国特色社会主义建设新阶段，培养社会发展所需要的高层次创新人才。

根据新时代研究生教育的实际，阐明新时代研究生导师立德树人的必要性，通过把握研究生导师教书育人和立德树人的关系，发挥新时代研究生导师立德树人的优势作用，更好地将教书育人的规律落实到立德树人的根本任务中。此外，研究生导师还要根据研究生教育因材施教的培养理念和国家建设发展的实际需要，对研究生进行必要的、可持续的立德树人教育，在研究生的思想观念中根植成为对社会有用的人才的价值理念。

第一节 研究生导师立德树人的时代优势

党的十八大胜利召开标志着中国已经进入全面建成小康社会的决定性阶段，开启了中国特色社会主义新时代。党的十九大报告明确指出："经过长

---

① 《列宁全集》，第五十五卷，人民出版社，2017。

期努力,中国特色社会主义进入了新时代,这是我国发展新的历史方位"①。在新的历史条件下,教育作为社会大系统中的一个分支系统,与其他分支系统之间有着本质的必然联系。研究生导师立德树人是研究生教育发展的本质要求,符合新时代研究生人才培养的质量追求,而且随着新时代中国特色社会主义建设步伐的不断加快,新时代研究生导师立德树人的必要性和时代优势也愈发凸显。

一 新时代研究生教育的总体任务

党的十九大提出优先发展教育事业。这为新时代研究生导师立德树人提供了良好的社会基础,但也面临许多新的时代问题,需要不断调整和改善教育方式和教育内容,以适应时代发展的需求。立德树人是教育的根本任务,德育在人才培养中的重要性不言而喻。蔡元培认为"德育实为完全人格之本,若无德,则虽体魄智力发达,适足助其为恶,无益也"②。新时代研究生教育的培养目标是培养德才兼备、全面发展的高层次专门人才。研究生导师在研究生教育中发挥着举足轻重的教育作用,是立德树人工作的关键和核心,借助研究生导师的各种育人优势,能够起到纲举目张的育才效果。

(一) 推动研究生教育内涵式发展的新进程

我国经济社会发展正处在从数量扩张到质量提升的新阶段,研究生教育也处在内涵式发展时期。第一,需要缓解长期以来研究生教育赶速度、上规模的发展现状。随着研究生在校生人数的屡创新高,再加上有关部门对学科专业、类型层次、内部结构等存在忽视协同管理的问题,研究生教育规模给研究生教育带来了前所未有的压力和难题。第二,新时代研究生教育关乎我国整体发展的未来,研究生教育不能停留在只注重满足人才培养数量增长的外延式发展模式上。马克思曾明确地指出:"最先进的工人完全了解,他们阶级的未来,从而也是人类的未来,完全取决于正在成长的工人一代的教育"③,

---

① 习近平:《决胜全面建成小康社会 夺取新时代中国特色社会主义伟大胜利——在中国共产党第十九次全国代表大会上的报告》,人民出版社,2017。
② 高平叔编《蔡元培教育论集》,湖南教育出版社,1987。
③ 《马克思恩格斯全集》,第十六卷,人民出版社,1964。

所以，研究生教育应提高内涵式发展速度，以尽快弥补招生人数"大水漫灌"带来的只重数量不重质量的问题。第三，通过新时代研究生导师立德树人工作激发研究生教育主导力量，即研究生导师的主观能动性和内生动力，调动研究生导师的教育力量，从而改善研究生导师立德树人教育质量，把在提高教育质量上求发展作为可持续发展的必然性增长点。

《学位与研究生教育发展"十三五"规划》的发展目标是"到2020年，实现研究生教育向服务需求、提高质量的内涵式发展转型"。内涵式发展的本质含义是以质量和效益为核心要素、以事物的内部因素为资源和动力的发展模式。[①] 研究生导师通过立德树人提高研究生导师队伍建设整体水平，促进学科建设主体能力是促进研究生教育内涵发展的有效方式。教育的过程"是通过同教育者亲身接触，而不是——至少主要的不是——通过教科书传授给年青一代的"[②]。所以，激发新时代研究生导师在立德树人教育中的活力，利用研究生导师是研究生人才培养第一责任人的优势，将立德树人贯穿于研究生人才培养的全过程。注重发挥德育在人才培养中的基础与统帅作用，以德立人。通过在立德树人工作中加强研究生导师和研究生双方的内在品质和外在修养，促进研究生教育内涵式发展的进程，为着力培养担当民族复兴大任的高质量时代新人夯实基础，提高研究生教育服务我国新时代经济社会发展的能力，形成与我国经济社会协调发展的育人新格局。

（二）切实提高研究生导师的师德师风建设

新时代的研究生教育要以培养担当民族复兴大任的时代新人为着眼点，研究生导师的师德水平直接关乎研究生综合素质的提升和研究生人才的培养质量。研究生导师高尚的职业道德、正确的政治态度与坚定的政治立场是新时代研究生人才培养的关键因素，与研究生人才培养质量存在显著的正相关关系。教育部早已将强化师德师风建设视为工作重点。习近平总书记在党的十九大报告中着重强调要"加强师德师风建设，培养高素质

---

① 夏莉：《以提高质量为核心的高校内涵式发展之路的思考》，《长沙铁道学院学报》（社会科学版）2012年第2期。

② 《爱因斯坦文集》（增补本），第三卷，许良英、赵中立、张宜三编译，商务印书馆，2009。

教师队伍"①。《学位与研究生教育发展"十三五"规划》中也明确要求"加强师德师风建设，健全研究生导师工作规范，引导教师潜心教学和研究、认真教书育人"。

习近平总书记提道："评价教师队伍素质的第一标准应该是师德师风。"② 新时代研究生导师立德树人工作的关键在于研究生导师，研究生导师队伍建设对研究生人才培养具有重要的时代意义。研究生导师的师德师风是研究生导师队伍建设的关键，研究生导师队伍的师德师风直接决定着研究生导师队伍的建设质量，更决定着研究生人才的培养质量。随着近些年研究生导师队伍的日益壮大，应把提高研究生导师的师德师风素养作为研究生导师队伍建设常抓不懈的工作重点来对待，不断强化研究生导师的道德修养、职业能力等。通过研究生导师的师德师风建设，增强研究生导师对自身师德修养的重视程度，强化师德意识，提升师德境界，在因材施教、言传身教中潜移默化地影响、感化研究生的思想和行为。新时代研究生导师通过修炼师德师风，将师德高尚、作风纯正、治学严谨、业务精湛的教育追求有机地融入立德树人的教育工作中，把师德师风建设作为提高研究生导师立德树人能力的关键素养，不仅能够实现育己和育人的双赢局面，还能高质量地实现教育目标。

（三）不断为党和国家培养高层次时代新人

研究生教育是我国最高层次的学历教育，应秉承教育事业是培养人的事业的宗旨。作为培养高层次专门人才的重要途径，研究生教育要围绕新时代研究生人才培养工作的教育目标，即培养德智体美劳全面发展的社会主义建设者和接班人的目标有效开展各项工作。"教师工作质量的好坏关系到我国年轻一代身心发展的水平和民族素质提高的程度，从而影响到国家的兴衰。"③ 对高层次人才的旺盛需求是新时代国家现代化建设的战略需要，在

---

① 习近平：《决胜全面建成小康社会 夺取新时代中国特色社会主义伟大胜利——在中国共产党第十九次全国代表大会上的报告》，人民出版社，2017。
② 习近平：《在北京大学师生座谈会上的讲话》，人民出版社，2018。
③ 《教师百科辞典》编委会编《教师百科辞典》，社会科学文献出版社，1987。

满足研究生人才培养数量的同时，更要从教育质量上进行把关。研究生导师对研究生人才培养起主导作用，通过立德树人工作，提高育人的关键能力，更能凸显新时代研究生导师的使命担当与时代价值，满足新时代国家对高层次专门人才培养的现实需求。

我国正处在实现"两个一百年"奋斗目标的进程中，即全面建成小康社会，实现第一个百年奋斗目标。在这个关键的历史时期，建设中国特色社会主义现代化强国更需要大批有坚定理想信念的、有为建设中国特色社会主义事业而奋斗的、有高度社会责任感的、高质量的时代新人。高质量人才培养依靠的是教师，"国将兴，必贵师而重傅；贵师而重傅，则法度存"[1]。研究生导师是研究生人才培养工作的教育主体，是落实研究生导师立德树人根本任务最直接的主导力量。研究生导师应牢记为党育人、为国育才的初心和使命，树立以德为先、以人为本的育才理念，基于使人全面发展的教育理念落实立德树人根本任务，引导研究生人才积极投身中国特色社会主义现代化建设。新时代研究生导师立德树人的初衷也是培养社会主义的合格建设者和接班人，引导青年人才为新时代中国特色社会主义现代化建设多出力、为中华民族伟大复兴的中国梦做贡献。在新时代的新征程中，实现研究生人才的个人理想与社会理想的有机统一，鼓励研究生人才在将小我融入大我的过程中，实现个人价值并推动社会的全面发展。这不仅符合新时代中国特色社会主义现代化建设对高层次专门人才的需求，也是为党和国家培养高层次时代新人的现实需要，更是研究生导师的职责所在和时代担当。

二 新时代研究生培养的工作要求

新时代中国特色社会主义教育的要求是培养一代又一代拥护中国共产党领导和社会主义制度、立志为建设中国特色社会主义事业奋斗终身的有用人才。这不仅是新时代研究生导师立德树人工作的根本任务和工作要求，也是实现教育现代化的方向和目标。新时代研究生导师立德树人是贯彻党和国家

---

[1] （战国）荀况：《荀子》，（唐）杨倞注，上海古籍出版社，1989。

对教育工作的总体要求,也是研究生教育中落实立德树人根本任务的重要举措。

(一) 提高研究生教育立德树人成效

立德树人遵循教育的普遍规律,是教育工作的共性问题。研究生教育处于高等教育的顶端,研究生导师立德树人是新时代研究生教育立德树人的着力点和突破口。提高立德树人的教育成效不是一蹴而就的,在研究生人才培养的过程中,要像培养树苗一样,勤浇水、广施肥,不断帮助其增长各方面的能力,健全人格,通过润物细无声式的教育逐步地启发、引导教育对象,从根本上激发出教育对象内心的信念与自觉性,自发地养成能为他人着想、肯奉献勇担当的行为习惯,培养社会发展所需要的时代新人。新时代研究生导师立德树人是一种深入教育对象内心的育心、育德、育智、育才的教育过程。这个过程可快可慢,需要根据教育对象的个体差异进行同"孔子教人,各因其材"[①] 一样的教学实践,从而为教育对象提供个性化、专属的教育服务模式,不仅能满足教育对象的成长需要,也能有针对性地完善研究生教育立德树人的人才培养方式。

研究生导师是研究生教育的教育主体,围绕提高研究生教育立德树人的成效开展工作是人才培养工作的关键和核心。促进研究生教育立德树人的成效涉及方方面面,研究生导师立德树人是其中重要的组成部分,既要适应时代发展和研究生人才培养的需要,也要适应研究生教育制度、符合教书育人的基本规律。研究生导师立德树人基于道德建设,坚持以德为先,不仅注重提高研究生导师的师德师风水平,还要求将育德贯穿于研究生人才培养的全过程,这也是从根本上提高研究生教育立德树人成效的有效方式。新时代研究生导师立德树人的教育价值不仅体现在传递知识和能力、满足研究生追求自我价值的实现,还体现在引导、提升研究生的思想境界和格局上。研究生在步入社会后也能保持同样的精神状态,让新时代研究生导师立德树人的社会价值更为凸显,实现更为理想的立德树人工作价值。

---

① (宋) 朱熹:《四书章句集注》,中华书局,1983。

(二）增强研究生思想政治工作实效

新时代研究生导师负有对研究生进行思想政治教育的首要责任。研究生思想政治教育工作的关键在于把握研究生导师的政治方向和立场，激发研究生导师育人的积极性和创造性。思想政治教育是教育者按照一定社会或阶级的要求，有目的、有计划、有组织地对受教育者施加系统的影响，把一定的社会思想和道德转化为个体的思想意识和道德品质的教育。[1] 新时代研究生导师立德树人工作是推动将思想政治工作贯穿研究生教育全过程的有效方式。思想政治工作与立德树人工作紧密关联，思想政治工作是研究生导师立德树人工作的着力点和切入点，还是研究生导师立德树人的工作方法，起到把握立德树人的育人方向、引领研究生人才培养各项工作有序实施的作用。

《教育部关于进一步加强和改进研究生思想政治教育的若干意见》（教思政〔2010〕11号）早已明确要求"建立以研究生导师和辅导员为主体的研究生思想政治教育工作队伍"。研究生导师既要懂业务，也要懂政治，要将思想政治工作融会贯通到学术和科研能力的培养与提高中。思想政治教育的根本任务就是要解决受教育者个体发展需要与社会发展要求之间的矛盾，通过多种渠道与形式，不断提升受教育者的思想政治素质，促进其思想品德向社会要求的方向发展。[2] 一方面，新时代研究生导师要树立共产主义的理想信念，增强自身的思想觉悟，与党中央保持高度一致，提高政治敏锐度与敏感性，更能觉察和预测研究生的思想动向，在立德树人过程中遵循思想政治工作规律，充分发挥研究生导师立德树人的主观能动性。另一方面，新时代研究生导师要掌握研究生的需要，进行正确的思想引领，通过解决困扰研究生学业、生活的思想问题和影响研究生成长发展的现实问题等，提高研究生热爱祖国的凝聚力、向心力，指引研究生自觉地将个人理想融入国家的建设与发展之中，使研究生树立为中华民族伟大复兴的中国梦而不懈奋斗的理想信念，切实提高研究生思想政治工作的实效。

---

[1] 中国大百科全书出版社编辑部编《中国大百科全书·教育卷》，中国大百科全书出版社，1985。

[2] 郑永廷：《思想政治教育学原理》，高等教育出版社，2016。

(三) 全面提升研究生人才培养质量

当前社会发展已进入新历史阶段，社会的进步与发展逐渐改变人们的社会生活、思想观念、综合素质能力等，这些都要符合新时代发展的新要求。研究生人才培养对我国社会的良性发展起着举足轻重的作用，新时代中国特色社会主义建设需要大批德智体美劳全面发展的、能担当起民族复兴大任的时代新人。根据新时代的教育工作任务，研究生人才培养要从量的积累转变到质的提升上，使质变的飞跃体现在内在品质的提升上。立德树人是以德为先、内外兼修的育人方式，以导师制作为培养模式具有承担研究生教育立德树人工作的必要性和可持续发展的独特优势，所以，研究生导师是提高研究生人才培养质量的关键力量，又是研究生人才培养的第一责任人。新时代研究生导师通过立德树人工作有助于更加全面地提升研究生人才培养水平。

立德树人培养过程是研究生人才培养质量提升的关键，宋朝的哲学家、教育家李觏在《广潜书十五篇并序》中言："善之本在教，教之本在师。"[①]研究生导师立德树人工作重在增强过程性指导与引导，通过立德树人的过程更好地服务研究生，重在管理和强化人才培养过程，满足研究生个体成长的需要，促进办好人民满意的教育，更能满足新时代国家对高质量人才的需求。社会对研究生人才培养质量的要求随着社会的发展进步和时代的更迭在不断提升。通过研究生导师立德树人教育提高研究生人才的培养质量，研究生导师则在其中起到了良好的育人中介作用。《教育部办公厅关于进一步规范和加强研究生培养管理的通知》（教研厅〔2019〕1号）强调导师是研究生培养质量的第一责任人，要把培养人放到第一位。2020年，《教育部关于印发〈研究生导师指导行为准则〉的通知》（教研〔2020〕12号）正式发布，针对博士研究生的培养教育部出台了《加强博士生导师岗位管理的若干意见》（教研〔2020〕11号），两份文件均对研究生导师人才培养过程给出了更为具体的内容要求。研究生导师立德树人从育德的角度引导研究生主动将个人理想与新时代中国特色社会主义现代化建设需要相结合，在把个人

---

① （宋）李觏：《李觏集》，王国轩校点，中华书局，1981。

的小我融入国家大我的同时体现个人价值、升华人生境界,从新时代中国特色社会主义现代化建设的大局出发,实现人生价值和理想抱负。

第二节 研究生导师立德树人的客观优势

研究生导师立德树人是促进研究生成长成才的教育过程,立德树人教育也要遵循教育规律。研究生教育是最高层次的学历教育,必然具有其特殊性。这些特殊性不仅使研究生导师具有立德树人的客观优势条件,也体现着其特殊的教育规律,主要表现为研究生教育的外部关系规律和研究生教育的内部关系规律。研究生教育的外部关系规律是与社会发展相关联的,研究生教育的内部关系规律则是与研究生的身心发展相关联的。注重挖掘新时代研究生导师立德树人的客观优势,协调研究生教育内外关系,不仅符合教育规律,还能够更加有效地促进研究生导师立德树人效果的提升,最终体现出研究生导师立德树人工作的必要性。

一 培养模式蕴含立德树人优势

1953年11月,我国的高等教育部颁布了《高等学校培养研究生暂行办法(草案)》,该办法对培养研究生的目的、条件、修业年限和研修方式做出了明确规定。这一办法的出台标志着现代意义上我国研究生教育制度的建立,一改以往无章可循的教育状况,我国的研究生教育正式进入有制可依、有矩可循的时代。研究生教育的培养制度具有特殊性,体现研究生导师立德树人也具有相应的必要性,研究生导师立德树人要立足研究生培养模式,尽最大可能发挥出研究生教育立德树人的优势作用。

(一)导师制凸显立德树人的主体优势

导师制最早产生于14世纪时期的牛津大学,曾被誉为对学校的整体发展产生了巨大推动作用的"牛津皇冠上的宝石"。导师制于17世纪被英国的牛津、剑桥等高校的研究生教育普遍应用。1922年,英国皇家委员会还将导师制视为牛津大学的核心特征,后来,导师制在世界各地被广泛地推广适用。目前,导师制是世界上绝大多数国家研究生教育施行的基本教育制度。

我国从1918年设立研究生教育伊始就引入了导师制。新中国成立后，高等教育部发布的《高等学校培养研究生暂行办法（草案）》正式确立了我国研究生的培养模式是导师制，并一直沿用至今。导师制是指由导师对研究生的学习、科研、品德及生活等各方面进行个别指导并全面负责的教学管理制度。[1] 1986年国家教育委员会《关于改进和加强研究生工作的通知》中规定了导师遴选的基本要求："要根据教书育人的要求遴选好研究生指导教师。"导师制的培养制度决定研究生导师对研究生在学期间负第一责任，研究生教育也是以研究生导师为主体进行运作的。主要的研究生培养环节都是以研究生导师为核心进行的，所有研究生都与指导教师一一对应，由研究生导师根据研究生的不同情况进行必要的因材施教。

人要通过受教育才能实现人性的完美。"人只有通过人，通过同样是受过教育的人，才能被教育。"[2] 研究生导师主体作用的发挥贯穿在研究生人才培养的各个环节之中。研究生导师立德树人是"基于全过程育人的研究生导师负责制"[3]。因研究生教育阶段与其他层次的教育阶段不同，实行的是导师制，研究生导师对研究生的管理权限最多、级别最高，所以与研究生教育相关的其他教育主体的作用会相对弱化。研究生导师在研究生新生入学之前就可能与研究生有过联系了。新生入学后，之前没有选择研究生导师的研究生培养单位会先安排研究生和导师的双选会，确定研究生导师与研究生的对应人选，除需要公共周知的事项外，很多单位都是由研究生导师牵头进行入学教育。从教学安排上，研究生教育期间，研究生除了基础课程、实践环节外，其他时间安排集中上课的环节很少，绝大部分时间研究生都是在研究生导师的指导下，进行学术研究、开展论文写作；从其他培养环节的安排上，涉及研究生的宿舍管理、出国访学机会等生活上的事项，很多研究生培

---

[1] 秦惠民：《学位与研究生教育大辞典》，北京理工大学出版社，1994。
[2] 〔德〕伊曼努尔·康德：《论教育学》，赵鹏、何兆武译，上海人民出版社，2005。
[3] 陈颖、屈晓婷：《基于全过程育人的研究生导师负责制》，《思想教育研究》2009年第2期。

养单位也大都要求研究生的准入事宜要先经过研究生导师批准,如果研究生导师不同意则无法进行后续工作。所以说研究生导师的每一堂课、每一句话、每一种行为所体现出来的价值理念都能像播种一样,播撒进研究生的内心深处,都有可能对研究生产生潜移默化的教化或感化作用,进而达到入脑入心入行的教育目的。

(二)基于立德树人构建新型师生关系

研究生导师和研究生之间的关系与一般意义上的师生关系不同,更确切地说是"导生关系"。研究生导师是构建师生关系的关键一方,因而研究生导师自身的因素是影响导生关系的核心要素。"人对自身的关系只有通过他对他人的关系,才成为对他来说是对象性的、现实的关系。"[1] 研究生导师与研究生是一对一的教育关系、导学关系。根据研究生导师负责制的培养模式,研究生导师与研究生的学习、科研紧密联系从而使得研究生导师与研究生的关系更为密切,是研究生教育阶段意义最特殊的人。他们既是导师又是长辈和朋友,还是和研究生接触最为频繁、关系最为密切的师长,更是值得研究生倾诉和信赖的人。作为研究生眼中学术上造诣高深的良师和研究生身边实实在在关心研究生学习、生活的益友,研究生导师对研究生的思想意识、道德修养、治学态度、处事习惯等都有着深远的影响。二者之间已不是简简单单的教与学的关系,其已具有更多的新型人际关系属性,体现出立德树人在构建新型师生关系中的必要性。

研究生导师与研究生的师生关系具有特殊性。导师与研究生之间既是一种全方位的指导关系,又是一种全过程的密切合作关系。[2] 导生关系是全方位的师生关系,对研究生的意义重大且非同一般,不仅是研究生在研究生教育阶段最重要的人际关系,直接影响并决定研究生在研究生教育时期的成长,还会影响到研究生的一生。研究生导师与研究生往往是学术与生活交融在一起的,研究生导师的非学术影响力主要指思想、道德、言行等,其会对

---

[1] 《马克思恩格斯选集》,第一卷,人民出版社,2012。
[2] 骆莎:《论立德树人中导师的教育引导作用》,《思想理论教育》2018年第11期。

研究生产生潜移默化的影响，对学术研究与学业发展起着重要的奠基和推动作用。这就要求研究生导师先要在感情上对研究生的成长成才全情投入，通过师生间建立良好的感情基础，在科研和治学态度、工作和生活作风、做事和做人原则方面对研究生的指导起到润滑剂的作用。这样能够更好地激发研究生内在的精神动力，促使研究生的头脑和心灵发生转变，而且这股精神力量将会一直伴随、影响研究生的人生道路。

研究生导师与研究生的师生关系具有潜在性。研究生人才培养过程是一项长期而细致的工程，研究生导师要为研究生勾勒生涯规划蓝图，帮助研究生在所学领域进行系统设计，为研究生提供必要的思想指导，潜在性就隐含在各种指导的过程中。研究生按照研究生导师指引的发展方向于不久的将来成长为与研究生导师共同发展的人，在同一行业领域共同工作、共同研究，共同为社会发展服务。在立德树人教育设计之初，研究生导师工作的理念方法、为人处世的态度等都会激发研究生的求知欲望和学习热情，产生内生动力，启发其不断去发现与探索未知，从而对研究生未来的全面发展产生深远影响。如果研究生导师重视德行的培养和修炼，以德立人、厚德载物，就会为研究生步入社会后的可持续发展提供可能。

研究生导师与研究生的师生关系具有共生性。研究生从新生入学开始就与其导师"绑定"在一起了，具有天然的共融共生关系，是特殊的师生共生体。研究生会因为研究生导师高尚的师德，深厚的学术造诣、学术威望等而产生自豪感，同样，研究生导师也会因为研究生取得的成绩、获得的荣誉与处罚等受到奖励或批评，因此，二者要通过建立和维系良好的师生关系去追求合作共赢的效果。在学术研究中，研究生导师与研究生还存在科研合作的关系，成为致力于寻求科学真理的学术共同体。研究生后生可畏，与研究生导师同是某一研究领域的成员，但研究生作为新生力量群体，其不会是单纯地被动接受知识学习。研究生的学习能力、理解能力、发展能力等培养因素都会很强，经过研究生导师精心的培育，会很快从学术和科研上的共同体成长为立德树人教育的共生体。

研究生导师培养研究生到一定程度之后，研究生与研究生导师将拥有平等的社会地位，而且会出现青出于蓝而胜于蓝的情况，有些研究生的能力和水平甚至还可以超越其导师。所以研究生导师应用长远的发展眼光看待、对待师生关系，将二者保持在可持续发展的必要状态中，通过健康的师生关系实现立德树人的教育过程，在完成研究生教育目标的同时推动科学发展与社会进步。

二 培养环境决定立德树人效果

培养环境是影响研究生导师立德树人效果的外部因素。马克思曾在《关于费尔巴哈的提纲》中指出："有一种唯物主义学说，认为人是环境和教育的产物，因而认为改变了的人是另一种环境和改变了的教育的产物，——这种学说忘记了：环境正是由人来改变的……"[1] 可见，研究生教育的培养环境决定了新时代研究生导师立德树人的工作成效。

（一）研究生培养环境直接影响立德树人

立德树人融入学科培养环境。环境是外因，通过事物与其他事物之间的联系影响研究生的内在因素。研究生教育分学科门类培养研究生，学科领域间培养的差异性较明显，不同学科的社会服务功能不同，因此在学科性质、学科内容、学科的侧重点上都会有所区别。让研究生通过培养的学科背景知识认识社会，在学科培养的环境中，加深研究生对学科概念的理解，增强对个人和社会价值的把握。把立德树人教育与学科培养环境融为一体，透过学科的社会价值，确立正确的价值判断，激发研究生在更好地服务社会的过程中实现人生价值的潜能。将立德树人理念贯穿于研究生教育各学科的教学体系、教材体系、管理体系，会更有针对性地引导研究生实现个人价值与社会价值的统一，服务新时代中国特色社会主义建设，为实现中华民族伟大复兴的中国梦而不懈奋斗，矢志不渝地坚持创新，实现可持续发展的社会价值。

立德树人融入培养单位环境。杜威的道德教育原理能说明："在连续的和进步的社会生活中所必须具有的态度和倾向的发展，不能通过信念、情感

---

[1] 《马克思恩格斯选集》，第一卷，人民出版社，2012。

和知识的直接传授发生，它要通过环境的中介发生。"① 相较于其他层次的教育，研究生教育的教育对象比较特殊，即绝大多数为成年人，多数研究生的理解力、洞察力等比其他层次的学生要强，培养过程的选择度与自由度也相对宽松，所以更需要把立德树人融入研究生培养单位的教育环境之中。立德树人不是宏观的、难以捉摸的、高深莫测的理论，而是能够通过教育者的教育行为自然地融进培养环境之中，体现为尊德、守德、修德的培养理念，通过学术环境等非智力因素潜移默化地对研究生培养产生积极向上的作用。

我国研究生培养单位类型分为普通高校与科研机构，二者在立德树人环境氛围的营造上各有优势。"教学不能仅限于书本知识，应当把学生学习书本知识与接触环境结合起来"②，所以，要充分考虑不同培养单位的环境差异，全面挖掘其内生优势，才能培育出立德树人教育的环境沃土。二者主要有以下几个方面的区别需要考虑。第一，单位功能上的区别。普通高校肩负着人才培养、科学研究、社会服务、文化传承与创新、国际交流合作等重要使命，其中人才培养是高校的基本使命。高校的人才培养存在从专科到本科的延续性，因此人才培养的系统性更加凸显。科研机构以进行科学研究为主，也存在人才培养的功能，但实际操作不如普通高校那样规范与系统，而且绝大多数科研机构只有研究生培养，没有其他层次的教育任务。第二，导师构成上的区别。普通高校的专业大都较丰富，研究生导师分属不同的学科专业领域。研究生导师构成复杂，不同学科的研究生导师各有千秋，差异性也比较大，但会存在专业间的互补与融合，充实了研究生教育内容，可实现人才培养的优势互补。而科研机构的专业性较突出，所以其研究生指导教师的专业性也较强。研究生导师的业务、研究能力集中在同一或相关领域内的范围相对狭窄，掌握的知识会存在局限性。第三，学缘结构上的区别。普通高校根据各自的办学定位，高校间的专业多样化程度不同。综合性高校的专

---

① 〔美〕杜威：《道德教育原理》，王承绪等译，浙江教育出版社，2003。
② 〔德〕赫尔巴特：《普通教育学　教育学讲授纲要》，李其龙译，浙江教育出版社，2002。

业数量较多，教学型、研究型高校的专业数量相对较少，因此高校研究生指导教师的构成比科研机构的复杂程度更高。科研机构的研究方向和任务比较明确，所以其人员构成的专业化程度较高，学缘结构的相似程度也较集中。研究生指导教师和人才培养的方向性明确，相对而言，研究方向聚焦化程度高，其社会领域较为固化。不同类型的研究生培养单位无论其单位性质如何，都要把立德树人教育作为研究生人才培养的中心任务，发挥各自的育人优势，创建良好的立德树人教育环境，增强新时代研究生导师立德树人的教育效果。

(二) 师门师风传承以德化人的良好氛围

大多数研究生的班级概念淡化，研究生集体活动少，最有特色和最具代表性的关系是以研究生导师为中心的研究生师门关系。师门关系传承自古代拜师学艺时师徒间形成的关系。师门即老师的门下，《论衡·量知》："不入师门，无经传之教。"后师门亦指师父或老师。[1] 本书所指的师门是非官方组织，由同一位研究生导师和其所指导的所有研究生组成。师门关系是根据研究生教育的培养规律形成的一种特殊的教育关系，具有研究生教育的特殊性。师门经常被认为是研究生人才培养的教育单元，其中研究生导师作为师门的"掌门人"，带领着由不同年级的研究生组成的研究团队，研究生导师是这个团队中的核心和关键，研究生导师要在此团队中起到正向的凝聚与引领作用。研究生导师的一言一行对研究生的影响都是深刻而深远的，在教学环节的正式场合中是常见的表现形式。在师门师风中，日常行为的表现则更是研究生导师的真实写照，在放松、真实的环境中以德育人、以德化人，也是提升研究生导师立德树人工作效果的重要途径。

研究生导师保持品行端正、清正廉洁的作风，在师门中树立正确的价值理念，形成对人、对社会有益的价值导向，强化师门师风的浩然正气，最大限度地传承和延续师门师风的正能量。师门以同一导师为中心，在研究生心目中有较强的归属感，研究生导师不仅辅导研究生完成学业，还要指导研究

---

[1] 夏征农、陈至立主编《大辞海·语词卷4》，上海辞书出版社，2011。

生的职业生涯规划，故师门可能会是伴随研究生时间最长的教育环境，所以自然会成为研究生心目中归属感最强的组织形式。师门师风对每一位研究生起到的无形教育作用往往高过其他组织形式和教育环境。"我们在生活中学习到的许多知识并非有意为之。这种非正式学习是所有社会化经验的必然体验。"[①] 师门的研究生们通过这种关系相互交往并影响着师门中的每一个人。研究生导师在师门活动中表现出来的素质、修养、境界等，直接影响着立德树人的培养环境。研究生导师的培养效果会在不经意间对研究生产生重要影响，所以，研究生导师应重视师门教育氛围，发扬并传承优秀的师门文化，通过塑造良好的师门师风去提高立德树人的教育成效，营造以德化人的熏陶环境与良好氛围。

三　培养目标彰显立德树人理念

研究生教育的培养目标解决了研究生教育培养什么人的首要问题，是立德的出发点，也是树人的落脚点。"马克思说人比蜜蜂不同的地方，就是人在建筑房屋之前早在思想中有了房屋的图样。"[②] 新时代研究生导师立德树人注重把育德的内容融进研究生人才培养目标，找准落实立德树人的着力点，围绕人才培养目标和人才培养计划才更能凸显聚焦以德为先的教育理念，更好地实现立德树人与人才培养目标的有机融合，从而提高立德树人工作的针对性和有效性，全面提升立德树人教育的成效。

（一）研究生培养目标贯彻以德为先的教育理念

目标是要达到的境地或标准，研究生培养目标是指在研究生教育阶段进行人才培养的标准和要求，也是研究生人才培养的总方向。研究生导师立德树人要在明确或者确定培养目标后，才能科学育才。研究生人才培养目标不是孤立、静态的，而是应围绕新时代中国特色社会主义建设的需要确定目标导向进行设定。可通过设定专门板块的模式，体现党和国家的最新要求、社会发展的最新需求以及行业发展的最新前景，之后再结合不同学科专业领域

---

① 顾明远：《中国教育路在何方：顾明远教育漫谈》，人民教育出版社，2016。
② 《毛泽东文集》，第二卷，人民出版社，1993。

的特殊性进一步锁定立德树人的目标,将立德树人目标分解成具体的育人任务,从而将培养目标逐步地落细、落实。

《中华人民共和国教育法》第五条规定:"教育必须为社会主义现代化建设服务,必须与生产劳动相结合,培养德、智、体等方面全面发展的社会主义事业的建设者和接班人。"新时代研究生培养目标应坚持"德才兼备,以德为先"的培养导向,"从国家、社会和人类发展的长远需要出发,运用预见性和超前性的战略思维,确立人才培养的具体目标"[①],为党和国家培养社会主义建设者和接班人,培养德智体美劳全面发展的高层次专门人才,以新时代"六有"新人:有理想、有追求、有担当、有作为、有品质、有修养为具体培养标准。

《学位与研究生教育发展"十三五"规划》要求"把促进研究生成才成长作为出发点和落脚点,以学生为主体,以教师为主导,提倡开放合作和个性化培养,充分激发研究生从事科学研究和实践创新的积极性、主动性"。为了实现总体要求,研究生培养目标的实现可划分为若干个小目标,即培养方案。培养方案围绕培养目标深化立德树人内容,强化对德的要求和标准。培养目标的实施依托培养方案的制定、执行,培养方案坚持立德树人的根本方向,根据培养对象的层次、专业、类别等量体裁衣。一般情况下,培养方案适用于同一专业范围,依据专业的社会背景融入立德树人的理念、思路等,各研究生培养单位会要求研究生导师参与本专业培养方案的制订。

在设定人才培养目标的过程中,将立德树人理念转化为具有社会价值的明确形式和概念范围才是直观、具体、易接受和具有意义的。在此过程中,研究生导师可通过创造性的教育方式进行管控,一方面贯彻以德为先的理念,另一方面通过培养目标强化研究生对立德树人内容的掌握程度,提高立德树人的教育质量。通过研究生导师立德树人工作培养研究生具备高尚的品德修养,是研究生人才培养的首要目标要求,这也是研究生毕业后在社会立

---

① 吴潜涛、吴俊:《坚持"三个面向"与"立德树人"的统一》,《思想理论教育导刊》2014年第4期。

足的前提与核心竞争力。

(二) 研究生培养计划贯彻以德为先的教育理念

研究生教育不是标准化的批量生产，而是结合每个教育对象的具体情况因人而异，即量身定做符合每个教育对象需要、体现个性化发展理念的培养计划，细化人才培养目标。从研究生个人的角度出发，在研究生导师的培养下贯彻立德树人教育理念，制订符合国家建设发展需要和个人成长需要的培养计划。

研究生人才培养是按照学科、专业、领域以及培养层次等的不同特点因材施教，匹配研究生人才培养的目标定位分别设定人才培养目标。研究生导师引导研究生根据培养方案的统一要求，主要按规定的学习课程、成绩要求、科研计划、预期目标，设置相应的科研项目、论文发表等的要求，以及学位论文的初步设想等内容。结合每位研究生的具体情况因人而异，将立德树人的教育理念、思想政治教育元素等融入其中，把立德树人的任务要求与所在行业领域的需求、发展前景等内容统一起来。贯彻落实新时代新思想，制定符合每位研究生发展特点的个人培养计划，使研究生对整个培养过程有清晰的认识，以保证立德树人培养环节的有序实施。

加拿大管理学家罗伯特·豪斯最早提出了路径——目标理论。根据这一理论，研究生导师要为实现研究生的培养目标提供必要的支持和指导，这个过程是立德树人的过程。该理论表明研究生导师可将研究生培养的大目标分解成若干个明确的小目标，根据研究生的个体特点告知研究生达到这个具体目标需要做什么，要让研究生能够清楚地看到实现目标的路径，并给予必要的指导和辅导。其间要给予必要的鼓励和激励，以帮助研究生扫清实现目标过程中的困难与障碍，贯彻以德为先的教育理念。

在制订研究生的培养计划中，目标和方向必须适应新时代国家建设发展的需要，也要符合研究生个性特点的发展需要。研究生导师作为立德树人教育的中介可起到协调与控制的作用，通过贯彻立德树人的教育理念，尽可能根据形势需要的动态变化和彼此间的关联性作用关系不断进行调整。研究生导师更应在培养过程中贯彻以德为先、因材施教的教育理念并引导研究生完成自身培养计划，秉承品德和学术共同育人的教育理念，旨在培养德才兼备的高素质创新人才。研究生教育的目的是为党和国家培养高层次专门人才，在培养过程中把握研究生的政治方向、道德水平、价值导向才是第一位的。研究生导师在指导研究生学术研究的同时，要经常了解研究生的思想情况，帮助研究生正确认识党的路线、方针、政策，教育研究生树立为社会主义现代化建设服务、为人民服务的崇高理想，指导研究生端正学习态度，培养科学严谨、勇于创新的良好学风。古话讲"富润屋，德润身"，研究生导师应把育德、修德的思想根植进研究生的思想意识和日常行为之中，培养道德品行端正、价值观正确的研究生，才能为党和国家输送更多顶得上、靠得住的栋梁之材。另外，研究生的成长规律符合育人规律，成长过程是必然性和偶然性的统一。在研究生培养中存在满足社会发展需要的必然，也会遇到偶然的影响因素，因此培养计划不能是一成不变的，需要根据教育发展形势调整立德树人目标，因时而进，符合新时代研究生教育的新要求。还需要根据教育对象的更新调整立德树人目标，因势而新，针对每名研究生在不同阶段的不同情况进行有的放矢的立德树人，因材施教、因势利导，为每名研究生的个体发展提供最合适的立德树人教育理念。

第三节　研究生导师立德树人的个体优势

教书育人是研究生教育基本的育人过程，立德树人贯穿在教书育人的全过程中。新时代研究生导师应注重发挥其立德树人的个体优势，遵循教书育人与立德树人相互关系的规律，把握好研究生导师与研究生双向互动关系，在教书育人过程中更好地落实立德树人的根本任务，使研究生立德树人成为可持续性发展的教育模式，并为未来研究生教育的良性发展提供坚实保障。

一　研究生导师立德树人具有独特优势

导师制被界定为高等学校实行的一种由教师对学生的学习、品德和生活等方面进行个别指导的教学制度。① 导师制在育人方面得天独厚的优势便于实现最大限度的因材施教。设立导师制的初衷与立德树人的教育要求相吻合，也与立德树人的深刻意蕴相符合，即要求教育者应因材施教，能根据教育对象的特点和需求进行因人而异的个性化教育，从而把教育对象培养成为社会发展、知识积累、文化传承、国家存续、制度运行所需要的高层次专门人才。所以，研究生导师立德树人的最大优势就在于可以结合教书来育人，结合学术指导来进行政治引导和价值引领，解决好政治性与学理性、知识性与价值性相统一的问题。研究生导师可以学术魅力和学术水准来指导、影响研究生，促使研究生德才兼备、全面发展。

（一）研究生导师立德树人的有利条件

研究生导师的全称是研究生指导教师，简称为导师，是研究生教育的施教主体，也是立德树人的教育主体。从字面上理解导师有两层含义：一是高等学校或研究机关中指导人学习、进修、写作论文的人员；二是在大事业、大运动中指示方向、掌握政策的人。② 另外，研究生导师也是研究生的教师工作岗位的称谓，也表示一种教师身份。本书的研究生导师指的是前一层含义，即研究生导师是培养高层次专门人才的教师，担负着全面培养研究生的责任，是本学科学术造诣较深的教授或担任相当专业技术性职务的教学、科研人员，其学术水平在某些方面接近或达到国内或国际先进水平，是按一定程序遴选和审定的教师职务或指导研究生的教师。我国研究生培养制度规定，攻读学位的研究生必须有指导教师，可分为硕士研究生指导教师和博士研究生指导教师。③ 其中博士研究生导师除具备上述条件外，一般应具有博士学位。至少培养过一届硕士研究生或在国内外协助指导过博士研究生的学位论文。④

---

① 顾明远：《教育大辞典》（增订合编本），上海教育出版社，1998。
② 中国社会科学院语言研究所词典编辑室编《现代汉语词典》（第5版），商务印书馆，2005。
③ 秦惠民：《学位与研究生教育大辞典》，北京理工大学出版社，1994。
④ 秦惠民：《学位与研究生教育大辞典》，北京理工大学出版社，1994。

研究生导师的定义或者概念仅是对研究生导师身份或者工作的描述，是对研究生导师工作的一种客观的反映，体现的是工作中的共性概括。就实际工作而言，研究生导师的具体工作内容和概念相比要复杂得多。研究生导师是立德树人实践的主体，具有主观能动性，对立德树人教育实践可起到把控全局的作用。与其他教师相比，研究生导师立德树人具有更多的有利条件，主要表现在以下四个方面。

第一，管理方式有别于其他教师。教师是泛指在教育（学校）中进行教学工作的人。根据我国的教师资格制度，成为教师的必备条件是通过相应级别的教师资格认证，一般情况下取得教师资格证后如无特殊情况，教师岗位会相对固定而且稳定。研究生导师先要取得高校教师资格证，再根据研究生培养单位对研究生导师进行的岗位设定，通过遴选和聘任，一般达到研究生培养单位规定的任职条件、通过规定的程序，才可具备研究生导师的上岗资格。研究生导师是岗位名称，不是一劳永逸的"铁饭碗"。自2014年7月1日起正式施行《事业单位人事管理条例》之后，研究生导师的称谓不再是一种身份，而是具体的工作岗位。研究生培养单位按研究生导师岗位实行动态管理，在动态管理的驱动下，研究生导师只有不断提升、丰富自身各方面的教育水平，才能满足研究生导师岗位的需要。如《北京工业大学研究生指导教师遴选办法》中第一章第三条规定：研究生指导教师是学校为研究生教育设置的工作岗位，而不是一个固定层次和荣誉称号。《陕西师范大学研究生指导教师岗位管理办法》（2015年）中规定研究生指导教师是指导和培养研究生的工作岗位。导师岗位设置须与各培养单位的研究生教育和学科建设的实际需要相结合，按需设岗、动态管理。可见，研究生导师岗位一般为兼职身份，需要符合前置的条件并达到相应的要求才可兼任，对其管理存在一定程度的复杂性。

第二，育人对象具有特殊性。普通教师面对的一般是以班为教学单位的成批量的教育对象。教师的教育教学活动是集体化教学，教师针对某一群体的特点和需要进行教育教学活动，旨在提高教育对象的整体水平。而研究生导师是以承担研究生人才培养为主要任务的高水平教师，其教育对象明确，每年一般招收一名或几名研究生，研究生与研究生导师根据相应原则一一对应分配。研究生导师是将培养方案与所带研究生的个体需要相结合，针对每位研究生的特点开展个性化指导与引导。研究生导师对教育对象负有全面的主体责任，因此研究生导师对其所带研究生进行一对一的教育辅导，研究生导师更关键的是需要给研究生指引方向，在为人、学术、学业等各方面都要做好研究生的引路人，旨在提高每名研究生的各项能力和水平，使教育教学的针对性更强。

第三，负有更高育人职责和使命。教师是履行教育教学职责人员的统称，泛指从事教师行业的专业人员。教师的任务是教书育人，也是为党和国家培养社会主义事业的建设者和接班人。教师的职责和使命比较泛化，需要对某个集体或批量的教育对象负责。研究生导师是教师中的一类成员，与教师是一脉相承的，其职责和使命是培养研究生，针对研究生教育人才培养的特点和规律所确定。研究生导师的工作更为细化，对所带研究生承担的职责和使命更为具体、针对性也更强。研究生教育中的"导师制"，"导"是核心要义，是区别于传统的灌输式教育的关键，也是研究生教育有别于其他教育阶段的重要特征。[①] 研究生导师是教师中的一部分，其本身还是学者，有科学研究、推动学科发展的任务，因此研究生导师的职责和使命比普通教师更全面、内容更为丰富。从管理的角度，越具体的规定，越容易执行。例如《北京工商大学导师手册》中《北京工商大学硕士研究生指导教师管理办法》第二章"导师职责"的第八条规定针对导师对研究生学术道德所负的相应责任就有比较具体的描述。而普通教师没有指导学生开展学术活动的工作任务，自然也就不用承担学术道德方面的工作职责。

第四，研究生导师与研究生的资助关系不同于其他师生关系。研究生体现的主要特点是研究，研究生导师需要指导研究生在学科专业领域的科学研究中进行不断追求突破与创新。科研创新是苦差事，也需要有科研成本做支撑。导师制在设立之初就有相应的规定：威廉·威克姆创建的新学院（New

---

① 左崇良：《研究生导师责权机制的法理分析》，《学位与研究生教育》2018年第8期。

College）首次实行了付薪的导师制。导师对学生的经济支出、道德行为和学习生活负责，以此来获得家长的酬金。[1] 与国外设立导师制的初衷一样，我国从 2006 年试行研究生培养机制改革以来，研究生导师成为研究生修完学业的重要资助者。绝大多数高校要求当年招生的研究生导师给予研究生充足的科研经费支持。从 2009 年起明确要求研究生导师应对所带的研究生进行资助。《教育部办公厅关于进一步做好研究生培养机制改革试点工作的通知》（教研厅〔2009〕1 号）要求"指导教师应按照学校有关规定，以其科学研究工作为依托，或通过争取学校设立的专项资金，为所招收培养的研究生提供资助"。2013 年，财政部、国家发展改革委、教育部联合出台《关于完善研究生教育投入机制的意见》（财教〔2013〕19 号）要求"建立健全导师责任制和导师项目资助制"。

（二）在立德树人过程中实现教学相长

研究生导师立德树人是双向互动的教育过程，在教育上是相互的，教育者不仅要能传道、授业，还要能向受教育者学习，双方都是获益人，正所谓教学相长。况且因研究生群体的性质特殊，研究生与导师有着非同一般的导学关系，保持良好的导学关系能够使研究生导师与研究生之间互相取长补短，促进并实现双方的共同发展。国外的教育观点认为导师制是导师对一名学生或一组学生定期进行个别指导和教学的一种教学方法，它以学生为中心而不是以课程为中心，其前身是苏格拉底问答法。[2] 苏格拉底问答法是一种导师不正面回答学生的问题，而是用导引的方式启发学生自己找到答案的教育方法。新时代研究生导师立德树人不能是简单地说教，也不能是灌输式教育，而是要借鉴该理论，在引导研究生的教育过程中，改良传统的教育方式，通过不断修正研究生的思想、行为并从中碰撞出新的思想火花，在立德树人教育互动中追求更为理想的教育效果，进而实现教学相长。

---

[1] M. G. Brock，M. C. Curthoys，*The History of the University of Oxford VII Nineteenth-Century Oxford*，Part 2，Oxford：Clarendon Press，2000.

[2] Peter Jarvis，*International Dictionary of Adult and Continuing Education*，England：Kogan Page Limited，2005.

研究生导师在研究生教育中同其他教育主体相比，存在如下优势，针对立德树人工作的开展更具针对性与适用性，也更能在立德树人中获得教学相长。第一，制度优势。导师制是研究生教育的特殊制度，其决定了研究生导师立德树人工作的制度优势。导师制的教育制度是研究生人才培养的固化模式，它使得研究生导师与研究生在研究生教育阶段关系最为密切且接触机会最多，其他教育主体很难超越这层关系。第二，主体优势。研究生导师是研究生培养也是研究生培养质量的第一责任人，比其他教育主体接触研究生的机会更多。研究生导师是研究生最为信任和尊敬的人，对研究生培养质量负有主体责任，所以，研究生导师进行立德树人比其他教育主体更具有得天独厚的客观优势。第三，方法优势。研究生人才培养一改以往教育阶段班级授课、批量化教育的形式，进行个性化育人。研究生导师具有针对所带每名研究生的家庭背景、成长经历、受教育程度、职业规划、性格特点等进行因人而异、因材施教的核心优势，是其他教育主体如研究生课程任课教师很难比拟的。

新时代研究生导师立德树人是培养全面发展的研究生的主要途径。研究生导师在立德树人中应充分利用自身岗位的优势，发挥导向的积极作用促进教育双方产生共鸣与内生动力，尽可能地调动研究生的积极性、主动性，提高研究生的创造力，激发研究生的想象力。用研究生导师自身的品德去示范，用道德行为去引导，在提高研究生道德能力的同时，研究生导师会收获思想道德品质、道德能力、精神境界等多方面的提升，实现教学相长。与此同时，研究生导师通过立德树人教育实践活动促进研究生的全面发展，在成就研究生全面成长与发展的同时为自身发展创造更为宽阔的空间，拓展更为宽阔的发展途径。研究生本人在立德树人的教育过程中，被激发出主观能动性，而激发研究生发挥主观能动性优势的过程同样可以促进研究生导师立德树人能力的提升。当教育双方的主观能动性被激发出来后，不仅会使得研究生教育内容更加灵活、丰富、有效，还可以培养出最能满足新时代中国特色社会主义社会发展所需的合格建设者和接班人。研究生导师会在这种良性的教育教学互动中实现教学相长，体现出新时代研究生导师立德树人的独特优势。

二 在履行职责中体现立德树人的价值

职责是指任职者为履行一定的组织职能或完成工作使命,所负责的范围和承担的一系列工作任务,以及完成这些工作任务所需承担的相应责任。[①] 职责是职务和责任,具体是指职位上应承担的工作任务和责任,在工作中属于不得不做的事情,类似于使命。研究生导师的职责是身为导师的职责和使命,履行好研究生导师的职责,完成教育工作者的各项教育任务,更好地服务于研究生人才培养工作是研究生导师立德树人的教育价值。"作为保证历史连续性的基本的工具,教育被视为在时间中进行的再生产过程。"[②] 研究生导师的角色和定位特殊,重视教育过程,明确职责界定,会更好地强化新时代研究生导师立德树人的意识,服务立德树人工作。

根据我国研究生教育的培养模式,我国对研究生导师职责内容的要求也经历了从单一到多元的变化发展过程。研究生导师有从事教育工作的共性职责,也有身为研究生导师的特性职责。2018年1月教育部颁布的《关于全面落实研究生导师立德树人职责的意见》(以下简称《职责意见》)明确了立德树人是研究生导师的首要职责。这是新时代研究生导师立德树人工作的根本要求也是政策依据,使得研究生导师在履行职责中能够体现出立德树人的价值和必要性。

(一) 研究生导师职责的发展历程

在研究生教育初期,1953年的《高等学校培养研究生暂行办法(草案)》规定导师只对研究生的业务学习负责。1978年恢复研究生教育,根据实际工作的需要,研究生导师在研究生教育中的重要作用和价值越来越突出,而且研究生的培养模式特殊,研究生导师的职责如果仅停留在对研究生的学业辅导上是远远不够的。实际上,研究生导师不仅在学业上,更在研究生的做人做事等方面做了很多工作。1987年,国家相继出台了相关文件,

---

[①] 中国社会科学院语言研究所词典编辑室编《现代汉语词典》(第7版),商务印书馆,2016。

[②] 〔法〕P. 布尔迪约、J.-C. 帕斯隆:《再生产——一种教育系统理论的要点》,邢克超译,商务印书馆,2002。

将思想政治的教育纳入研究生导师的工作职责。1987年5月，中共中央发布《关于改进和加强高等学校思想政治工作的决定》，提出"导师对研究生既要指导业务，又要关心思想政治上的健康成长"。随后教育部党组、中宣部联合颁布《关于加强研究生思想政治工作的几点意见》，其中明确要求"充分发挥研究生导师教书育人的作用"，并对导师教书育人的职责做了较为具体的描述，即"研究生的导师不仅负责指导研究生的业务学习，也要关心研究生政治思想上的健康成长，真正做到教书育人，为人师表"。这是党和国家首次明确研究生导师教书育人的总体要求。从之前发挥研究生导师教书育人的作用到教书育人、为人师表这一职责的变化过程，充分体现了研究生导师所肩负的教书育人使命和为人师表的担当。

20世纪末期至21世纪初期，研究生教育进入了平稳发展期，这一时期对研究生导师教书育人职责的要求有了更进一步的细分。2000年《教育部关于加强和改进研究生德育工作的若干意见》明确指出：研究生导师对研究生为学、为人都产生着重要影响，是研究生德育工作的重要力量。研究生导师应在政治思想上、道德品质上、学识学风上，以身作则，率先垂范，为人师表。要大力倡导并加强研究生导师教书育人工作，要明确地把教书育人作为导师遴选的必要条件，对教书育人业绩突出的导师要给予表彰。各培养单位一定要把研究生导师教书育人作为一项工作制度，坚持不懈地抓下去。之后，2004年中共中央、国务院发布的《关于进一步加强和改进大学生思想政治教育的意见》又清晰明了地提出研究生导师在研究生思想政治教育工作方面要担负相应职责。

2009年，《教育部办公厅关于进一步做好研究生培养机制改革试点工作的通知》对导师的职责和任务又有了较为细化的表述。明确了"导师对研究生培养的全过程都负有指导责任，在研究生的思想教育、科学道德等方面负有引导、示范和监督责任"。该文件除了强化研究生导师的责任以外，还对研究生导师的权利进行了说明：赋予指导教师在招收和管理研究生方面的必要自主权。

2010年，《教育部关于进一步加强和改进研究生思想政治教育的若干意见》也对研究生导师的基本职责进行再次明确，即教书和育人是研究生导师的两大基本职责。同时，还对研究生导师的思想政治教育职责重新进行界定，即研究生导师负有对研究生进行思想政治教育的首要责任，并就实际工作做了详细描述。了解掌握研究生的思想状况，全面关心研究生的成长，帮助他们解决学习和生活中遇到的困难和问题；要在教学和科研实践中培养研究生良好的学风，严格要求学生遵守学术道德规范；要对研究生进行就业指导，鼓励他们为社会主义现代化建设做出贡献。这是我国首次提出研究生导师是研究生思想政治教育的首要责任人的明确表述。

进入新时代后，教育部、国家发展改革委、财政部于2013年出台的《关于深化研究生教育改革的意见》不仅提出要强化研究生导师责任，还提出要健全研究生导师责权机制。进一步明确了研究生导师是研究生培养的第一责任人，负有对研究生进行学科前沿引导、科研方法指导和学术规范教导的责任。文件还为完善研究生导师管理评价机制，提出了具体的道德的要求："导师不仅要对研究生思想品德、科学伦理起到示范和教育作用，如若研究生发生学术不端行为的，应由导师去承担相应的责任。"

2018年，教育部在《职责意见》中明确规定了全面贯彻党的教育方针，重申了研究生导师是研究生培养第一责任人，并且首次明确立德树人是新时代研究生导师的首要职责，还从七个方面要求研究生导师做好立德树人各项工作。2019年，教育部办公厅又出台了《关于进一步规范和加强研究生培养管理的通知》，再次强调了研究生导师是培养第一责任人，并要求研究生导师要把培养人放到第一位。要求研究生导师既要做学术训导人，指导和激发研究生的科学精神和原始创新能力；更要做人生领路人，言传身教引导研究生树立正确的世界观、人生观、价值观，恪守学术道德规范，增强社会责任感。

从党和国家对研究生导师职责要求的变化历程可以看出，赋予研究生导师职责的内涵越来越丰富。对研究生导师职责要求的核心要素在表述上历经了变化和发展的过程。根据新的时代要求，对研究生导师立德树人工作的规定一方面体现对研究生导师的管理日趋规范，另一方面彰显社会发展对研究生人才的需求发生变化，需要研究生导师在研究生培养过程中发挥更大的价值和作用，将立德树人的工作内容具体化、常态化。新时代研究生导师应肩负价值塑造、能力培养、知识传授的职责，将学术研究、科研指导、思想教育有机地融入立德树人和教书育人的过程之中。以培养社会所需和人民满意的高层次专门人才为着力点，注重提供全面、全方位的育德教育，精心培养未来能担当民族复兴大任的时代新人，履行好为中国特色社会主义现代化建设输送高层次专门人才的职责。

立德树人是塑造灵魂的工作，也是教师育人先育己的过程。研究生导师履行职责的过程，符合育人者必先自育的教育规律。立德树人是教育本质内化和教育目标具体化的过程，它离不开教育者积极性、主动性的发挥。研究生导师立德树人的过程包括教育主体——研究生导师自身在立德中受到教育和对教育对象研究生立德树人两个方面。研究生导师要理解自身先立德的重要性，在立德树人中先受到教育，才能更好地育人。教育者先受教育是教育的普遍规律，马克思在《关于费尔巴哈的提纲》中就说过"教育者本人一定是受教育的"[1]。

教育是教学相长的过程，育人者先自育是达到"己欲立而立人，己欲达而达人"[2]境界的基础。党和国家主要领导人在不同场合多次提到过这条规律。毛泽东在1942年发表的《在延安文艺座谈会上的讲话》中就曾提出："只有代表群众才能教育群众，只有做群众的学生才能做群众的先生。"[3] 1979年10月30日，邓小平在中国文学艺术工作者第四次代表大会上的祝词中指出："要教育人民，必须自己先受教育。"[4] 1999年6月15日，江泽民在《教育必须以提高国民素质为根本宗旨》一文中进一步指出："教育者必先受教育，不但要学专业知识、科学文化知识，还要学政治知识、实

---

[1] 《马克思恩格斯选集》，第一卷，人民出版社，2012。
[2] （春秋）孔子：《论语》，杨伯峻、杨逢彬译注，岳麓书社，2018。
[3] 《毛泽东选集》，第三卷，人民出版社，1991。
[4] 《邓小平文选》，第二卷，人民出版社，1994。

践知识,以不断丰富和提高教师教书育人的水平。"① 习近平总书记在全国高校思想政治工作会上对高校教师提出"要坚持教育者先受教育,努力成为先进思想文化传播者、党执政的坚定支持者,更好担起学生健康成长指导者和引路人的责任"② 的要求。对教育者而言,要遵循教书育人规律,先塑造自身的高贵品德才能更好地树人,只有先立好德才能树好人。研究生导师在立德树人中扮演和承担着极其重要的角色和任务,研究生导师也必须先强德、先自育才能更好地树人。研究生导师在立德树人的教育活动中也遵循着育人先育己、立己方能育人的教育规律。为师先立德,育人先正己,教育者先受教育也是新时代研究生导师立德树人工作对研究生导师的要求。在立研究生的德之前必须先立研究生导师自身之德,在育人过程中还要不断地修德、养德,只有这样才能在实现育人者自育中更好地践行培养人才的目标,更好地体现新时代研究生导师立德树人的价值。

(二) 聚焦立德树人首要职责定位

研究生导师职责要求在表述上有所差别,但本质上是一致的,都是为提高研究生人才培养质量服务的。各职责要求之间是相互补充、相互促进的关系。厘清各职责表述的内在含义,有利于深刻理解研究生导师立德树人首要职责,把握各职责间的相互联系和内部规律,更有效地发挥出研究生导师立德树人首要职责的作用和价值。

1. 立德树人与教书育人之间是相辅相成、相得益彰的关系

立德树人是教书育人的导向和坐标,教书育人是落实立德树人的培养过程。首先,立德树人不仅指要对教育对象立德树人,还强调研究生导师在培养过程中要立德先立己,树人先树己,以立德为先,尊德守德。研究生导师只有先用更高的道德标准要求、规范自己,才能起到上行下效的示范作用,不断提高教书育人的质量。其次,立德树人的过程贯穿于教书育人的过程中,以立德为育人之本,立好德、树好人,是研究生导师履行教书育人基本

---

① 《江泽民文选》,第二卷,人民出版社,2006。
② 习近平:《把思想政治工作贯穿教育教学全过程 开创我国高等教育事业发展新局面》,《人民日报》2016 年 12 月 9 日,第 1 版。

职责的导向，更是完成培养德才兼备的高层次创新人才的目标要求。此外，研究生导师立德树人的首要职责更为明确和具体，是对教书育人职责内容的细化。教书育人职责更偏重于对研究生培养过程的要求，强调的是研究生导师在培养过程中要做到教书和育人"两手抓两手都要硬"，是普遍性要求。立德树人职责是对育人提出了更为具体的导向性要求，明确了如何育人的内容要求。

2. 立德树人职责与思想政治教育责任

思想政治教育包括的内容较多，有思想教育、政治教育和道德教育，担负着党的思想建设与群众性思想教育的职责。① 思想政治教育责任为立德树人把握政治方向，贯穿在立德树人的过程之中，既有联系也有区别。第一，履职主体有区别。研究生导师立德树人的首要职责是由研究生导师作为独立主体承担并履行的职责，而且需要研究生导师育人先自育，自身要先立德，注重自身加强道德修养，再将立德树人贯穿于人才培养的各环节。针对思想政治教育工作，研究生导师可以独自开展思想政治教育工作，也可以与辅导员、思政教师等共同作为育人主体，合力进行思想政治教育。与研究生教育相关的工作者都需要完成思想政治工作，因为思想政治教育工作贯穿研究生人才培养全过程，但在这其中研究生导师担负的是首要责任。第二，履职内容有交叉。由于思想政治教育包括的内容较多，如前文所述，有思想教育、政治教育和道德教育，还担负着党的思想建设与群众性思想教育。立德树人职责强调对研究生进行德育教育，德育是思想政治教育的一部分，是基础性内容，要求研究生导师教育研究生把正确的道德认知、自觉的道德养成、积极的道德实践与做人做事做学问紧密结合起来，达到"凿井者，起于三寸之坎，以就万仞之深"的树人目标。立德树人应以思想政治工作为导向，在立德树人过程中用思想政治教育责任为立德树人校准正确的方向。第三，价值功能有呼应。立德树人职责强调的是对研究生个体的道德品质、道德素养进行培植与培育，强调研究生导师最好要亲自、一对

---

① 郑永廷：《思想政治教育学原理》，高等教育出版社，2016。

一地对研究生本人进行深度辅导与交流互动。思想政治教育工作的社会性价值明显，侧重于研究生导师要把握研究生群体的政治思想方向，强调研究生群体的思想、行为要符合一定社会要求的思想品德，二者相呼应，共同促进研究生的身心健康成长和终身发展。

　　立德树人是新时代研究生导师的首要职责，是为了在育人中强化育德、修德的重要性。但立德树人不能仅停留在常规课程的讲授之中，而是要渗透到研究生导师认真履行好各项工作职责、教书育人的过程之中。以德育人，用思想政治教育责任把握正确的政治方向，明确研究生教育的社会主义性质，围绕立德树人首要职责，负起思想政治教育责任。发挥研究生导师教书和育人的作用，重视突出立德树人职责在育人工作中的作用，把立德树人作为一项常抓不懈的基础工作，落细、落实在教书育人的全过程之中，最大限度地发挥出立德树人对研究生人才培养的重要价值和意义。

第四章
新时代研究生导师立德树人实证调研

实证研究是一种研究范式,是对理论研究的有益补充。马克思说:"社会生活在本质上是实践的。"[①] 新时代研究生导师立德树人研究要理论联系实际,具体问题具体分析,多角度开展实证调研。本书选取不同培养单位、不同培养层次、不同学科专业中具有代表性的研究生导师和研究生分别进行个别访谈、现场采访、走访座谈、网络互动,全面了解研究生教育主、客体双方在立德树人中的真实想法、现实状况、实际感受与育人效果等。通过大量的问卷调查、典型案例分析、深度访谈等调研方式,从研究生教育纵向管理的角度进行政策分析,全方位地获取与研究生导师立德树人教育过程中相关的第一手调研资料。

在充分持有这些调研资料的基础上,一方面归纳总结研究生教育管理机构在落实研究生导师立德树人具体实践中所具有代表性的做法,并开展相关政策的实证调研,将具有可推广和借鉴意义的内容进行概括,总结出研究生导师立德树人工作的经验启示。另一方面深入挖掘和分析研究生导师立德树人工作中存在的实际问题,从实证研究的角度探究其具体成因,充分总结研究生教育主、客体双方在研究生导师立德树人工作中的心得体会。以实事求是的研究态度客观真实地反映出研究生教育主、客体双方的实际情况,通过一线走访与调研,丰富新时代研究生导师立德树人实证研究的内容,进一步挖掘研究生导师立德树人工作的重要价值。

---

① 《马克思恩格斯选集》,第一卷,人民出版社,2012。

第一节 研究生导师立德树人实证调研设计

经验是理论联系实际后得到的,即经验是在社会实践中产生的。所以,本书采用实证研究的方式,力求从研究生导师立德树人实际工作的角度开展多种形式的专项调研,旨在加深对研究生导师立德树人工作的理解和认识,进一步发现一线研究生导师在立德树人工作中所面临的现实问题。在研究视野较为宽泛的前提下,发掘看待问题的角度,从而透过问题的表象深层次地分析问题产生的根源,并以相应的解决方式进一步充实研究内容。

一 实证调研的价值

对研究生导师立德树人工作开展实证研究,是对其理论研究的必要补充。本部分通过实证研究的方式,针对研究生导师立德树人的教育实践展开深入调研,具有一定的可行性与现实性,为理论研究提供有价值的支撑和参考。

(一) 有助于全方位了解导师立德树人的实际

研究生导师立德树人是实践性、操作性很强的工作,以此为研究对象进行研究需要立足育人工作实际。在立德树人实践中以问题为导向,解决新时代研究生导师立德树人工作中存在的现实问题,才是最合适的研究方式。深入立德树人实际了解现状,获取第一手资料,不仅能丰富立德树人理论研究的深度和广度,还能增强立德树人实证研究工作的科学性和有效性。

新时代研究生导师立德树人工作是复杂的系统育人工程,除研究生导师和研究生这两个教育主、客体因素外,还涉及制度、机构、人员、环境、措施等其他多方面的育人因素。只有进行全方位、多层次的育人研究,梳理影响各育人因素之间的作用关系,才能挖掘出更深层次的育人问题,把育人问题研究透,以加强实证研究的现实意义。实证研究不能就事论事,要从更高的政治站位去审视,去研究新时代研究生导师立德树人的根本性、全局性的育人问题,从研究生导师立德树人整体布局上思考优化策略,提升实证研究的广度和深度。

(二) 有助于全过程把握人为因素的差异性

研究生导师立德树人的教育对象是人,而且多数都是成年人。面对多数为成年人而做的育人工作带有一定的难度和挑战,所以本书牵涉的育人因素较复杂。在调研过程中,不仅要兼顾各育人因素间纵横交错的相互关系,还要充分考虑到育人过程中人为因素的差异性,更要透过现象看本质,具体问题具体分析,才能对育人问题进行深入的探究,从而找到产生育人问题的根源,梳理解决育人问题的线索,逐步推进育人问题的解决,从而使本实证研究的成果更符合新时代研究生导师立德树人实际工作需要,为新时代研究生导师立德树人的必要性和重要性增添更多的可信度。

目前,学术界针对研究生导师立德树人的研究普遍采用调查问卷的方式。尽管通过辅助的研究工具能够得到科学的调研结果,但因研究生导师立德树人工作的实践性相当强,仅采用单一的调研手段不免存在片面性。研究生导师在立德树人教育过程中往往需要因人、因事、因地制宜地处理育人问题,需要针对每个教育对象的自身发展特点,运用适合教育对象的立德树人方法因材施教。因此,实证研究是对研究生导师立德树人理论研究的必要补充。比如运用深度访谈的调研方法,提出针对性强并富有启发性的问题,引导被访谈对象真实地表述立德树人工作中的具体做法和想法,用动态的、发展的实证研究方法进行汇总整理,以保证实证研究成果的真实性、有效性。

(三) 有助于选取典型样本分层次掌握情况

教育部 2018 年上半年对全国各地区、各研究生培养单位提出落实《职责意见》的要求。两年多以来,各地区、各研究生培养单位纷纷响应上级的号召,出台了许多落实研究生导师立德树人的具体措施,研究生导师围绕立德树人工作也展开了不少新的探索和尝试。本书在各地区、各研究生培养单位、个体样本的选取中,针对教育实践主体特性,分门别类地开展调查研究，尽可能地选择具有不同代表性的主体单位，力争点面结合，保证调研范围的广度和调研对象的典型性，以掌握最真实、最全面的实际育人情况，使得本调研内容更具有普遍性。

本书在前述章节进行理论研究的基础上，针对研究生导师立德树人工作的实际，采取尽量扩大调研对象范围的调查方式，并在主体培养单位的层面上选取典型的研究生管理机构主体样本，对研究生培养单位制定的针对研究生导师立德树人的相关制度、措施等进行搜集和整理。从不同地区、不同培养单位、不同学科的研究生导师和研究生当中选取典型样本进行走访和面对面深度访谈，从中收集可推广的育人做法，汲取其中的育人经验和教训，在不断总结与反思的基础上，加深对新时代研究生导师立德树人工作的理解和认识，使得本次调研更具有实证参考价值和借鉴意义。

二　实证调研概述

为了明确和细化调研方向，围绕调研目标更有针对性地完成各项调研任务，本书针对不同调研对象的特点和调研目的的差别，选取不同的调研角度、使用不同的调研方法开展调研工作。先从选取具有代表性的地方研究生教育行政部门和研究生培养单位着手调查研究，对立德树人的相关政策、做法进行系统梳理，深入研究生导师立德树人工作实际，分别对研究生导师和研究生开展深度访谈，从而了解立德树人政策落实的真实情况以及师生对立德树人工作的客观反映和主观需求。

（一）对地方研究生教育行政部门的调研概况

本次调研先分别从省、自治区、直辖市选取了教育行政主管部门出台的有关研究生导师立德树人的政策，并对其进行信息数据的收集和整理，然后从出台并公开的文件中进行抽样调研。本书调研的范围涉及我国除港澳台地区外的具有代表性的省、自治区、直辖市教委或教育厅发布的相关政策（见表4-1）。这部分研究内容反映了从省级教育单位的角度了解其立足各地区的实际情况，因地制宜地落实研究生导师立德树人工作的情况。

表 4-1　本次调研涉及的地方研究生教育行政部门

序号	行政区域	地方研究生教育行政部门
1	东北地区	黑龙江省教育厅
2	华北地区	天津市教委
3		河北省教育厅
4	华东地区	山东省教育厅
5		上海市教委
6		江苏省教育厅
7		福建省教育厅
8	中南地区	广西壮族自治区教育厅
9	西北地区	宁夏回族自治区教育厅
10	西南地区	重庆市教委
11		云南省教育厅

调研目标从我国各行政区划中分别进行选取，通过覆盖面广的实证调研增强说服力，也印证了研究生导师立德树人工作不是孤立存在的观点。解决研究生导师立德树人工作中存在问题的根本在于使社会、学校、家庭、导师本人、研究生等教育因素间建立起多方协作、共同育人的教育机制，形成上下左右联动的工作合力。只有标本兼治，才能从本质上解决研究生导师立德树人工作中存在的实际问题，并从源头上杜绝问题的发生。比如从立德树人总体落实情况上看，各地区的立德树人工作各有特色，很多省份以落实研究生导师立德树人职责为中心，还配套出台了关于教师队伍、研究生导师队伍建设的相关文件，还有师德"一票否决制"等规章制度，以及师德失范行为处理的相关文件。这些表明解决研究生导师立德树人工作中存在的问题不是研究生导师孤军作战的结果，而是与立德树人相关的所有教育主体协同育人的结果，这也体现出了系统化协同管理的教育思维。地方研究生教育行政管理机构从立体化角度审视研究生导师立德树人工作中存在的问题，将更有助于促进基层育人单位立德树人工作的不断推进。

（二）对研究生培养单位开展的实证调研情况

研究生培养单位制定的培养方案是研究生导师进行立德树人工作的直接依据。通过实地走访部分研究生培养单位、参加研究生教育相关会议、调研研究生导师立德树人实际工作的开展情况，选取我国各主要地区具有代表性的研究生培养单位。针对各培养单位具体落实研究生导师立德树人的举措和主要方法开展横向的比对，在分类的基础上将其中比较典型的规定条款进行节选、概括和归纳，以深化相关政策、制度研究，进行立德树人经验挖掘。

我国研究生培养单位是具体开展研究生人才培养工作的教育机构，以高等院校为主、科研机构为辅。研究生培养单位也是我国直接管理研究生导师的主体责任单位。据统计，高等院校在我国研究生培养单位总量中的占比超过了70%，表明高校的教育管理功能突出，相对而言，高校对研究生导师立德树人工作管理会更加系统、规范，也更具调查和研究的价值，所以本实证研究主要以高等院校研究生培养单位的立德树人工作作为调研对象开展相关研究。

本书在对前述各行政区划内省级研究生教育行政机构的政策调研的基础上，针对各地方研究生教育主管部门的管辖范围，选择了不同类型的高等院校或者选择了其做法具有典型性的高等院校。在华北地区调研了北京大学、清华大学、中国人民大学、中国音乐学院、燕山大学、天津职业技术师范学院；华中地区调研了华中农业大学、湖南理工学院；华南地区调研了华南师范大学；华东地区调研了复旦大学、上海交通大学、江苏大学、东南大学、青岛科技大学；东北地区调研了沈阳农业大学；西北地区调研了西安交通大学、西安电子科技学院、西安体育学院；西南地区调研了西南大学、西南财经大学、西南民族大学。选取以上各行政区划内的高等院校共计20余所。

（三）对研究生导师和研究生的实证调研概述

研究生导师立德树人工作直接的主、客体双方是研究生导师和研究生。本次调研区分不同的研究生培养单位、学科门类、培养层次、培养类型等调研要素，尽最大可能考虑到学科覆盖面和专业调研的广度，尽可能地选取不同培养单位的不同学科专业进行调研。其中选择了几对有指导关系的研究生导师和研究生分别进行面对面式访谈，以加强访谈的深度，增强主、客体双方调研的针对性和指导效果的对比度。调研过程采用深度访谈的形式分别对研究生导师和研究生代表进行一对一的当面交流、网络聊天、电话采访等，采用适合调研对象的多种调研途径开展深入的实证调查研究。

本次深度访谈共涉及除哲学与军事学以外的其他 11 个学科门类，包括经济学、法学、教育学、文学、历史学、理学、工学、农学、医学、管理学、艺术学。选取了来自中国人民大学、中国科学院大学、北京航空航天大学、中央民族大学、国际关系学院、中国社会科学院大学、中国矿业大学（北京）、北京理工大学、北京师范大学、北京邮电大学、北京化工大学、北京建筑大学、北京林业大学、首都师范大学、北京联合大学、首都经济贸易大学、北京工商大学、上海理工大学、华中科技大学、沈阳化工大学共 20 所高校的不同学科、不同专业、不同层次的研究生导师、在读或新近毕业的研究生参与深度访谈。

调研对象的选取尽可能多地覆盖各学科门类和学科大类，包括应用经济学（0202）、社会学（0303）、马克思主义理论（0305）、心理学（0402）、新闻传播学（0503）、考古学（0601）、中国史（0602）、数学（0701）、地理学（0705）、生物学（0710）、机械工程（0802）、信息与通信工程（0810）、控制科学与工程（0811）、计算机科学与技术（0812）、食品科学与工程（0832）、软件工程（0835）、管理科学与工程（1201）、工商管理（1202）、公共管理（1204）、林学（0907）、设计学（1305）共 21 个学术学位专业大类。金融（0251）、法律（0351）、教育（0451）、土木工程（0814）、能源动力（0858）、会计（1253）、旅游管理（1254）、图书情报（1255）、中医（1057）共 9 个专业学位专业大类。

本次调研对象共 46 人，其中有 7 位博士研究生导师和 12 位硕士研究生导师参与了此次访谈，均为在任研究生导师。另外，有 14 名在读或毕业的博士研究生和 13 名在读或毕业的硕士研究生参与了此次访谈，研究生毕业生则均为近 3 年毕业的研究生（具体信息见表 4-2、4-3、4-4、4-5）。

表 4-2 受访研究生导师统计

类别	分布情况
导师层次	博士研究生导师 7 位 硕士研究生导师 12 位（包括学术型 7 位和专业型 5 位）
性　别	男 10 位 女 9 位
就职情况	均为在编在岗
年龄情况	年龄≥35 岁:4 位 年龄≥45 岁:11 位 年龄≥55 岁:4 位 平均年龄 49 岁 最小年龄 38 岁 最大年龄 62 岁
职称情况	教授 14 位 副教授 5 位
指导情况	平均指导 9 名研究生 最多 18 名 最少 1 名
院校类型	大学 17 位 学院 2 位

表 4-3 受访研究生统计

类别	分布情况
培养层次	博士研究生 14 名 硕士研究生 13 名
性　别	男 17 名 女 10 名
在读情况	在读研究生 8 名（其中 3 名博士研究生和 5 名硕士研究生）
年龄情况	年龄 22～25 岁:5 名 年龄 26～28 岁:9 名 年龄≥29 岁:13 名 平均年龄 31 岁 最小年龄 22 岁 最大年龄 43 岁
院校类型	大学 26 名 学院 1 名
导师层次	博士研究生导师 17 位 硕士研究生导师 10 位

表 4-4 受访研究生导师基本资料

代号	性别	年龄（岁）	类型	指导数量	学科门类	所在学科或专业
A	男	38	硕导（学术）	3	法学	马克思主义理论
B	男	53	博导	15	工学	计算机应用技术
C	女	50	硕导（学术）	5	工学	计算机科学与技术
D	男	51	硕导（专业）	15	管理学	会计
E	女	46	硕导（专业）	6	教育学	职业技术教育
F	女	53	博导	11	管理学	工商管理
G	女	50	硕导（学术）	7	理学	地理学
H	女	46	硕导（学术）	5	艺术学	艺术设计学
I	男	42	硕导（学术）	4	理学	数学
J	男	52	博导	17	文学	新闻传播学
K	男	40	博导	16	教育学	教育学原理
L	女	52	硕导（专业）	1	管理学	图书情报

续表

代号	性别	年龄(岁)	类型	指导数量	学科门类	所在学科或专业
M	男	61	博导	14	工学	控制理论与控制工程、软件工程
N	男	39	硕导(专业)	2	文学	新闻与传播学
O	男	61	博导	18	法学	思想政治教育
P	女	49	硕导(专业)	3	医学	中医
Q	女	51	硕导(学术)	6	工学	食品科学与工程
R	男	62	博导	11	法学	民俗学
S	女	55	硕导(学术)	8	历史学	中国史

注：本表中将博士研究生导师简称为博导，硕士研究生导师简称为硕导。

表4-5 受访研究生基本资料

代号	性别	年龄(岁)	培养层次	导师类型	学科门类	专业名称
1	男	36	博士	博导	管理学	管理科学与工程
2	男	27	硕士	硕导	农学	林学
3	女	38	博士	博导	法学	思想政治教育
4	男	26	博士	博导	工学	计算机科学与技术
5	男	39	博士生	博导	管理学	人力资源管理
6	男	35	博士	博导	工学	机械电子工程
7	男	32	博士	博导	工学	通信与信息系统
8	女	40	博士生	博导	管理学	教育经济与管理
9	女	26	硕士	硕导	教育学	教育
10	男	29	博士	博导	历史学	专门考古
11	女	37	博士	博导	历史学	历史地理
12	男	24	硕士生	硕导	历史学	专门史
13	女	22	硕士生	硕导	法学	马克思主义理论
14	男	40	博士	博导	历史学	当代中国史专业
15	男	41	博士	博导	管理学	土地资源管理
16	男	23	硕士	硕导	工学	动力工程
17	男	38	博士	博导	经济学	产业经济学
18	女	22	硕士	硕导	法学	法律硕士
19	男	43	博士生	博导	教育学	基础心理学
20	女	28	硕士	硕导	教育学	学前教育
21	男	25	硕士	硕导	工学	供热、供燃气、通风及空调工程
22	男	27	硕士	博导	理学	生物分子化学
23	女	38	博士生	博导	法学	思想政治教育
24	女	28	硕士	硕导	经济学	金融硕士

续表

代号	性别	年龄（岁）	培养层次	导师类型	学科门类	专业名称
25	男	27	硕士	硕导	工学	信息安全
26	女	24	硕士生	硕导	艺术学	数字媒体艺术
27	男	28	硕士生	硕导	医学	中医

注：本表中博士生指博士在读研究生，博士指已毕业的博士研究生；硕士生指硕士在读研究生，硕士指已毕业的硕士研究生。

本次调研以北京高校的研究生培养单位为主。北京是我国的政治、文化中心，是高等教育特别是研究生教育密集度最高的省级行政区域。目前共有92所普通高校（不含科研机构研究生培养单位），其中部属高校38所。北京市的研究生培养单位较集中，覆盖的学科、层次、类别等都非常全面，足能代表和反映我国研究生教育的现实状况，而且北京的研究生教育的学术水平和学术地位较高，综合以上因素使得北京的研究生培养单位颇具吸引力。据统计，2020年报考北京高校硕士研究生的考生就达到了425295人，接近全国的341万总报考人数的1/8。可见，以北京地区的研究生教育为主，选取北京高校的研究生教育代表开展实证研究，具有一定的代表性与说服力。

本书分别选取了世界一流大学、一流学科建设高校、部属高等学校、市属高等学校以及其他省市的普通高等学校的研究生培养单位代表进行调研，因科研机构（所）研究生培养规模的占比相对较小且其工作大多带有保密性质，故未被列入此次调研范围。

第二节 研究生教育管理机构的相关政策调研

地方研究生教育行政部门和研究生培养单位是管理研究生教育的各级主体单位，纵向深入调研具有代表性的研究生教育管理主体单位在研究生导师立德树人工作中的典型做法和措施，并进行横向整合比较分析。通过实证调研的方法博采众长，全面掌握新时代研究生导师立德树人工作的政策导向和经验做法。

一 各地方研究生教育行政部门的主要措施

地方研究生教育行政部门对研究生培养单位负有监督管理的责任，并且针对所属辖区的育人特点，对研究生教育进行针对性更强的指导和管理。本书选取了已对外公开的省、自治区、直辖市落实研究生导师立德树人的政策、措施，进行对比分析和研究。

（一）直辖市级研究生教育行政部门的主要措施

我国的直辖市在国家各行政区划中具有重要地位，各方面的教育发展也具有一定的客观优势，其教育行政主管部门的做法颇具典型性和引领性。

1. 天津市打破研究生导师终身制，实行分类化管理

天津市教育委员会在2018年教师节前夕公布了《关于全面落实研究生导师立德树人职责实施意见的通知》。通知要求坚持选育并重，将研究生导师由资格向岗位转变，破除终身制，并提出建立研究生导师动态竞争上岗制度；要求让研究生导师充分认识到立德树人的首要职责；要求研究生导师在注重知识传授和能力培养时，更要对学生进行思想政治教育；要帮助学生正确认清时代责任和历史使命并树立正确的世界观、人生观、价值观，进一步明确和具体化研究生导师育人和第一责任人职责。

2019年7月，天津市教委又出台了《关于加强学术学位研究生教育工作的指导意见》，强化研究生导师的岗位责任意识，针对学术型导师完善了选聘办法，除了将立德树人职责加入遴选条件外，还制定了"师德失范一票否决制"。该意见表明了对治理学术不端的坚决态度，强调了对学术不端的行为必须"零容忍"，而且要做到露头就查，并且一查到底，必须追究责任，绝不能姑息迁就。

天津市教育委员会鼓励研究生培养单位结合自身办学实际和学科特色，建立研究生导师分层分类管理体系，将校外行业导师、兼职导师纳入管理体系。明确绩效管理标准，制定立德树人职责考核办法，将思想政治素质、培养质量控制、学位论文指导、学科建设贡献等纳入绩效管理体系。依托年度研究生导师考核，有机结合学术委员会、教学督导、研究生和研究生导师的多方评价，以期建立科学、公平、公正、公开的研究生导师管理考核体系。

2. 上海市注重突出研究生导师的师德建设

2018年教师节，中共上海市委、上海市人民政府从教师队伍整体建设的角度出台了《关于全面深化新时代教师队伍建设改革的实施意见》。站在教师队伍整体的高度突出研究生导师队伍建设的重要性，要求研究生导师增强师德师风，坚持德才兼备、以德为先，把提高教师思想政治素质和职业道德水平放在首要位置，把立德树人的根本任务贯彻于教师队伍建设改革的全过程。

3. 重庆市在制度保障上鼓励研究生导师团队建设

2018年10月，重庆市教工委、教委联合出台了《关于印发重庆市全面落实研究生导师立德树人职责实施意见的通知》（渝教工委〔2018〕78号），进一步规范了研究生导师师德师风、明确了研究生导师职责，从制度保障上加强研究生导师管理。在此之前，重庆市教委发布了《关于开展2018年度研究生导师团队建设项目的通知》（渝教研函〔2018〕13号），注重发挥研究生导师团队的联合力量，强调研究生导师间的交融与带动。要求研究生培养单位建设传统学科导师团队、交叉学科导师团队和校企联合导师团队，市教委会对研究生导师团队建设项目进行政策支持和指导，明确研究生导师团队在立德树人、招生培养、就业指导等方面的职责，并每年给予每个团队一定的建设经费支持。

（二）其他省级研究生教育行政部门的主要措施

我国省和自治区在省级行政区划中所占比重最大，而且有很多省份素有教育强省之称，其教育主管部门的主要做法和措施具有代表性与参考价值。

1. 建立研究生导师动态管理机制，细化过程管理

河北省着力深化教师队伍改革，河北省教育厅、省发展改革委、省财政厅2014年联合发布《关于深化研究生教育改革的意见》，明确提出要建立健全研究生导师责权机制。2016年发布的《河北省教育厅关于进一步加强和改进研究生导师队伍管理的指导意见》，提出重点提升研究生导师的指导能力，以期充分调动研究生导师的积极性、主动性、创造性，通过强化研究生导师的岗位意识，健全以研究生导师为第一责任人的责权机制，建立健全促进研究生导师职业发展的体制机制、改革考核制度等建设高水平的研究生

导师队伍。文件还将研究生导师制度由资格管理向岗位管理转变，建立研究生导师动态管理机制，实现研究生导师岗位与招生需求进行有效衔接。此外，还分别区分学术型学位和专业型学位导师，制订了更为有针对性的遴选标准，特别强化了专业学位研究生导师的实践环节等工作措施，切实提高研究生导师队伍管理的制度化、规范化水平。

江苏省学位委员会、省教育厅2018年出台了《关于加强研究生导师队伍建设的意见》，进一步强化了江苏省研究生导师立德树人职责，推动研究生导师队伍建设，强调坚持分类遴选、评聘分离，打破研究生导师终身制。

2018年4月，云南省学位委员会、云南省教育厅出台了《关于全面落实研究生导师立德树人职责的实施意见》，对研究生导师的管理从制度源头上破除研究生导师资格终身制，推行评聘分离和动态管理，把研究生导师"资格管理"或"身份管理"变为"岗位管理"，还建立起有效的研究生导师招生资格年度审核制和培养过程考核制，力争做到"有上有下、有进有出"。

2. 实行师德"一票否决制"，强化研究生导师培养责任

广西壮族自治区在2018年10月出台的《关于全面落实研究生导师立德树人职责的意见》中第十二条明确规定了研究生导师的12种禁行行为。研究生导师一旦出现本实施细则第十二条规定之一的行为，师德考核即为不合格，并依法依规分别给予相应处分，实行师德"一票否决制"。

黑龙江省2018年11月出台了《关于加强新时代研究生导师队伍建设的指导意见》（黑学位联〔2018〕2号），明确提出对存在文件中所列举的10种行为将追究研究生导师责任（简称研究生导师"十不准"）。在执行过程中，当研究生导师出现不认真履行岗位职责的情形时，将对照意见中的规定进行处理。如果研究生导师指导的研究生出现学术不端或其他违纪违规行为的，也会视情节轻重采取通报、约谈、减招、限招、停招、取消研究生导师资格等处理措施，对存在师德师风问题的研究生导师，实行"一票否决制"。2019年3月，黑龙江省教育厅还发布了《高校教师师德失范行为处理办法》，梳理并细化了教师失德失范行为，如教师编造散布虚假信息、敷衍教学等行为都属于师德失范行为，要求高校给予相应处理，并将处分决定存

入所处理的教师人事档案。这样的举措规范了处理的流程和程序，明确并强化了有关各方的责任。

山东省教育厅于2015年9月出台《关于加强和改进研究生导师队伍管理的意见》（鲁教研发〔2015〕1号），规定从研究生导师的遴选开始坚持师德表现与学术水平并重的标准，将研究生导师资格与每年的招生资格进行分离评定。在确定研究生导师当年的招生资格及指导研究生的限额时，一方面考虑当年招生工作的实际需要，另一方面改变以往只重视学术水平、科研任务、培养质量等量化的考评指标，将研究生导师的师德表现也纳入考评范围，从而综合进行判定，使得评判内容更为全面，更有说服力。此外，文件还将研究生导师的师德师风工作与研究生培养质量挂钩，共同作为评价研究生导师的主要内容，特别突出了对研究生导师育人责任和岗位职责落实情况的考核评价，从而从多角度完善了研究生导师的考核评价体系。

云南省学位委员会和云南省教育厅于2018年发布《关于全面落实研究生导师立德树人职责的实施意见》，提出强化研究生导师的示范引领作用。对立德树人成绩突出的研究生导师，将给予表彰与奖励，推广优秀研究生导师、优秀导师团队的成功经验。对未履行立德树人职责的研究生导师，特别是对存在"无科研项目、无科研经费、有超学习年限学生、有抽检不合格学生论文"等现象的研究生导师，要求所在单位视情况采取约谈、限招、停招、取消研究生导师资格等处理措施。对有性侵、虐待等违反师德师风和违法乱纪行为的，实行"零容忍"和"一票否决制"，依法依规坚决予以严肃查处。

3. 尊重师生权利，健全师生双向互选机制

河北省教育厅出台的《关于进一步加强和改进研究生导师队伍管理的指导意见》（冀教研〔2016〕2号）要求"健全研究生和研究生导师双向互选互动机制。把研究生和研究生导师互选作为改进研究生培养的重要环节，明确互选原则、标准、程序及要求，充分尊重研究生导师和学生的双向选择权"。

云南省学位委员会和云南省教育厅《关于全面落实研究生导师立德树人职责的实施意见》中要求"研究生各培养单位健全研究生和研究生导师双向互选互动机制，把互选互动作为改进研究生培养的重要环节，明确互选

原则、标准、程序及要求，充分尊重研究生导师和学生的双向选择权"。

4. 改革导师评价方式，完善评价考核体系

江苏省学位委员会、江苏省教育厅加大督查力度，建立通报机制和追责机制，《江苏省研究生导师职业道德规范"十不准"（试行）》对违反"十不准"及相关规定的研究生培养单位和研究生导师将予以通报，以营造风清气正的研究生育人环境，推动文件精神落地见效。

云南省学位委员会和云南省教育厅联合出台的《关于全面落实研究生导师立德树人职责的实施意见》提出要"分类构建学术学位和专业学位研究生导师考核评价制度和标准。在评价内容上，把师德师风和研究生培养质量作为研究生导师评价的重点，把研究生导师立德树人职责落实情况纳入教学督导范畴，突出对育人责任和岗位职责落实情况的考核评价"。此外，相关部门在完善评价考核体系的工作中做了新的尝试，扩充了考评主体，区分了主要评价与次要评价的层次，学位委员会、学术委员会、教学督导组（团）与研究生共同构成主要评价主体，第三方评价与研究生导师自我评价为辅，多方评价主体共同参与会使得评价方式更为科学化，符合评价结果更为公平、公正、公开的原则，对促进研究生导师立德树人的积极性能够起到更为有效的推动作用。

5. 鼓励组建研究生导师团队，发挥研究生导师整体优势

河北省教育厅在《关于进一步加强和改进研究生导师队伍管理的指导意见》（冀教研〔2016〕2号）中明确提出"要进一步增强导师组的影响力"，鼓励以研究生导师组的形式开展人才培养工作，研究生导师集体优势的发挥比研究生导师个人力量的发挥将更为全面，也增强了研究生导师之间的互补性。此外，还要求"结合现代大学制度和相关配套的制度建设，更加明确和保障研究生导师组在研究生人才培养过程中的权利和义务"。明确提出研究生导师组与导师个人一样，都要在招生、培养、学位申请与授予等方面享有充分的知情权、表达权、参与权、决策权和监督权，旨在更进一步地明确研究生导师组的权利和义务，更为深度地激发研究生导师组的活力与能动性，提高科学育人的水平。

《广西壮族自治区关于全面落实研究生导师立德树人职责的意见》（桂教规范〔2015〕7号）规定研究生培养单位应当采取出国研究生导师委托代管制、研究生导师与研究生沟通记录制、"导师组制"、"副导师制"等适当措施保障研究生的学习权利以及与研究生导师沟通的权利，专业学位研究生应当按要求配备"双导师"。研究生培养单位可以适当调整"双肩挑"研究生导师的招生指标。

二 研究生培养单位具有代表性的主要做法

不同类型的高等院校研究生培养单位在建制、功能、培养目标等方面存在差别，所以落实研究生导师立德树人的做法各有特点，本书将其中具有共性和推广借鉴意义的立德树人经验启示进行了归纳总结。

（一）进一步细化研究生导师立德树人职责

研究生导师立德树人职责不是"空中楼阁式"的"景观理念"，而是十分接地气的具体育人工作内容。各研究生培养单位从易于理解和操作执行的角度，通过建章立制的方式，对立德树人相关职责做了明确的解析，以便于研究生导师学习领会和贯彻执行。

清华大学为明确研究生导师自身职责，制定了《清华大学研究生指导教师职责》《清华大学博士生导师学术指导职责参考指南》，提出了研究生导师四点定位——"学高为师，身正为范；热爱教育，精心育人；因材施教，遵循规律；良师益友，关爱学生"。分别对研究生导师的专业指导职责和学术发展引领职责做了说明，为如何做一名合格的研究生导师确立了方向。

北京工商大学在2013年就将研究生导师管理的相关制度制作成了研究生导师手册，在硕士研究生指导教师管理办法中把研究生导师的职责要求进行了明确，将职责独立成章，以强调研究生导师职责的重要性。从研究生导师的思想政治教育职责到学术道德要求再到指导研究生论文选题上均进行严格要求。在学术标准上进行严格把关，要求研究生导师全过程指导研究生进行专业学习和研究，并形成定期与研究生见面的制度等，对研究生导师的职责进行了全方位的详细规定。

西安交通大学通过建立落实研究生导师立德树人职责的评价机制，更进一步增强研究生导师的岗位与责任意识。在该校 2018 年公布的《落实研究生导师立德树人职责实施细则》中通过明确研究生导师的"八要""十不准"将"立德树人职责要求"细化分解成 58 个行为细节要求，并制成了《立德树人行为对照检查表》，还建立起多方面共同参与的沟通机制，公开接受研究生、家长等对研究生导师立德树人履行情况的监督。在这个规定中还明确了立德树人职责履行情况的考核流程和结果使用要求，对凡是存在师德师风问题的研究生导师一律严格实行师德"一票否决制"。

西安电子科技大学在《落实研究生导师立德树人职责实施细则》中"加强研究生导师日常管理中突出立德树人，进一步明确研究生导师立德树人岗位职责"。实施研究生导师负面清单管理，将研究生导师负面清单分为师德师风负面清单和职责履行负面清单，对存在负面清单所列情形的研究生导师，执行"一票否决制"，引导研究生导师加强师德师风修养，保证研究生导师队伍教育质量。

东南大学在《研究生教育综合改革方案》中明确规定了研究生导师立德树人职责，要求研究生导师将德育工作贯穿于人才培养全过程之中。建立《研究生指导教师责任制实施办法（试行）》等规章制度，对研究生导师在招生、培养、管理、育人等方面均提出了更加明确的具体要求，将研究生成长成才作为研究生导师考核要素。

复旦大学以制度建设保障研究生导师立德树人职责落实。先后公布《复旦大学关于建立健全师德建设长效机制的实施意见》《复旦大学研究生指导教师工作条例（征求意见稿）》《复旦大学审核新增及认定博士生指导教师岗位任职资格暂行规定》《复旦大学审核新增硕士生导师任职资格的暂行规定》等系列规章制度。逐步构建起一套完善的制度体系，进一步明确研究生导师的权责、管理规范、岗位任职资格的基本条件、审核流程等。

江苏大学对研究生导师立德树人职责做出规定，其是指在落实研究生导师作为第一责任人的基础上，把对研究生进行思想政治教育和专业培养这两大方面的基本岗位职责作为研究生导师的职责。同时，还要求研究生导师把思想政治教育工作与研究生的专业学习、科学研究、实践实训指导等工作进行相互渗透和有机结合，做到"八导"。要求研究生导师每月与研究生进行谈心谈话或学术研讨或科研进展汇报至少一次。

天津职业技术师范大学在《全面落实研究生导师立德树人职责实施细则（试行）》（津职师大发〔2018〕148号）中通过明确研究生导师指导研究生毕业论文的次数和时间确认研究生导师立德树人职责的履行情况，通过研究生导师与研究生见面次数和时间的规定确保立德树人的成效。

湖南理工学院在落实教育部研究生导师立德树人职责文件实施细则中，明确了"研究生导师在研究生人才培养各个环节中的职责，通过健全研究生培养制度，把研究生导师立德树人的各项职责细化为研究生培养各环节的具体要求"，还推行研究生培养工作记录制度。要求研究生保管并及时填写记录，研究生导师定期检查并签字确认，该记录待研究生离校时存入研究生个人培养业务档案。

（二）将研究生导师师德与聘任管理相结合

将研究生导师师德表现与人事聘任、考核等工作联系起来，是目前通用的方式，研究生培养单位采用的较多。北京大学、清华大学和中国人民大学是我国研究生培养单位中的龙头单位，其做法不仅具有参考价值，也更具有前瞻性，其他单位的做法也各有特色。北京大学率先将研究生导师师德师风与严格聘任管理相结合，先后出台了《教师行为规范》《师德教育实施办法》《教师违规违纪调查处理办法》《师德考核实施办法》《师德"一票否决"实施细则》《教职工处分暂行规定》等规章制度，并为此专门成立和建立了教师职业道德和纪律委员会及其调查处理机制，如有教师违反教师行为规范上规定的行为，将按照学校的《教师违规违纪调查处理办法》和《教职工处分暂行规定》进行调查、审议和处罚。另外，强化执行力度，依据制度文件对教师中的违规违纪行为进行警示和惩处，并严格执行师德"一票否决制"，从根本上严肃师德师风，净化研究生导师风气，推进师德师风建设。

中国人民大学注重对教育者自身先立德进行管理与要求，并于2018年出台了一系列文件。其中包括《中国人民大学教职工纪律处分暂行规定》《中国人民大学师德建设长效机制实施办法（试行）》《中国人民大学教师职业道德规范（试行）》。文件对作为教职工、作为教师以及作为研究生导师的基本道德规范、师德长效机制建设、师德师风和学术道德规范等进行了全面的规范。西安交通大学已启动研究生导师管理网上信息化平台建设，对研究生导师的各类信息数据进行动态监控掌握，针对研究生导师各项工作推行年度动态审核工作机制，研究生导师资格遴选也通过网上平台进行先行审核，形成"能上能下，择优上岗"的良好导向，助力实现研究生导师管理工作的新局面。

清华大学在 2018 年 7 月通过了《师德"一票否决制"实施细则（试行）》。根据细则规定，凡是被学校认定存在违反师德行为并被处理者，则师德考核结果为不合格。师德考核不合格者其人事年度考核也会评定为不合格，还会在教师职务（职称）评审、岗位聘用、评优奖励等评定环节实行"一票否决制"。如果情节严重，调查期内还会暂停其作为教师的一切教学和学术活动。此外，清华大学还先后出台了《清华大学关于加强学术道德建设的若干意见》《清华大学教师学术道德守则》《清华大学预防与处理学术不端行为办法》《清华大学学术道德规范》等系列文件以保障学术规范和立德树人工作，在制度层面全方位强化管理，是规范、引导和防范研究生导师师德工作的有力抓手。

中国音乐学院除将学术诚信、科研道德写入研究生导师职责外，还出台了相应的研究生导师行为规范。将细化了的研究生导师师德具体内容写入《硕士研究生导师管理办法》中，在《博士研究生导师管理办法》中也有专门针对师德建设的内容要求。明确把师德纳入研究生导师的评价范围，并建立师德考核长效机制，由研究生院联合党委教师工作部、人力资源中心、科研处、督导与质量监控办公室进行综合评定。

华中农业大学对研究生导师评聘实行严格管理，还将师德表现情况纳入研究生导师年度综述报告，并采取个人自评、学生测评、同事互评、单位考评相结合的方式进行立德树人职责年度考核。在研究生导师资格遴选上强调师德与业务"双考察",研究生导师聘用实施研究生导师招生资格年度审核制,强调师德与业务"双考核",对师德不合格的,实行"一票否决制"。

华南师范大学在加强研究生导师思想政治教育工作的基础上,从师德教育宣传开始抓起,选树师德师风的典型,挖掘师德师风故事,注重加强师德的宣传力度与正向引领,形成用重师德、强师德来促育人的良好氛围。以强化"以德立身、以德立学、以德施教、以德育德"的引导形式,形成研究生导师师德的示范效应,从而使正能量的师德师风理念与做法入脑入心。此外,推进各二级培养单位落实师德考核的办法,把师德考核、立德树人考核与人事考核挂钩,要求把年度立德树人考核工作进一步做实,严把师德"一票否决"关,确保考核工作和结果运用真实有效,把师德考核纳入人事考核工作等。

沈阳农业大学把研究生导师立德树人的履职情况与研究生导师资格管理关联起来,对立德树人职责的履行情况、师德表现、所带研究生违规等进行分类处理。一旦发现疏于指导、不履行研究生导师立德树人职责而造成不良影响的研究生导师,将视情节轻重,分别给予约谈、限招、停招、取消研究生导师资格,直至行政纪律处分。对违反师德行为的研究生导师,除实行"一票否决制"外,还要依法依规给予相应处理。针对所带研究生的学位论文存在剽窃等违反学术道德的问题,则连带追究其研究生导师的责任,在给予相应的行政处分的基础上,情节严重者可取消研究生导师资格。

东南大学在师德师风管理中实行"有温度的管理",把研究生成长成才的过程及效果作为研究生导师考核要素;对研究生导师师德师风的管理实行奖优罚劣;对认真履行研究生导师职责、研究生培养成绩显著的研究生导师,予以表彰或奖励;对未能履行研究生导师职责,导致师德师风、研究生培养质量等出现重大问题的,予以约谈、限招、停招,甚至取消研究生导师资格。从而将研究生导师在人才培养过程中涉及的学业指导、经费资助、思想道德及科学伦理示范教育等方面的责任进一步落到了实处。

(三)建立研究生导师动态调整的岗位机制

中国人民大学在2014年出台的《中国人民大学博士生指导教师选用和考核指导意见》第三部分中明确规定指导教师实行定期考核、动态考核,博士研究生指导教师资格三年为一个考核周期（硕士研究生指导教师的选用、管理和考核办法参照此指导意见精神制定）。

西安交通大学发布了《研究生指导教师岗位管理办法》，其具体做法不仅完善了研究生导师的遴选标准，还推行研究生导师资格与当年招生资格的双审核制度，并且构建起了研究生导师的招生资格动态审核与培养质量挂钩的联动机制。区分不同层次、不同类别研究生导师的遴选条件评价指标，建立了更加科学合理并且具有实操性的评价体系，对不同类别的导师实行分类评聘、分类管理。

西安电子科技大学出台了《博士研究生指导教师资格认定与聘任办法》，实行研究生导师评聘分离，强化研究生导师岗位属性。明确研究生导师只是一个岗位，研究生导师认定和聘任分别实施，实现能上能下的动态管理机制，保持研究生导师队伍活力。

华南师范大学出台了《全面落实研究生导师立德树人职责实施方案》，又配套出台了《关于进一步加强和改进研究生思想政治教育工作的实施方案》《华南师范大学研究生指导教师资格工作遴选条例》《华南师范大学专业学位校外兼职研究生指导教师管理办法》《华南师范大学硕士研究生招生指标动态分配办法（修订）》《华南师范大学博士研究生招生指标动态分配办法（修订）》等系列文件。在制度上从严要求，强化对研究生导师管理工作的重视程度，加强规范与管理力度，从而不断强化研究生导师的岗位责任意识。此外，建立研究生导师招生指标与研究生导师职责履行、研究生培养质量以及教学与科研相挂钩的动态分配机制，实现研究生导师资格向研究生导师岗位的转变。

东南大学的做法是严格进行研究生导师遴选，实施评聘分离、岗位管理，加强研究生导师招生资格审核与动态管理，规范发挥研究生导师在研究生选拔录取中的作用。建立奖罚制度，促使奖罚分明：对认真履行研究生导师职责、研究生培养成绩显著的研究生导师，予以表彰或奖励；对未能履行研究生导师职责的，导致师德师风、研究生培养质量等出现重大问题的，予以约谈、限招、停招，甚至取消研究生导师资格。

（四）建立研究生导师责任追究监督体系

西安交通大学采用多层次全方位的方式进行监督。首先，建立各方联动的沟通监管机制，对研究生导师师德师风的管理实行部门与研究生导师联动的监管机制，对外公开接受研究生、家长等社会多方面的监督反馈，多方共同参与，对研究生导师立德树人职责履行情况进行广泛的监督。其次，建立责任追究机制，对育人职责不到位的监督工作进行执纪监督问责，进一步深化失范必究的落实机制。再次，明确立德树人职责履行情况考核流程和结果使用，对存在师德师风问题研究生导师，实行"一票否决制"。最后，对各二级培养单位提出要求，如果研究生导师存在失范行为而出现管理部门监管不力、拒不处理、拖延处理或推诿隐瞒等情形，学校将进行严肃处理，存在情节严重的情况，将交由纪检监察部门对其相关负责人进行严肃追责，并扣减招生指标和扣发绩效津贴。

华中农业大学完善研究生导师立德树人监督体系的方法比较有特色。该校每年开展研究生导师师德状况调研，并定期对外公开发布师德状况调研报告。针对师德重大问题建立了报告制度和师德舆情快速反应机制，构建学校、研究生导师、学生、家长和社会多方参与的师德监督体系。设立投诉举报平台，对师德问题做到有诉必查、有查必果、有果必纠。学校层面还定期对学院层面推进研究生导师落实立德树人职责的情况进行监督检查，凡是对研究生导师师德建设不作为、对研究生导师师德失范行为进行推诿隐瞒、监督管理不到位、拖延处理或拒不处理的，还将对学院的主体责任和管理责任进行严格的责任追究，并依据具体情况扣减所涉及学院下一年度的研究生招生指标。

湖南理工学院通过建立督导检查机制落实研究生导师队伍管理与立德树人职责的履行。建立研究生导师信息数据库，努力实现对研究生导师队伍的信息化管理。完善各二级培养单位职责，压紧压实各二级培养单位对研究生导师的监督管理，充分发挥校研究生教育督导委员会的督导职能，加大监督检查力度。此外，还将研究生导师立德树人职责落实情况纳入教学督导的范畴之中。

江苏大学要求研究生导师（包括外聘导师）在每年研究生毕业后、年度招生资格审核前，须对照立德树人八项职责进行自我总结，总结成绩、查找不足、明确改进方向。另外，学院在每年招生资格审核时，除按有关规定审核相关学术条件外，应对上一学年度研究生导师立德树人职责情况同步审核，指导研究生导师做好育人工作。

（五）改进评价方式和选树研究生导师典型

西安交通大学用扩大宣传的方式来辅助机制运行，最后形成长效运行的态势。在建立优秀导师、优秀导师团队评选长效机制的基础上，通过各种方式宣传优秀导师及优秀导师团队的先进事迹，辅之以不同层面的经验交流，营造立德树人的良好氛围。此外，利用网络媒介进行推广和宣传，一方面，在学校主页设定立德树人工作专栏，每周都进行更新，刊登立德树人举措、研究生导师先进事迹等文章，加速了宣传频率，增强宣传力度。另一方面，在校外媒体发表文章，主推该校师德好、有特色的研究生导师，力求打造西安交大特色的"网红"研究生导师。

西安电子科技大学进行研究生导师评优，强化示范引领作用。评选"三好三有"研究生导学团队，选树优秀团队典型，弘扬师德师风。建设"三好三有"研究生导学文化示范基地，培育特色鲜明的团队文化，探索研究生培养模式改革，形成可复制、可推广的经验做法和示范阵地。除此之外，还举办"三好三有"研究生导学文化建设交流会，打造"三好三有"文化品牌。

华中农业大学每年评选研究生导师"教书育人奖"，对师德高尚、育人效果突出的研究生导师予以表彰。每两年评选表彰校级师德标兵和师德先进个人，积极推选省级及以上师德标兵。获奖的研究生导师，在职务（职称）晋升、岗位聘用、博导任职资格遴选、骨干教师和学科领军人物选培以及各类高层次人才遴选等方面优先。每年9月开展师德建设主题宣传月活动，设立"狮山之子""我爱我师""一线华农人""百廿校庆120个导师育人故事""狮子山导师园地"等宣传专栏，广泛宣传师德楷模的先进事迹，营造崇尚师德、争当楷模的良好氛围。

山东师范大学为了进一步推动研究生导师与研究生导学关系的和谐发展，发挥研究生导师"导思想、导人生、导学习、导科研、导生活"的主体作用，组织开展"立德树人优秀研究生导师"等评选活动，表彰与奖励立德树人成绩突出的研究生导师，树立典型和榜样，推广宣传成功经验。

复旦大学将学习"钟扬精神"与贯彻研究生导师立德树人职责的工作有机结合，以此为契机对全校所有研究生导师进行深刻的思想教育。以宣传学习"钟扬精神"为抓手，引导全校研究生导师在思想上进一步增强立德树人的责任感与使命感。为强化示范引领、榜样教育，学校开展"钟扬式好老师"和"钟扬式好团队"评选活动，每年评选十名思想素养过硬，业务能力突出，立德树人、爱生如子、敢于担当、甘于奉献的中青年教师予以表彰，对研究生导师在自觉加强立德树人职责意识方面进行深刻的精神洗礼。

西南财经大学针对《全面落实研究生导师立德树人职责的实施细则》第八条关于研究生导师表彰奖励机制做出规定：开展优秀研究生导师评选，表彰与奖励立德树人成绩突出的研究生导师，推广宣传成功经验。优秀研究生导师可免于下一年度招生资格审核，在各类研究生教育教改项目中优先资助。

沈阳农业大学把研究生导师表彰纳入研究生导师遴选与考核奖励的做法具有一定特色，值得推广借鉴。该校把研究生导师表彰的频率固化，确定了研究生导师、优秀研究生导师团队和优秀研究生教育工作者的表彰称呼和评选范围，并将表彰结果与研究生导师立德树人工作的考核结果关联起来。把研究生导师立德树人职责的考核结果的 A 级指标量确定为参评表彰的必备评选条件，还明确了优秀研究生导师与校本科教学名师同等待遇。不仅确认了研究生导师表彰的规格，还从另一个角度对研究生导师增强了认可度，切实提高研究生导师的工作成就感与积极性。此外，还设立研究生教育突出成就奖，单独给研究生导师划出名额比例，保证研究生导师的参评机会，将研究生导师立德树人职责的考核结果的 A 级指标量作为必备评选条件之一，评选出的研究生导师与省级本科教学名师的待遇相同。

（六）突出研究生导师的培训力度落实效果

培训工作安排起来相对灵活性大，覆盖面广，研究生导师们普遍易于接受。所以，研究生培养单位大都重视以加强研究生导师立德树人培训工作为支撑点，以提高研究生导师对立德树人工作重要性的认识程度、思想意识，提升研究生导师立德树人工作的履职能力。

清华大学对新的研究生导师开办研究生指导教师研修班。研修班自2016年开始，主要面向青年研究生导师，每年举办一期。在2018年，研修内容中增设了关于立德树人、学术学风教育的报告。报告以多个实际典型案例引发研究生导师对岗位职责的自省与思考，在促进学习内容的内化和升华的同时帮助青年研究生导师理解岗位职责，适应身份转换，树立良好的育人理念，加强自身思想觉悟及学术水平的提高，进而推动师资队伍整体水平的提高。

西安交通大学扩充研究生导师的培训内容，包括将把牢政治方向、强化爱国意识、重视师德师风建设、总结典型示范经验等软性建设内容与基础业务培训内容相融合，将"师德学习、严格自律、不忘初心、爱国奋斗"等内容融入新增研究生导师和在任研究生导师的常规培训工作中，还通过设置调查问卷的方式了解培训效果。

西安科技大学不断丰富培训形式、加大研究生导师培训力度。突出师德师风教育，通过理论学习、调研参观等强化研究生导师业务能力，引导研究生导师加强师德师风修养和业务能力修炼，以身作则，树立榜样，提升研究生导师的指导能力。

华中农业大学每年举办"狮子山导师学校"，要求新研究生导师必须参加，老研究生导师轮流参加，搭建学习、培训、交流一体化交互式平台，编发《研究生导师手册》《研究生心理健康教育导师手册》等，强化研究生导师立德树人意识，提高指导能力和水平。

山东师范大学在《全面落实研究生导师立德树人职责实施细则》中强化研究生导师培训环节，对研究生导师坚持岗前培训原则，新遴选通过的研究生导师必须参加学校或学院组织的相关培训后方可上岗指导学生。培训内容突出将研究生导师立德树人职责、岗位职责等与业务能力、工作规范等相交融与协调。培训方式以学院自主培训为主、以学校集中培训为辅，每学年开学初各学院认真组织新研究生导师培训会，把研究生导师岗前培训任务落到实处。

东南大学强化研究生导师岗位培训,建立新研究生导师培训和老研究生导师轮训相结合、定期集中培训和不定期专题论坛相结合的培训制度,建立校、院、学科协同的培训交流机制,重点加强对研究生导师岗位职责、师德师风、学术规范、心理健康和指导能力等方面的教育、引导和培训。经常性开展研究生导师工作经验交流活动,在促进研究生导师指导能力和水平提升的同时,切实提升研究生导师在人才培养工作中的使命感、认同感和自觉性。

复旦大学从2018年起,将研究生导师培训与研究生导师上岗挂钩,明确规定只有参加过培训的研究生导师才有上岗资格。针对新教工、新研究生导师,加强岗前培训,强化岗位意识,将师德师风、学术规范等主题列为上岗之前的必修课程。针对在任研究生导师,多途径搭建研究生导师能力提升平台。

沈阳农业大学重视新研究生导师培训,推行新研究生导师岗位培训与考核制度。将学术诚信与道德、研究生导师立德树人职责、先进研究生导师的成功经验等纳入新研究生导师培训内容并进行必要的考核。

燕山大学按照《燕山大学研究生指导教师培训管理办法》(燕大校字〔2017〕41号),针对不同对象,构建形式多样的校院两级研究生导师培训体系。研究生导师培训体系由新增研究生导师岗前培训、学校专题培训和学院常规培训三种类型构成,培训方式包含现场培训和网上培训。

三 研究生教育管理机构调研的经验与启示

本节将前述各地方研究生教育行政部门和研究生培养单位可借鉴性、公认度高的具体做法进行总结,提炼出具有规律性的经验,辅之以典型事例与条款增强说服力,以提高对新时代研究生导师立德树人关键问题的认识与理解程度。

(一)多元化多角度评价研究生导师与健全反馈机制

对研究生导师进行公平、公正、公开的育人评价是激活研究生导师立德树人内生动力的有效方式,对其育人评价须考虑从多方面、多角度、全面进行，以确保育人评价结果的客观公正。

1. 多元化测评研究生导师立德树人履职情况

立德树人是系统地育己育人的教育过程。研究生导师要实现教育者先受教育，先对自身立德，通过言传身教修德、养德，才能教育好人才。组织、执行、评价等操作环节也是对研究生导师立德树人评价、考核不可或缺的重要内容。研究生导师是高校教师的一种身份，是工作岗位，具有研究生导师资格的教师往往都还承担着高校内其他教育任务，所以，对研究生导师立德树人的履职情况要进行全面且客观的考评。

各地方研究生教育行政部门对此提出了具体要求，各研究生培养单位纷纷采取了可操作性强的方式。如广西壮族自治区在《关于深化我区研究生教育改革进一步提高研究生教育质量的意见》（桂教规范〔2015〕7号）中就已改变单一以科研为导向的研究生导师评价机制，把对研究生的学业指导、思想政治教育、学术道德教育和学术训练等内容均纳入研究生导师评价体系，并鼓励研究生参与对研究生导师人才培养工作的评价。建立分自治区和学校两级研究生导师培训体系。此外，要求各培养单位建立健全研究生导师遴选考核制度，并在研究生导师的选拔、考核、培训和淘汰等方面设立具体的指标要求，努力建设一支造诣精深、德学双馨的研究生导师队伍。

江苏大学在每届研究生毕业时都会组织对研究生导师的评价工作。评价工作由党委研究生工作部、研究生院组织实施。研究生离校前登陆"江苏大学研究生管理信息系统"，按照研究生导师立德树人职责的相关内容对研究生导师进行无记名评分。对研究生评分前1%和后1%的研究生导师，研工部和研究生院组织教育督导采取个别访谈、座谈、走访学院等多种方式进行综合评价，收集相关工作经验或提出改进建议。评价工作结束后，研工部和研究生院将评价结果及时反馈给各相关学院，学院根据评价结果及时总结经验和改进措施，并督促实施。沈阳农业大学关于研究生导师考核的工作由研究生院和党委教师工作部共同负责，采取定性与定量考核相结合的方式，综合考量学术委员会评价、教学督导评价、研究生评价和研究生导师自我评价的内容，进行权衡评定。

2. 主动服务提高研究生导师评价反馈有效性

在高校中，研究生教育管理部门是直接服务研究生导师和研究生的行政管理部门，应与人事部门、教师工作部、各学院和各系部等各级管理部门联合协作、共同发力，有效激发职能部门和院系部的"中场发动机"作用，合力推进研究生导师立德树人的履行。鼓励研究生培养单位中的各职能部门对研究生导师立德树人工作进行指导和监督，并对研究生导师履行立德树人职责的情况进行全面反馈。

硬性要求和软性管理相得益彰。工作中本着对研究生导师的要求与对研究生导师的服务相结合的原则，把严格要求与主动服务相结合，提供适合研究生导师的服务，可以实现更理想的管理效果。如复旦大学研究生院专门设立研究生导师服务中心，具有组织导师交流活动、接受导师日常咨询、调解师生矛盾等多重功能，搭建起了不同学科导师、导师与研究生、导师与管理部门之间有效沟通交流平台。研究生导师服务中心自成立以来，组织了十多场"导师沙龙"活动，深受广大研究生导师的好评。

加强对研究生导师的人文关怀和心理疏导，坚持疏管结合的工作方式。以往制定制度的焦点多集中在教育对象身上，常常可能忽视对教育者的关爱。广西壮族自治区研究生培养单位注重对研究生导师进行心理疏导，积极倾听研究生导师意见，针对研究生导师提出的意见和建议及时进行上传下达、沟通交流，营造宽松的工作氛围，旨在进一步提升研究生导师的工作满意度。

(二) 将研究生导师立德树人职责纳入师德考核内容

各研究生培养单位分别将研究生导师立德树人的职责与研究生导师师德考核相结合，还制定了考核标准，将失德失范行为与考核和评价联系起来。西南财经大学在《西南财经大学全面落实研究生导师立德树人职责的实施细则》第七条中规定：根据《西南财经大学关于建立健全高校师德建设长效机制的实施办法》的要求，从研究生导师队伍管理的角度，把研究生导师立德树人职责履职情况纳入研究生导师师德考核内容。对有违反师德行为的，实行师德"一票否决制"，并依法依规给予相应处理。此外，从审核当年招生资格的角度，学位分委员会每年在审核招生资格时，综合考评研究生导师立德树人职责履职情况、研究生人才培养质量以及教学科研情况，凡是通过审核的研究生导师，才具备当年招生资格。

黑龙江省教育厅专门出台了《高校教师师德失范行为处理办法》。云南省在《关于全面落实研究生导师立德树人职责的实施意见》中除出台和完善相关规章制度外，还要求在全省范围内推行师德考核负面清单制度，建立研究生导师个人信用记录，同时完善研究生导师的诚信承诺和失信惩戒机制。又如山东师范大学每年对研究生导师立德树人职责履职情况进行考核，还将考核结果纳入了教学督导、年度考核、聘期考核以及各类评优评先活动。由此可见，针对研究生导师立德树人职责履职情况，以上单位的做法相似，均与师德挂钩。

（三）将研究生导师立德树人职责纳入人事评定制度

研究生导师立德树人的考核方式逐渐由单一向综合的方式转变。之前对研究生导师的考核往往局限于由研究生教育主管部门，如研究生院或研究生工作部（处）直接或授权学院对研究生导师进行评价、考核。评价标准往往以研究生导师的科研、学术成果，教学工作量的完成为主要考评导向，忽略了对研究生导师的思想政治育人效果和成效等立德树人效果的考评。研究各地研究生培养单位新制定的实施细则，不难看出各培养单位基本已改变了以上考评的方式，纷纷把立德树人职责纳入对研究生导师及教育教学过程考核的方方面面。

1. 把立德树人职责与各项考评挂钩

研究生导师是岗位名称，胜任研究生导师岗位的教师往往需要承担高校的其他教学、科研任务。所以，对研究生导师立德树人的职责应从研究生导师承担育人工作整体的视角去衡量、评价，只有这样，才能更全面地说明问题，从具体操作的角度来说也易于实现。

各地方研究生教育行政部门和研究生培养单位的通用做法是重视对研究生导师立德树人职责落实情况的评价工作，以最大程度地发挥出这项考核评价工作的鉴定、引导、激励和教育功能。通常把研究生导师立德树人的成效纳入人事年度考核、研究生导师遴选、教学评估、学科评估指标体系。将研究生导师立德树人的考评结果作为人才引进、职称评定、职务晋升、绩效分配、评优评先等工作的重要依据,还有的培养单位纳入了绩效分配、次年的研究生招生指标分配。沈阳农业大学设定了研究生导师立德树人的考核期限和考核阶段为每年年底考核一次。山东师范大学对立德树人优秀的研究生导师在各类研究生教育教改项目立项、各类研究生教育评奖中,同等条件下可优先推荐。西南民族大学专门成立了研究生导师立德树人工作领导小组,通过完善现有"研究生指导教师遴选及管理办法""研究生指导教师招生人数的规定""师德师风建设实施细则""教职工年度考核办法"等文件条款,建立或完善了相应的规章制度。

2. 明确立德树人职责的量化考核点

很多研究生培养单位细化并量化了立德树人职责的考核点,规定了研究生导师指导研究生或毕业论文的次数,有的将研究生导师指导次数和时间也列为考核的基本内容。比如,沈阳农业大学要求研究生导师定期找研究生谈话,课程阶段每月至少1次,论文阶段每月至少3次。其目的是了解研究生的课程学习和课题工作进展情况,帮助研究生解决在学习、研究和生活中遇到的难题。再如,天津职业技术师范大学规定研究生导师在研究生学位论文选题与撰写期间,对研究生的指导与交流每周不少于1次(每次不少于2.5小时);2个及以上相近研究方向的研究生同导师一起交流研讨,每月不少于1次。

为保证研究生的培养质量,有些研究生培养单位对研究生导师指导研究生参加学术、实践活动有明确的规定要求,要求研究生导师保证研究生参加学术活动的次数和层次。比如,沈阳农业大学要求研究生导师(组)支持研究生参加社会实践和国内外学术交流。研究生导师(组)应坚持参加每周一次的研究生学术讨论活动(以下称组会),积极为研究生参加社会实践和国内外学术交流活动搭建平台、提供机会、保障经费,原则上研究生在学期间至少参加2~3次国内外学术会议(原则上博士研究生应至少到国外参加一次学术活动),切实提高研究生的学术交流能力。

（四）实施研究生导师队伍动态管理常态化运行机制

对研究生导师进行有效管理是进行研究生导师队伍建设的重要手段。研究生导师是高级教师中的一类群体，是一种身份、一个岗位，进入新时代后，各研究生培养单位对研究生导师的管理正在发生着转变。

1. 从制度层面破除研究生导师资格终身制

我国的研究生教育较西方发达国家起步晚，中途还停滞了多年，所以对于研究生导师的管理往往以鼓励、维持为原则，大多数高校鼓励教师获得研究生导师资格，却不轻易取消研究生导师资格。通过加强对研究生导师的管理，各地方研究生教育行政部门、研究生培养单位的有益实践，越来越体会到打破"研究生导师终身制"是激活研究生导师队伍活力的"一池春水"。随着研究生教育的发展，研究生导师队伍在不断壮大，盘活研究生导师队伍结构，保持研究生导师队伍的生机，是研究生教育内涵式发展、提高研究生人才培养质量的有效措施。

如河北省2014年就提出要健全研究生导师责权机制，改革研究生导师资格评定制度，通过加强研究生导师的招生资格年审方式，建立动态研究生导师管理制度。相关文件规定，根据年度招生需要，综合考虑学科特点、师德表现、学术水平、科研任务和培养质量，确定招生导师及其指导研究生限额，防止导师资格终身制，变身份管理为岗位管理。广西壮族自治区从2015年起就已改变单独评定研究生导师资格的做法，并强化与招生培养紧密衔接的岗位意识，取消了"研究生导师终身制"。2018年7月，山东省教育厅发布《关于加强和改进研究生导师队伍管理的意见》，提出在落实动态管理工作中实行评聘分离的动态管理制度。建立研究生导师资格年度审核制，变"资格管理"或"身份管理"为"岗位管理"。2019年7月，天津市教委出台《关于加强学术学位研究生教育工作的指导意见》，要求建立研究生导师岗位年审制度，坚决打破"研究生导师终身制"。

湖南理工学院的方式比较特别，其根据该校实际情况，推行研究生导师动态管理制度。各二级培养单位成立由党总支书记负责，二级培养单位党政领导、学位点负责人和相关管理人员参加的师德建设领导小组，二级培养单位负责本单位教师职业道德建设工作。

2. 在综合测评基础上限定招生数量

从招生数量上对立德树人职责履行好的研究生导师进行倾斜，反之则会加以限定，这是落实研究生导师立德树人的通用方式，也是各地的普遍做法。研究生导师立德树人的要求与落实要贯彻在研究生导师的思想观念中，对绝大多数的研究生导师来讲，落实立德树人的使命和任务早已融入教书育人的过程之中。目前用招生指标奖优罚劣的方式也具有普遍性，一方面对研究生导师评价、考核的结果进行反馈，能有效地"反哺"立德树人；另一方面可以选树典型，激励在立德树人方面做得突出的研究生导师，突出辐射带动作用。

云南省的做法是规定省属各研究生培养单位当年根据研究生招生增长幅度、年度招生需要等，综合考虑研究生导师包括师德、人才培养质量等在内的各类情况，科学合理地确定研究生导师招生数量。山东师范大学的做法是对立德树人考核优秀的研究生导师可免于下一年度硕士生招生资格审核，并在硕士生招生计划分配中予以倾斜。沈阳农业大学在《研究生导师立德树人管理办法》（沈农大研究〔2018〕3号）中把研究生导师立德树人的考核结果与不同层次、不同类别的研究生导师的招生方向和招生数量相挂钩，进行了明确而详细的规定，细化到研究方向，便于操作执行。

3. 认定取消研究生导师资格行为规范程序

相较以往，教师一旦具备了研究生导师资格，绝大多数高校的做法是由其自由发展，有时为了增加学校的研究生导师数量而忽略研究生导师资格的评定，即使多年没有研究生可带的研究生导师的名字仍能赫然在册。还有些高校的研究生生源充足，个别学科研究生导师数量稀缺，所以具有研究生导师资格的研究生导师每年都招生，即使研究生导师本身存在瑕疵也很难取消其招生资格或研究生导师资格。

由于缺少制度的依托，以往对研究生导师资格的管理就会存在漏洞。通过落实教育部关于研究生导师立德树人职责的文件，很多研究生培养单位弥补了之前对研究生导师资格管理方面的缺陷，纷纷在实施细则中明确了取消研究生导师资格的种种情形。这不但能起到对研究生导师的教育警示作用，而且很多高校都会加上类似"其他违反相关规定行为的"条款，一旦出现规定之外的问题行为时，也可通过程序，及时依规处理。如广西壮族自治区要求对研究生导师未履行立德树人职责的行为，情节较轻的，由研究生培养单位会同研究生导师所在单位负责人对其进行约谈；情节较重的，限制研究生导师招生人数或停招研究生1~3年，3年内不得担任学位委员会委员；情节特别严重的，取消研究生导师资格，并依照法律、法规给予相应处理，并列举了10条问题行为，一旦出现，则师德考核不合格，并依法依规分别给予相应处分，实行师德"一票否决制"。

江苏大学的相关规定是被反映存在以下情况的研究生导师，经查实后认定其为评价不合格，情节特别严重并引发社会舆情事件的，取消其研究生导师资格，并依据国家法律法规和学校有关规定予以处理：（一）有违背党的路线方针政策的言行，讲授违反国家法律法规或社会伦理的内容，传播宗教，或发表有损学校声誉形象的负面、消极言论的；（二）违反有关规定克扣研究生相关费用的；（三）违反学校规定，让研究生承担不合理的相关费用的；（四）索要、收受研究生及家长的现金、礼金、有价证券、支付凭证等财物的；（五）其他违反相关规定行为的。

再如山东师范大学规定了类似七种行为，研究生导师只要存在所列情况，视情节轻重，分别给予诫勉谈话、通报批评、暂停招生资格、取消研究生导师资格或纪律处分等处理。被取消研究生导师资格者，3年内不得重新申请。纪律处分按照学校相关规定执行。

沈阳农业大学的规定仍然比较详细，一目了然，很有借鉴价值。该校将研究生导师在聘期的考核结果分成A、B、C三个级别，进行阶梯式设定。C级是最低级，如果获得C级达到一定年限或所指导的研究生出现学术不端者当年停止招生。凡是被停止招生的研究生导师在此后规定的期限如若再出现C级，则就会被解除聘任，并取消研究生导师资格，如若在此后规定的年限内能够获得A级或B级，则可恢复招生资格。如此这般依次进行设定，鼓励研究生导师争取考核结果为优，针对偶有失误的研究生导师，既给了研究生导师再次争取的机会，又给研究生导师指明了努力的目标和方向，是典型的奖励与惩罚并行的管理方式。

四　对研究生教育管理机构实证调研的思考

各级研究生教育管理机构落实研究生导师立德树人的实际做法各有千秋，虽然在落实立德树人职责、重视研究生导师师德建设方面均出台了各方面的管理措施，也取得了一些成效，但仍有进一步优化的空间。在目前已有的管理办法中，从管理主体角度考虑的较多，而从研究生导师主体角度考虑的相对不多。研究生导师立德树人对受教育者因材施教，对作为教育主体的研究生导师也同样需要因人而异地进行有效管理和引导。多从研究生导师实际情况的角度出发制定制度，并采取相应管理措施提高研究生导师对研究生导师队伍管理理念的认可度与认同感，建立健全激励机制和奖惩体制，将管理制度转化为研究生导师的自觉行动，以实现更为理想的育人效果。

（一）兼顾导师个体差异因素，精准施策

研究生导师队伍建设整体水平提高的前提是每一位研究生导师能力、素质的不断增强。每位研究生导师都有各自的育人特点，但管理制度却是相对固定的，管理制度的适用性与研究生导师工作执行力的贴合度越高，越能调动研究生导师的育人工作积极性，也就越能提高育人效果。所以应在保证管理制度执行严肃性的同时兼顾管理的人性化因素，尽可能地提高管理制度的可行性与针对性，更加贴合研究生导师的实际情况。另外，适当提高研究生导师的待遇水平也可促进研究生导师立德树人的积极性和主动性，使育人工作变被动为主动。

研究生导师的个体差异因素主要指研究生导师的年龄、资历、专业等因素。研究生导师队伍的组成成分多样化，其由不同年龄阶段、不同资历的研究生导师组成，形成老中青研究生导师的建设梯队是较为常见也是较为理想的。院士导师与新晋的年轻导师、已经退休的资深导师和青年导师等都可能会同时出现在研究生导师队伍建设的构成中。针对研究生导师间存在的个体差异，如果在权衡研究生导师工作时采用同一标准、"一刀切"的管理考核制度显然不合理，制订"因师而异"的管理考核办法会更为合理和有效。如限定一个合理的范围，在执行之中把握好度，一定范围之内根据研究生导师的具体情况，如研究生导师的职称、资历等因素进行灵活调整，尽可能地

照顾到各类研究生导师群体的特殊性。此外，根据不同的专业间出台更为细化的制度落实标准，特别是在研究生导师所涉及各个专业的量性要求上，合理地考虑各专业间的差异性。在同一专业内部区别研究生导师的年龄与资历等个体差异因素，实施差异化、人性化的考核要求和管理，会使得考评管理制度更"接地气"，对研究生导师的立德树人评价也将更为合理，这样也能在更大程度上激发研究生导师立德树人工作的积极性和主动性。

（二）把握德的考核评价力度，科学运行

德是一个抽象的概念且内涵丰富，各种行为都能与道德相联系。目前，无论是针对研究生导师还是从研究生的角度衡量立德树人的成效，都会发现对于德的考评多少可能会存在落而不实的问题。德作为完善考核体系的内容稍显空洞，比如目前针对研究生导师的师德比较通用的做法是发布对育人行为的"不准""不要"类限制性规定，或者直接列出违反师德的行为表现，所有教育单位都会要求执行师德"一票否决制"等。这些否定性的规定条款固然能起到一定的警示与震慑作用，但是所制定的制度如果过于简单、强硬和呆板，则会导致在实际操作、执行的过程中遇到各种形式的应对阻力和消极对策，可能会发生凡是出现问题的行为都会与之联系，而从中去寻找处罚依据。所以考核评价的准确性与把握程度是否过严或一味地向道德或师德方面上靠拢都会有失考评管理的全面性和客观公正性。

从我国各个朝代关于德治的做法中不难看出，在国家治理层面，仅靠德治的管理，其威慑作用明显不够，需要辅之以法治并把握好二者之间的关联度。具体涉及研究生导师的管理时，仅通过硬性规定要求，如规定不允许的行为、禁止的行为等限制性规定则相对片面。为扭转这样的局面应兼顾考虑相对柔性的道德管理方式，将关于师德的管理规范自然而然地内化于研究生导师的日常教育教学行为之中。实践证明，德法兼治的考评管理模式比较理想，也会更容易让被管理者接受和采纳。因此，继续完善对研究生导师立德树人中德的管理方式以及考评力度应作为今后研究生导师立德树人工作考评管理制度建设的内容之一。

（三）注重管理与疏导相结合，服务到位

研究生导师立德树人工作不是仅靠政策约束就能见到实效的，而是要充分考虑政策执行的可行性与精准性，辅之以必要的人性化管理方式。目前发布的政策中要求的内容较多，多从管理者便于管理、易于见效的角度出发，注重管理的因素较多而考虑教育主体即研究生导师的程度稍显不足。增强研究生导师队伍的管理治理能力应是全方位的、具体化的，所以，需要在对研究生导师立德树人严格管理的同时考虑对被管理对象即研究生导师进行有效的思想培训与引导，拉近管理制度的决策者和执行者之间的距离，才能更大限度地提高政策执行力。

制定制度和高效执行都是为管理服务的，而管理是为解决问题服务的，对问题既要管又要理，疏导就是理。研究生导师立德树人工作的主导者是研究生导师。为了使研究生导师的目标导向更加明确，首先，需要通过各种管理服务方式，尽可能地让研究生导师理解并消化管理规定的内容，充分领会制度制定者的意图。在取得认同并达成共识的前提下，研究生导师的执行力才会更强，也会自主地将制度条款渗透在立德树人的育人过程之中，管理效果也能更加显现。其次，在非原则问题上尽可能地留有可以弥补或通融的制度弹性空间，使得管理层通过正向的引导，既能使研究生导师加深对政策制度的理解程度，又能高效化解产生的一般性矛盾问题。最后，采用各种管理方式与一线研究生导师多交流沟通、给予人文关怀等都可以缓解和释放研究生导师的压力。注重倾听研究生导师在制度执行过程中的感受、反馈，征求研究生导师对制度制定的建设性意见等都是提高服务新时代研究生导师立德树人管理能力的有效手段。

此外，研究生教育管理者为研究生导师服务还应体现在逐步健全和完善研究生导师立德树人激励机制上。研究生导师在立德树人过程中消耗了自己大量的时间和精力，研究生导师的辛勤付出很难用量化的指标来度量。比如通过适时适当地提高研究生导师的津贴水平或以其他物质激励的方式提升研究生导师立德树人的积极性和主动性，同时也是管理服务、有效疏导的必要补充，而且有个别研究生培养单位已采取相应措施并取得了较为理想的激励效果。

第三节 研究生导师立德树人效果的深度调研

研究生导师和研究生是研究生导师立德树人工作中的主、客体。由于研究生教育的特殊性,研究生导师和研究生作为主、客体双方是相互依存、相互促进的关系,二者之间可以实现相互转化,以促进师生间增进了解、相互取长补短,达到教学相长的育人、自育目标。分别对研究生导师和研究生开展深度访谈式的实证调研,从第一手调研资料中展开分析、研究,有利于掌握研究生导师立德树人相关政策的具体落实情况和一线研究生导师立德树人工作的实际效果,也有利于总结研究生导师立德树人工作中的经验、吸取研究生导师立德树人工作中的教训。丰富研究生导师立德树人实证研究内容,为建立健全新时代研究生导师立德树人工作管理机制提供实证依据。

一 深度访谈基础工作分析

借助科学的调研方法进行深度访谈,能够走入访谈对象的内心深处、倾听走访对象的心声、掌握研究生导师立德树人的实际做法和现实效果,更能够了解到教育双方对立德树人的真实想法、认可程度、存在问题等内容。

(一) 运用实证研究方法开展调研

本书运用质的研究方法开展关于研究生导师立德树人效果的深度访谈研究。质的研究方法是社会科学研究的一种研究方法,也是实证研究中常用的研究方法之一。质的研究方法是指以研究者本人作为研究工具、在自然情境下采用多种资料收集方法对全社会现象进行整体性探究,使用归纳法分析资料和形成理论,通过与研究对象互动对其行为和意义建构获得解释性理解的一种活动。[①] 质的研究适合于动态性研究,研究生导师立德树人工作是动态性的育人过程。本书通过深入新时代研究生导师立德树人工作的现实情境,从研究生教育主体(研究生导师)和教育对象(研究生)中选取具有代表

---

① 陈向明:《教师如何作质的研究》,教育科学出版社,2001。

性的个体，开展直接、深入、细致的沟通交流，从微观和深层次视角对研究生导师立德树人育人过程进行深入细致的描述与分析。有助于透过现象看到本质，了解研究生导师立德树人和研究生接受立德树人的发展、变化过程。再经过系统地收集和分析资料，以归纳的方式自下而上地分析研究生导师立德树人真实现状，将详细的动态描述与相关的分析总结和经验概括相结合，以把握研究生导师立德树人的育人脉络，探究深层次原因，使得研究结果更具有准备性和针对性，体现出质的研究的现实意义。

本书在调研开始之前没有理论假设或设置引导，所有调研资料都是通过长时间地对被访者进行跟踪调查，并保持良好的调研关系，通过直接交流而获得的第一手实际资料和原始案例。而后再对这些原始资料进行概括、提炼、归纳和整理，反映出所处的社会环境中研究生导师立德树人的实际状况和存在的问题。本书的研究特点是依据部分对整体开展研究，是一个不断演化的调研过程，研究者置身于研究生导师立德树人的现实情境中，目的是更透彻地了解被访者的思想、价值观念和意识形态等，从而理解被访者的行为和对周围环境的影响，增进对被访者具体的外显行为的认识，获取到直接材料，使得本实证研究结果更具有调研深度和现实的参考价值。本书的结论不做定论，而是当代研究生导师立德树人实践过程的真实呈现。质的研究适用于研究生导师立德树人工作的研究，但也存在研究方法方面的不足。与量性指标研究相比，本书针对深度访谈内容的调研实现了更为立体化的呈现，访谈所涉及的研究生培养单位和学科覆盖面已尽可能比较广泛，但访谈对象的数量很难与量性研究相匹配，这也正是两种研究方法可以实现互补的地方。

（二）深度访谈工作进展情况说明

研究生导师立德树人的实践过程是研究生导师与研究生双向互动的育人过程，此次调研主要以深度系列访谈的形式分别对研究生导师和研究生针对新时代研究生导师立德树人的具体实施情况进行深入交流与沟通。总体上看，此次调研成效显著，达到了预期目标。首先，对访谈问题可根据访谈的实际情况不断深入，有助于深度交流的开展和更深层次问题的挖掘，以期达到更为理想的访谈效果；其次，系列访谈的内容为开放性问题，以访谈大纲为基础，属半结构式深度访谈，事先设定的问题仅是参考提纲，由访谈对象讲述亲身经历和感受，根据每个访谈对象的不同描述和交流，视个别状况随机调整访谈内容及形式问题提问；最后，访谈对象对此次研究生导师立德树人的研究都很感兴趣，认为此项研究很有必要，也愿意参与类似的访谈活动，更愿意分享亲身经历，为此次实证研究提供了真实而又详尽的立德树人教育过程的丰富素材。其间，每位访谈对象的访谈时间长短有别，根据访谈内容以及所谈立德树人问题的复杂程度而定。总体上讲，本次研究生导师的访谈时间比研究生的要久，因为研究生导师占有立德树人的主动权，是施教主体，在立德树人教育经历中的感悟也会更深刻、更透彻。博士研究生导师比硕士研究生导师的阅历相对丰富，角度更为全面。而作为对施教客体的研究生来说，其访谈和交流的心声也很重要，其所涉及立德树人方面存在的问题与对研究生导师的访谈内容互为补充，完善了实证研究中主客体之间的互动研究。

在此次立德树人深度系列访谈过程中笔者也遇到了部分问题。有 1～2 个在读研究生对个别敏感的问题，不愿意谈得很深入，可能是出于对研究生导师的做法不想或不敢过多地评论。尽管已承诺对访谈内容保密，但个别研究生仍存有顾虑，存在对少数问题含糊其辞的情况。而任职时间短的研究生导师在立德树人方面谈及的问题比较少，博士研究生导师访谈的内容比硕士研究生导师谈得更全面。当然，这些仅为访谈个案现象，不影响绝大多数被访者参与系列访谈的整体效果。另外，此次深度系列访谈的目的之一是请在一线工作的研究生导师和研究生反映出立德树人工作的真实情况，研究生导师和研究生提到的相关考核管理办法、方式虽然常规但都是研究生导师与研究生们认为可行的、奏效的。深度系列访谈的后期制作又将所有访谈内容进行了文字归纳、整理，归整后的访谈内容又发回被访者进行了二次确认。因此，本调研的系列访谈内容和结论均具有一定的说服力和可信度，是针对当下研究生导师立德树人实际工作的真实呈现和动态描述，也是一种探索性研究。系列访谈的结果分析具有一定的参考价值和指导意义。

二 对研究生导师访谈的分析

各学科研究生导师在参与立德树人深度系列访谈过程中，在访谈录的字里行间都表达出对立德树人工作的热爱、执着与追求。尽管分属不同的学科，但是每个学科的研究生导师都能结合其所学，用不同的专业理念去理解和践行立德树人工作。另外，针对 20 世纪 90 年代以后出生的研究生心理年龄比上一代研究生小的特点，研究生导师们也都表达了在工作中尽可能地考虑到新时代研究生的个性，在给予研究生更多关爱与教育的同时，认真履行立德树人的职责。

（一）立德树人是研究生导师的普遍共识

被访的研究生导师对立德树人工作都很重视，对立德树人也都有着深刻的理解。他们普遍认为立德树人不仅是为师也是育人的重要工作，作为研究生导师更要把握好立德树人工作的价值引领性，自身先要明道、信道，再进行布道、传道，这样才能真正将立德树人根本任务落到实处。大部分研究生导师认为，研究生导师在育德育心教育过程中进行知识创新与传播是通过科研能力培养的具有高强度脑力劳动的创造性工作，所以研究生导师的立德树人工作是需要花费时间和精力的细水长流的践行过程。

首先，被访研究生导师普遍对立德树人工作的重要性具有共识。有的研究生导师从研究生入学起就开始渗透立德树人的教育理念。来自某大学的计算机科学与技术一级学科的博士生研导师在访谈中认为：研究生导师作为研究生科研工作的领路人，对于培养研究生实事求是、诚信做事的品德具有非常重要的作用。其他高校的研究生导师被访谈时也有同感，一位地理学学科的学术型硕士研究生导师在访谈中表示研究生在攻读学位期间，研究生导师是其接触最多、影响最大的人。研究生导师对研究生的价值取向、学术思维、学术能力以及相关的学术道德规范等的影响都很大，尤其是对研究生从事学术研究的价值认知、学术规范等方面的影响最为直接、最为重要。另一所大学新闻传播学的专业型硕士研究生导师在访谈时认为研究生导师是学科落实立德树人的主体，这对研究生树立学习目标、人生理想，遵守学术规范，确立良好的师生关系等都具有重要意义。

其次，被访研究生导师认为立德树人不仅对研究生有益，对研究生导师自身也很有益，它是利国利民的教育方式。正如一位新闻与传播学科研究生导师在访谈时所说：对研究生进行立德树人的教育是至关重要的，是很有必要的，也是极其重要的。这不仅体现为对研究生的成长成才很重要，对研究生导师的师德师风建设也很重要，对国家的未来发展更为重要。一位计算机应用技术二级学科的研究生导师特别提出立德是树人的基础，若不立德，则研究生的创造性和能力不能完全得到发挥，其智力和才干也不能得到充分发挥，这对研究生个人和整个社会都会带来损失。教育学学科的研究生导师在访谈中明确表示教育专业培养的人，今后将从事塑造灵魂、塑造生命、塑造人的教育工作，所以在研究生培养过程中落实立德树人的根本任务比其他学科更为重要和关键。管理学学科的研究生导师认为立德树人主要体现在对研究生未来参加工作、走向社会之后。一方面，研究生能够正确地面对工作和生活；另一方面，能做一个对社会有贡献的人，能够时时以正能量示人。马克思主义理论学科的研究生导师表示：好的研究生导师不仅对所指导的研究生在校期间负责，更是应该为研究生的终身发展负责，对研究生产生长期的、连续的正面影响，成为研究生一生取之不尽、用之不竭的成长力量。

再次，被访研究生导师还认为立德树人是研究生导师与研究生共同成长的过程。金融学科的研究生导师表示研究生导师立德树人最主要的是提高自身的认识，在落实立德树人根本任务中让教育者先受教育。一位担任计算机科学与技术学科负责人的研究生导师在立德树人的过程中追求的是研究生导师和研究生平等交流、严中有爱、教书育人、合作双赢的育人效果。同学科的另一位研究生导师分享了自己的具体做法："比如我在要求研究生读文献的同时，我也会读文献，可以给研究生进行充分的指导；定期给研究生开组会，提高研究生的理论与实践的创新能力。研究生完成的论文，作为研究生导师非常认真地修改并指导，研究生会收获很多；同时会带领研究生参加学术会议，让他们见世面，了解学术前沿理论。总之，凡要求研究生做到的，研究生导师必须先做到，才能言传身教。研究生导师自身在立德树人过程中也会收获颇丰。"地理学学科的研究生导师分享了在自身言传身教、潜移默化育人的基础上，有意识地加强对研究生的价值观和学术规范以及社会公德心的引导和养成，并表示自己也会从中受益。

最后，有部分研究生导师认为在立德树人过程中要能耐得住性子，踏踏实实教书育人。立德树人是慢工出细活儿的育人工作，有时哪怕是从很小的一件事中所体现出来的道理，研究生导师都会有针对性地反复讲解、反复提醒、反复强调，即便如此，有的研究生都不见得能及时理解与领悟。好几位研究生导师在访谈时都谈到了这一点，得不厌其烦地一遍遍矫正，还不能心急，不能灌输。一位研究生导师谈到立德树人的观念内化问题时说道，由于研究生的个体资质不同，他遇到过一个研究生，别人一遍就讲通了的事，他却怎么都听不明白，遇到此类研究生不但不能着急，还得反复地、触类旁通地指点他，他才能理解。研究生导师的教学与科研任务那么多，有的时候确实会因个别研究生而付出更多的时间和精力。不仅会有因为立德树人工作而耽误其他工作的情况，而且还会有不被别人理解的时候，更会有失落与伤感的时候，多少都会产生受打击的低落情绪。因为研究生导师也是人，但在研究生面前还要表现得有爱心和责任感、坚定且自信、乐观且开朗等。然而立德树人的过程如同培育小树苗，不一定总赶上风和日丽，也会有风雨交加的时候。这就是立德树人教育的潜隐性，每个教育对象的表现都会不同，立竿见影的效果自然会让研究生导师欣慰和感怀，然而经年累月的付出却很难见到成效的案例也不在少数。这可能就是研究生导师在事业发展中遇到的瓶颈发展期，绝大多数研究生导师不会因此而产生挫败感，影响到立德树人的积极性，研究生导师会选择进行自我心理调整，尽快去克服、战胜畏难情绪，化解立德树人过程中的育人难题，等待开花结果那一刻的到来。

（二）不同学科导师立德树人的方式各异

研究生导师立德树人对研究生的作用和影响将伴随研究生成长成才的始终。研究生导师在立德树人过程当中的做法对保障立德树人持续性作用的发挥有着重要的推动作用。就像教育学学科的研究生导师在访谈中谈及立德树人的具体做法时，代表了很多研究生导师立德树人的观点：研究生导师对研究生进行立德树人教育的时候，不是强制地灌输，而是潜移默化、润物无声地去影响、陶冶、培育和关爱研究生，让研究生在学业成绩、科学研究、服务国家和社会等方面不断成就自己，奉献社会和祖国。

世界上没有两片相同的树叶。在不同的学科领域，人们认识事物的角度不同，学科门类之间以及学科门类内部的专业跨度都很大，学科知识背景的差异明显。不同学科背景的研究生导师对立德树人的理解和把握程度肯定存在差异，立德树人的具体做法也会不尽相同。研究生人才培养是专业教育，立德树人是提升研究生综合素质的过程。立德树人工作没有一定之规，新时代研究生导师立德树人的教育过程也具有教育的个体差异性和深远性影响，需要研究生导师立足学科基础和研究范式，因势利导地潜心育德、育心，在立德树人中体现学科的学术特色。不同学科的研究生导师把对立德树人的理解与其专业知识进行创新性地融合，产生了意想不到的理想效果，还能将不同学科门类之间的差异在立德树人中发挥出正向影响的创造性效果。比如思想政治教育专业的研究生导师与理工科专业的研究生导师相比，可能会对立德树人内涵的理解程度更深刻，立德树人思想的渗透也会更贴合度更高，更能体现出明显的专业优势。

因此，各学科研究生导师对立德树人的看法与做法会不一而足。一般而言，理工科的研究生导师会将立德树人融进研究生的学术研究中。参与访谈的一位控制科学与工程兼软件工程学科研究生导师认为研究生导师应以身作则，严格要求研究生，把道德规范要求落实到日常学习生活的每一件小事中。马克思主义理论学科的研究生导师会把立德树人融进党的理论、政治方向、理想信念的教育过程中去并践行始终。某位身为教育学学科负责人的研究生导师在访谈期间表示：研究生导师先要对立德树人有正确的看法和态度，每一位研究生导师的初心和使命就是落实立德树人的根本任务，为党和国家培养德才兼备、全面发展的时代新人，还要把研究生导师的初心和使命融入研究生导师们的思想意识中，更要落实到研究生导师们指导研究生教育教学、科研实践的具体行动中。

通过以上访谈笔者了解到各学科研究生导师的立德树人教育各有千秋，

研究生导师普遍认为立德树人更多的是以朴素的育人方式进行教育和影响。马克思主义理论学科研究生导师分享的主要育人途径：一是通过定期谈话进行教育引导；二是切实教会研究生的学习方法和科研方法；三是不定期进行形势与政策教育。新闻传播学学科的研究生导师则认为通过科研项目、导师课和实践课等来实现以上教育目标。数学学科的研究生导师通过"示范＋引导＋指导"（"粗线条"与"精细化"有机结合）的方式达成育人目标。软件工程学科的研究生导师分享的经验是：一要因势利导，仅生硬灌输大道理，研究生一般听不进去，研究生导师讲完研究生也很快忘掉，需要结合研究生关注的问题并以喜闻乐见的形式开展教育；二要因材施教，立德树人教育和教学一样，针对不同条件的研究生，要有针对性的教育，否则不能达到理想的教育效果。

另外，访谈中研究生导师们还分享了各自在自己的学科领域进行立德树人的具体做法。如一所市属高校马克思主义理论学科所在单位建立了研究生导师的微信群，定期发通知；配备教辅人员落实立德树人要求；开展研究生活动，使研究生有集体归属感；建立资料室，为研究生学习提供良好的学习条件；举办系列讲座，扩大学术视野。另一所高校地理学科发放研究生管理文件，开展学术道德规范方面的讲座，配备专门的思想政治工作人员，举办沙龙开展交流，对研究生导师经常性提醒等方式进行落实。某外国语高等学校的博士研究生导师所在的学科将学术诚信与立德树人有机结合，形成研究生导师第一责任人制度，与党支部和研究生辅导员一起推进立德树人根本任务。

总之，以上被访谈的研究生导师均认为对研究生要因势利导，因材施教，不忘初心，牢记使命，灵活运用科学有效的教育方法立德树人，如解决思想问题与解决实际问题相结合的方法。研究生导师要能充分认识到物质利益是人的根本动因，希望早日出学术成果、顺利毕业都是研究生的实际利益，在立德树人的教育过程中，既要指导研究生实现个人利益还不能拔苗助长，要按照事物发展的客观规律，脚踏实地地认真做好每一件事。研究生导师作为研究生的引路人，要能善于发现并积极解决困扰研究生学习、工作、生活中的种种实际问题。比如研究生导师针对每个教育对象的不同情况，渗透社会主义核心价值观的思想，用社会主义核心价值观所体现的精神追求，循序渐进，晓之以理，动之以情，帮助研究生树立清晰、正确的世界观、人生观、价值观，以德服人，引导研究生厘清各方面关系，引导研究生逐步实现自我解决思想问题，顺利完成立德树人的教育过程和目标。

（三）师德是研究生导师立德树人的关键

师德是研究生导师道德素养和职业素质的体现。研究生导师是研究生的榜样，也是一面镜子，研究生导师需要不断地"正衣冠"，把"一个优秀的老师，应该是'经师'和'人师'的统一，既要精于'授业'、'解惑'，更要以'传道'为责任和使命"[1]作为从师信条，时刻注重师德修养。被访的研究生导师均认为研究生导师的师德师风是研究生导师立德树人的重要内容。通过师德建设对立德树人工作起到推动与带动的作用，净化师德、师魂、师风应从每位研究生导师做起，共同创造纯净的立德树人教育环境。

在访谈中，管理学学科的研究生导师认为随着师德建设越来越受到重视，研究生导师们对立德树人的认知也在不断提高。设计学学科的研究生导师认为研究生导师要有良好师德，这对于研究生的德育教育至关重要，身教重于言传。还有的研究生导师分享了其进行师德建设的做法，如数学学科的研究生导师讲述了其所在学科领域严格执行师德"一票否决制"，学科每学期都会定期召开师德建设会，宣传并解读新的政策，以学科评估为契机不断加强研究生导师师德建设工作。一位世界一流学科建设高校计算机科学与技术学科的研究生导师在访谈中明确表示他对立德树人的看法与态度就是贯彻党中央和学校立德树人精神，遵守和支持学校和学科的相关规定。其所在学科不仅将德育和思想政治表现写入研究生毕业和奖学金评比的基本条件，并实行"一票否决制"，也同时将此纳入研究生导师资格和招生遴选中，将师德和思想政治表现设定为首要考核内容。某大学的研究生导师讲述了学校进

---

[1] 习近平：《做党和人民满意的好老师——同北京师范大学师生代表座谈时的讲话》，人民出版社，2014。

行师德制度建设的情况：按照国家和教育部《高等学校教师职业道德规范》等要求，发布了《×××大学教师职业道德规范》《×××大学师德"一票否决制"实施办法》，对研究生导师的师德规范做出了严格要求，切实明确了研究生导师在立德树人方面应起到的作用。

被访的研究生导师对研究生导师队伍建设工作大多有着较高程度的关注，研究生导师们普遍认为对研究生导师队伍建设的管理程度直接关乎研究生导师立德树人的质量。立德树人是久久为功的事业，研究生导师队伍建设需要长久规划，既要考虑学科眼前的发展利益，也要顾及学科长远的发展利益，只有这样，才能让研究生导师队伍建设的影响因素在立德树人中发挥出更大的作用。在研究生培养单位中，研究生导师队伍的数量建设是研究生导师队伍内部结构合理性的前提和基础，先要保证研究生导师队伍数量充足才能有效地进行梯队建设。在加强增量管理的过程中，是否立足长远，是否把学科发展放在社会整体中去衡量，综合考虑研究生导师的学缘、年龄、研究方向等影响因素都是研究生导师队伍建设应重点考虑的内容，也是影响立德树人效果的相关因素。研究生导师队伍质量建设是关键，研究生导师综合素质的提升是影响立德树人效果的重要因素。硬指标建设的增长并不代表研究生导师的师德水平和德育能力等软指标建设会随之同步增长。而且研究生导师自身的道德水平本就存在差异性与多样性，研究生导师的道德水平参差不齐，德育能力和水平也会存在差异。质量建设要充分考虑这些因素，是否根据研究生导师需求和工作需要进行分级分类指导是直接对质量建设效果起作用的重要因素。加强相关规章制度的执行管理也是影响研究生导师队伍建设的保障因素，在研究生导师队伍管理中大刀阔斧地进行改革的力度和态度能够起到有效的作用。不少研究生培养单位在研究生导师队伍建设中，旧有制度的漏洞仍然存在，甚至个别单位还停留在口头上重视，行动上迟缓的层面上。对于管理问题不能一视同仁，"严"不起来，也"硬"不下去，依然存在该放开管的放不开，该管到位的管不到位的问题，造成研究生导师队伍管理制度流于形式。如果研究生导师队伍的动态调整力度不够，研究生导师队伍内部结构仍会不合理，学缘结构也可能会受到影响，这样就很难发挥出学缘结构的优势作用，影响研究生导师立德树人具体工作的实施。

综上所述，师德是为师之本。新时代研究生导师在立德树人中应以正确的道德观念为指导，处处以身作则、为人师表，用有理想信念、有道德情操、有扎实学识、有仁爱之心的"四有"好教师的标准严格要求自己。弘扬优良的师德师风，用高尚的师德爱岗敬业、言传身教、以德育德，全身心地投入塑造有理想、有道德、有本领、有担当的时代新人的工作中去。

三 对研究生访谈的分析

在历次访谈中，被访的研究生对其研究生导师立德树人工作均有一定的认同与共识。从研究生的视角评论新时代研究生导师立德树人工作，能够更加真实地反映出研究生导师立德树人的成效和问题，更加全面地了解研究生导师立德树人工作的实际情况。

（一）研究生导师在治学中的个人品德

品德是本质的表现，研究生导师除了具有教师的共性品德外，还体现着研究生导师特有的品德。被访研究生对心目中理想的研究生导师品德纷纷表达了自己的想法，认为拥有这些品德的研究生导师立德树人的效果会更加理想。

研究生导师为人处事之道，要具有基本的道德素养。一位思想政治教育学科的研究生在描述自己的研究生导师时非常钦佩地说：我的研究生导师为人师表，从来不占小便宜。另一名公共管理学科的研究生对其研究生导师在做项目时表现出来的守时守信印象深刻。由此可见，研究生导师在待人接物时，哪怕是为人处世的小细节，都可能对研究生产生深远的教育意义。此外，被访研究生认为自己的研究生导师平易近人，有亲和力。特别是具有人格魅力的研究生导师在立德树人过程中的育人影响力会更强，效果也会更好。

研究生导师的为师之道，坚持以德立身、立德为先，追求高尚师德，处处能以身作则、率先垂范。虽然研究生导师的师德看不见也摸不着，也没有具体的标准来认定，但研究生对研究生导师师德的共识就是最好的认定标准。研究生导师要能在瞬息万变的时代背景下砥砺前行，对自身师德要求越高的研究生导师越能受到研究生的尊重和效仿。研究生导师的师德表现在敬业爱岗的同时还能用心关爱研究生，有甘为人梯的奉献精神。研究生导师会用师德的软实力去影响和感化研究生，知行合一、不忘初心、牢记使命跟上时代的发展步伐，为国家培养新时代所需的栋梁之材。

研究生导师本着潜心研究、精益求精的上进精神，淡泊名利、踏实肯干的学术精神，不仅要具有专业素养，还应保持对专业的严学作风，恪守学术道德规范，敬畏学术，保持学者的风骨。研究生教育以科学研究为主要特征，培养研究生的科研创新能力是研究生人才培养的重要内容。中国史方向的研究生反馈其研究生导师不仅自己治学严谨，还严格要求研究生引用史料要扎实，确保引用的准确性。此外，研究生导师还要保持着终身学习的态度，以不断接受新知识的治学精神支撑对立德树人事业持之以恒的坚守。

（二）研究生导师立德树人的有效方式

被访研究生们非常认可其研究生导师立德树人的工作，也存在当时因为年轻不理解自己导师，走上工作岗位后回想起研究生导师当年的严格要求才明白是对的情形。为了研究生导师的付出能够真正入脑入心，结合立德树人育人经验，研究生导师应用长远眼光去看待研究生的发展，站在研究生将会成为社会人的视角，开展前瞻性的立德树人教育，多从研究生的角度考虑教育方法和内容才是适合研究生未来发展的更为有效的育人方式。

感化式的教育方式。需要研究生导师言传身教，"以身教者从，以言教者讼"[①]，时刻注意要为研究生立德立行树标杆，用自身的言行做表率，耳濡目染地去感化和改变研究生的价值观，不能一蹴而就，而应循序渐进。通过调研发现，被访的研究生们大都不愿意参加传统陈旧的说教式的立德树人教育活动，即使参加，心里也会产生抵触情绪，达不到理想效果。研究生们普遍希望研究生导师能身体力行地将立德树人的思想、理念悄无声息地融入

---

① （南朝宋）范晔编撰《后汉书》（卷四十一·第五伦），（唐）李贤等注，中华书局，1965。

立德树人工作中,发挥上行下效的作用。在研究生导师与研究生日常教学实践中,用潜移默化、润物无声的教育方式激发研究生的思想火花、完善心智成长、引起研究生的精神共鸣,从而使得立德树人效果得到升华。

启发式的教育方式。被访研究生们大多表示希望在与研究生导师在研讨时无论是批评还是表扬,都能以启发而不是以宣贯的方式引导研究生对某事蕴含的道理进行深入思考。研究生与其他教育阶段的学生相比独立性更强、成熟度更高,而且研究生所处的人生阶段需要完成的事情都很现实,传统灌输式思想教育的方式很难奏效。更为有效的教育方式是给研究生一定的自由思考的空间,引导研究生自发自觉地提高对某事的认识和理解是适合研究生特点的教育方式。赫尔巴特很早就提出"教师在必须确保正在进行的工作能顺利进行下去的范围内,可以给研究生最大限度的自由,这种方式乃是最好的方式"[1]。因此,通过启发引起研究生的思考兴趣,让研究生在拥有相对自由、宽松的环境中自主地展开思考,从而激发出研究生学习的积极性和主动性,是更为有效的教育方式。通过启发式的教育方式,提倡研究生加强自我教育的管理,帮助研究生进行自我教育的自觉性与自发性培养。正如苏联教育家苏霍姆林斯基指出的,"只有能够激发学生去进行自我教育的教育,才是真正的教育。"[2]

共情式的教育方式。共情(empathy)是心理学的概念,又称同理心,是指"理解并进入另一个人的感觉和情绪的能力"[3]。对于新时代研究生导师来讲,共情是指能站在研究生的立场上去感知研究生的心理和情绪状态,拉近与研究生之间的距离,促进师生关系的和谐,有利于开展立德树人工作。被访研究生们都希望得到研究生导师的重视,希望研究生导师除了与研究生一起制订培养计划外,还能在研究生的职业生涯规划方面给予指导;希望研究生导师能多了解研究生的家庭背景、成长经历等;希望研究生导师能从每个人的实际情况出发,与研究生换位思考,尊重研究生的个性,设身处

---

[1] 〔德〕赫尔巴特:《普通教育学 教育学讲授纲要》,李其龙译,浙江教育出版社,2002。
[2] 〔苏联〕B. A. 苏霍姆林斯基:《给教师的建议》,杜殿坤译,教育科学出版社,1984。
[3] Andrew M. Colman, *A Dictionary of Psychology*, Oxford: Oxford University Press, 2003.

地地给研究生最适合的指导与关怀。这种能对研究生的处境感同身受的育人方式是研究生公认的更为有效的立德树人方式。

互动式的教育方式。因为"教学的最终目的在于增进人的幸福,这就意味着教学必须是鼓励并引导师生共同探究与创造的,不管是将教学视为知识传递的过程,能力发展的过程,抑或交往的过程"[①]。因此,研究生导师在立德树人过程中适当地增加研究生导师和研究生之间的互动,正如前述约访的一位研究生导师所说,与研究生共同研读文献、共同做实验、共同进行学术交流等。在这样的过程中,研究生导师为了给研究生讲出更多更新的内容而认真探究,不断迸发新的育人火花,而且与研究生处在平等的地位会使教育更有效果。研究生看到研究生导师能与自己同时做一件事时信心会倍增,潜能也会被激发出来。因此,在这种良性的互动下,教育双方会共同受益,实现教育教学的理想状态,这也是更为有效的立德树人方式。

(三) 研究生导师立德树人的影响因素

研究生导师立德树人工作是持久的育人工程,被访研究生认为目前存在一些影响研究生导师立德树人作用发挥的因素。对影响因素进行分析,将有助于排除和抑制干扰研究生导师立德树人的不利影响,保证立德树人的教育实效。

第一,研究生导师立德树人的形式和方法。研究生导师在立德树人中采用不同的方式方法取得的效果大不一样。"教也者,长善而救其失者也"[②],意思是教书育人应发扬学生的长处,使优秀的方面更优秀,用长处补救学生的短处,从而使学生全面发展。立德树人没有统一的方式方法,研究生导师需要针对研究生个体进行个性化方案设计,因材施教,采用最适合每一名教育对象的立德树人方式取得的教育效果才会更加理想。立德树人不一定都是高深的大道理,把大道理细化,再与实际结合后的效果会更好。研究生导师和研究生分别有各自的认识、观念、思想等,在共同参与的客

---

① 刘万海:《德性教学论》,华东师范大学出版社,2009。
② (元) 陈澔注《礼记·学记》,金晓东校点,上海古籍出版社,2016。

观实践活动中，研究生导师应通过科学的育人方式对研究生产生作用和影响，针对每名研究生的不同特点，选择不同的育人内容和方法，开展因材施教、循序渐进式的立德树人工作，从而逐渐改变研究生的行为。

被访研究生表示研究生导师的指导方式多以组会的形式开展，很多研究生导师会在组会的点评中结合每位研究生的具体实例加入立德树人的教育内容，使研究生理解得更加透彻，也更容易接受。另外，一般来讲，研究生导师指导的时间频度与立德树人的效果成正比。正常情况下，在研究生的修业年限内，凡是研究生导师指导频度高的研究生立德树人的成效相对会更显著。另外，被访研究生希望研究生导师使用适合教育对象的方法，能够激发出教育对象的潜能，让教育对象受到更好的教育。例如被访的博士研究生表示课题组和项目组定期组织学术合作研讨、课题汇报、讲评训练，包括接受学术批评等是培养博士研究生行之有效的措施。这不仅能够促进研究生导师、学术梯队和博士研究生之间经验和知识的传承，激励师生在学术团队内形成平等讨论、相互帮扶、相互尊重的良好研究氛围，而且对博士研究生科研能力、道德情操、团队合作精神和健康意识的培养都十分重要。

第二，研究生导师与研究生的师生关系。研究生导师与研究生之间建立起良好的师生关系是开展立德立学的基础，也是研究生导师立德树人的前提。建立良好的师生关系，"师"和"友"在春秋战国时期就已成为一种社会关系，而且提倡师生间教学相长，保持"亲师""乐友"的关系，学生才能会"安其学而亲其师，乐其友而信其道"[1]，信其道才愿受其教。被访的研究生表示除了学业之外的其他事情也都愿意先争求研究生导师的意见，因为研究生导师与研究生之间建立起的师生关系具有特殊性，会比其他类型的师生关系都要亲近，良好的师生关系对研究生的全面成长会起到促进作用。长此以往，研究生导师与研究生之间形成良好的师道传承，会更有助于立德树人工作的开展。

---

[1] 杜明通：《学记考释》，国立四川大学教育研究会，中华民国32年8月。

第三，研究生导师对立德树人的把握程度。通过调研发现，研究生导师对立德树人的把握程度存在差异。研究生导师把立德树人当作事业和信仰的把握程度与立德树人的效果直接相关。在实践中，立德树人工作包含的范围非常广泛，但都会落在具体的事上。被访的研究生普遍反映研究生导师平日工作繁忙，有个别研究生导师花在研究生身上的时间和精力相对较少，这会直接影响研究生导师立德树人的育人效果。立德树人是个良心活儿，逐利还是育德均需要靠研究生导师自行把握。立德树人工作过程的付出不一定都被考核和认定，从中也可能会受到误解和感到委屈，所以在某种程度上都需要研究生导师用平常心去对待，与研究生将心比心，默默耕耘，静待开花结果。

第四，校园和社会立德树人的环境。受访的研究生导师和研究生均认同立德树人对人才培养的重要意义。但立德树人本身仍具有抽象性，只有对其发挥作用的具体方式、产生的效果等不断地进行引导和强化，才能让研究生导师与研究生直观地感悟到立德树人的实际价值，从而加深对立德树人的理解，促进立德树人教育的有效性。立德树人环境氛围的营造可采用线上、线下多种渠道和方式，如宣传政策、学习文件以及树立研究生导师立德树人的优秀典型，还可宣传正面的研究生导师形象和研究生受益的案例。同时也要使用负面典型案例对研究生导师和研究生予以警示，通过反面事例引以为戒；或者加强学术交流，在互动中研讨学术及价值取向等问题，增强对立德树人的理解与认识，营造浓郁的立德树人的氛围。

第五章
新时代研究生导师立德树人现状分析

研究生导师在研究生人才培养中一直秉承良好的育人理念和教育传统。但随着时代的发展,研究生教育环境、教育对象等均呈现新面貌、新变化,研究生教育形势也体现出跨越式发展的势头。面对社会发展变化的新形势,许多前所未有的研究生教育新情况、新问题可能会不断涌现,这将给新时代研究生导师立德树人工作带来新的机遇与挑战,也将给新时代研究生导师立德树人工作提出新要求。

本章从宏观层面梳理了研究生教育发展过程中与研究生导师立德树人工作相关的数据,选取了其中具有代表性的关键时间段或时间点,分别从横向和纵向不同的研究方向和角度,分析研究新时代研究生导师立德树人工作所面临的新形势和新趋势。立足研究生导师立德树人教育理念,从微观层面上深入研究生导师立德树人的实际工作,发现影响和制约新时代研究生导师立德树人的关键问题,运用具体问题具体分析的研究方法,针对存在问题的原因进行了深层次剖析。

第一节 研究生教育与导师队伍基本状况

我国研究生教育起始于1918年,时任北京大学校长的蔡元培先生亲自领导组建了文、理、法三科研究所,吸收本科毕业生中成绩殊优者入所深造。1918~1919年,三个研究所共收有研究生148人。[1] 这是我国现代意

---

[1] 胡颂华:《我国研究生教育的起源》,《教育评论》1986年第6期。

上研究生教育的开端。历经百年发展，研究生教育面临着更加严峻的新形势、新任务。新时代研究生导师立德树人工作要在了解过去、熟悉现状、展望未来的基础上，不断认清新形势、把握新要求，充分发挥出更大的育人作用和教育效果。本书通过多方收集目前已公开并与研究生导师立德树人相关的统计数据，用数据和事实说话，通过统计、汇总、制作可视化效果强的图表，直观展示研究生导师立德树人的教育形势和发展趋势，发现并挖掘更深层次的立德树人教育问题，为新时代研究生导师立德树人工作的方法、措施提供翔实的实证依据。

一 研究生教育规模发展趋势*

我国于1978年恢复研究生招生，当年的招生人数为10708人，到40年以后的2018年，我国研究生的招生人数已增长为857966人，仅招生人数就增加了80多倍。如图5-1所示，2009年和2017年研究生招生数出现了峰值。以上数据说明，长期以来，我国的研究生教育正处于量化增长的外延式发展状态。一段时间以来，虽然在某种程度上缓解了本科、专科毕业生的就业压力，满足了人民群众日益增长的对高学历教育的渴望，适应了我国经济发展阶段变化的需求，但却给研究生教育的发展带来了不小的挑战和压力。研究生报考人数与招生规模逐年增长、扩大，招生人数的激增直接对研究生人才培养能力和研究生导师队伍建设提出新的要求。

研究生教育历经了几个发展阶段：恢复发展期（1978~1988年）、稳步发展期（1989~1998年）和快速发展期（1999~2009年）。[1] 这三个发展阶段把扩大研究生招生规模量化指标作为发展的突破口。如图5-1所示，以1999年大学扩招为分水岭，招生人数的增幅越来越明显。根据事物的发展规律，当事物在数量规模上发展到一定程度之后，就会遇到即将质变的瓶颈

---

* 如无特殊说明，本节中所有数据均来自中华人民共和国教育部官方网站，http://www.moe.gov.cn/文献/教育统计数据。

[1] 《2020年全国研究生招生调查报告》，中国教育在线，https://www.eol.cn/e_ky/zt/report/2020/。

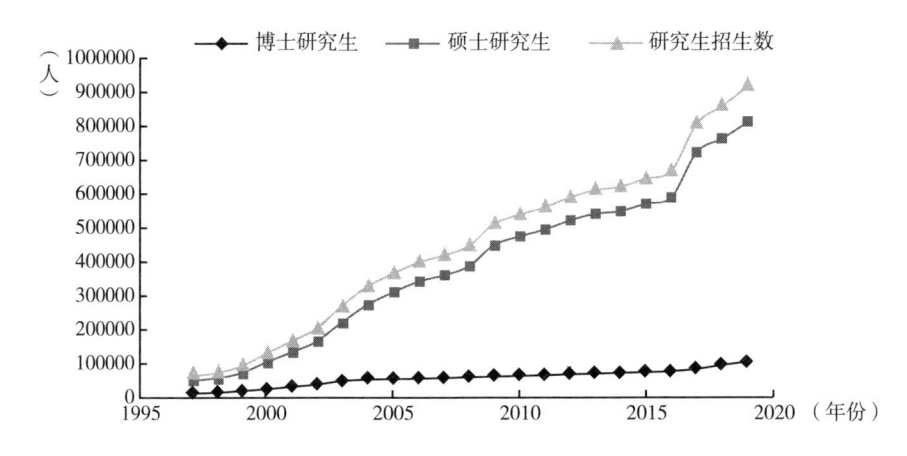

图 5-1 1997~2019 年我国研究生招生人数变化趋势

发展阶段。研究生招生工作是研究生教育的源头，是选拔高层次专门人才的重要环节。研究生招生工作源源不断地为研究生教育输送优质生源①，当外延式的增长发展已经达到相当规模的饱和量后，就应把工作重心向内涵式、注重质的发展方面进行转移。2006 年 5 月 10 日，国务院常务会议就提出，高等教育的发展要切实把重点放在提高质量上。从 2010 年起我国研究生教育进入内涵式发展的阶段。在这个阶段内，研究生教育要在保持招生规模稳中有升的前提下，通过优化内部结构、激活内部驱动力等方式，持续关注研究生人才培养能力和水平等质量发展问题。

我国研究生招生规模持续增长是大学本科扩招政策带来的后续效应，如图 5-2 所示，从我国研究生在校生人数的视角看我国研究生的培养结构，在校硕士研究生的比重增加幅度明显，与博士研究生的占比差距在逐渐拉大，说明我国研究生教育的教育结构在逐渐发生变化。经统计，进入新时代之后，在校硕士研究生的人数约是博士研究生的 5 倍。2017 年非全日制纳入了研招统考，招生途径合二为一，所以上升幅度最为显著，而且研究生的招生人数还有继续增长的趋势。继 2019 年我国研究生的招生人数达到了 91.7 万人之后，2020 年，受新冠肺炎疫情和就业等因素的影

---

① 李崇圆：《在回顾研究生招生工作的历程中铭记宗旨》，《中国研究生》2018 年第 9 期。

响，我国研究生扩招 18.9 万人。这些招生现状无疑会直接给研究生培养工作带来不小的压力，特别是对研究生导师的数量和质量等都提出了不小的挑战。

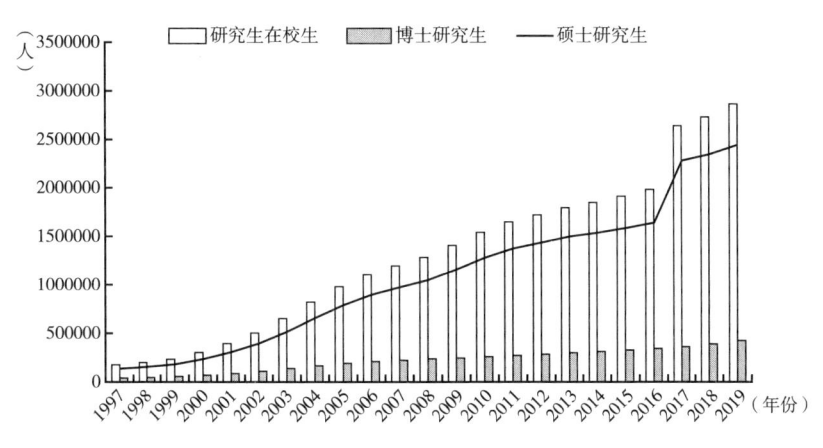

图 5-2　1997~2019 年我国研究生在校生人数统计

从图 5-3 中不难看出，我国研究生培养结构从 2016 年之后出现了发展新态势，硕士研究生比重明显上涨和博士研究生稳中有升的态势直接带来研究生导师与所带研究生的配比问题。2020 年受新冠肺炎疫情影响，硕士研究生的增量相较博士研究生增长幅度将会继续加大。

图 5-3　2012~2019 年我国博士研究生在校生与硕士研究生在校生比重对比

另外，如图 5-4 所示，新时代以来，我国学术学位研究生与专业学位研究生招生趋势可以表明，学术学位研究生和专业学位研究生的占比发生了新变化，学术学位研究生的增幅比较平稳，而专业学位研究生的比例在逐渐变大，特别是 2016 年之后出现了迅猛增长的发展态势。2020 年教育部明确指出，国家要继续加大对专业硕士研究生的培养数量。所以，我国硕士研究生中专业学位研究生在校生人数的增量相较学术学位研究生的增量要大是近几年发展的新趋势。对专业学位研究生的培养国家有明确的要求，不仅要配备校内专职导师还要配备校外兼职导师，这对研究生导师的需求量和质量要求又是一种考验和挑战。总之，研究生的培养制度是导师制，研究生数量的增长必然需要匹配足够数量的研究生导师。这是从教育教学安排上保证新时代研究生导师立德树人工作效果的前提。同时需要保障研究生导师指导研究生的数量保持在较为合理的范围之内，应保证研究生导师有充足的精力进行立德树人，从而在最大程度上保证研究生人才培养质量。

图 5-4 2012~2019 年我国学术学位研究生与专业学位研究生招生趋势

综上所述，我国新时代高层次人才培养在数量上增长是国家建设和发展的客观需要。在这种形势下，研究生教育的工作重心应该是对规模增长带来的上行压力进行化解。从主观上加以足够的重视，加强研究生导师队伍建设，对研究生导师给予必要的引导和指导，挖掘研究生导师的内生潜力，在研究生导师质量和人才培养教育教学质量上下功夫，通过推进新时代研究生导师立德树人工作，切实提高研究生人才培养质量，在满足党和国家建设发展对高层次专门人才的需求的同时，推进研究生人才培养内涵式发展的进程。

二 研究生培养单位建设情况

如图5-5所示，我国研究生培养单位包括高等院校、科研机构。从2002年到2019年，一直处于平稳发展的状态，总量从728个增至828个。在此期间，普通高等院校的数量在缓慢增长。其中2012年的增长量是最大的，增长了53所，2018~2019年科研机构数持平，而2019年高等院校增加了13所研究生培养单位，表明进入新时代的历史阶段后，研究生教育在逐渐向高等院校倾斜发展。科研机构研究生培养单位的数量从2002年的320所降到了2019年的235所，共减少85所，其中2014年的精简力度最大，为65所。这说明进入新时代之后科研机构作为研究生培养单位的占比在逐渐减少，我国研究生教育的办学结构在悄然发生变化。

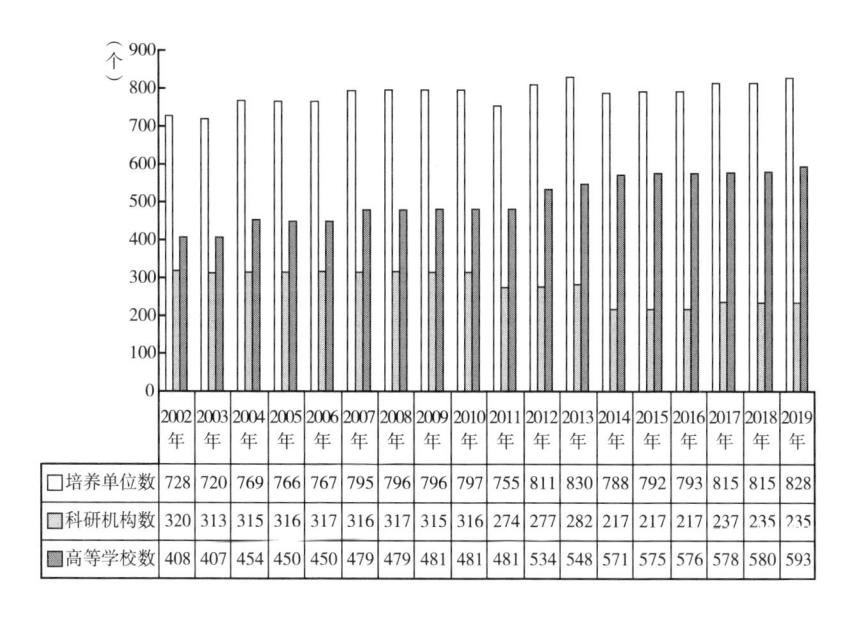

	2002年	2003年	2004年	2005年	2006年	2007年	2008年	2009年	2010年	2011年	2012年	2013年	2014年	2015年	2016年	2017年	2018年	2019年
培养单位数	728	720	769	766	767	795	796	796	797	755	811	830	788	792	793	815	815	828
科研机构数	320	313	315	316	317	316	317	315	316	274	277	282	217	217	217	237	235	235
高等学校数	408	407	454	450	450	479	479	481	481	481	534	548	571	575	576	578	580	593

图5-5 2002~2019年我国研究生培养单位构成统计

党的十八大召开以来，研究生教育进入了内涵式发展期，各方面都取得了飞速发展，研究生培养单位的数量在向高校主体倾斜。研究生培养单位负有落实研究生教育的主体责任，高校作为研究生培养单位育人的功能更加突出。不断增加高校研究生人才的培养规模、增强高校研究生教育的主体力量是进入新时代以来研究生教育总体发展的全局性、战略性发展体现。笔者选取 2012 年和 2019 年作为时间节点，通过对高校和科研机构研究生导师和研究生的相关数据进行细化差异比较，如表 5-1 所示，能够更清楚地了解不同类型研究生培养单位之间的区别及内部结构的现状。

表 5-1 我国研究生培养单位、研究生导师与研究生人数比对

2012 年全国研究生培养单位 811 所				2019 年全国研究生培养单位 828 所			
全国在校研究生 1719818 人				全国在校研究生 2863712 人			
博士研究生 283810 人		硕士研究生 1436008 人		博士研究生 424182 人		硕士研究生 2439530 人	
高校 534 所		科研机构 277 所		高校 5593 所		科研机构 235 所	
在校研究生 1678607 人		在校研究生 41211 人		在校研究生 2834792 人		在校研究生 28920 人	
博士研究生	268801 人	博士研究生	15009 人	博士研究生	416856 人	博士研究生	7326 人
硕士研究生	1409806 人	硕士研究生	26202 人	硕士研究生	2417936 人	硕士研究生	21594 人
2012 年全国研究生导师 298438 人				2019 年全国研究生导师 462099 人			
全国博士研究生导师 16598 人		全国硕士研究生导师 229453 人		全国博士研究生导师 19341 人		全国硕士研究生导师 346686 人	
高校研究生导师 279901 人		科研机构研究生导师 18537 人		高校研究生导师 444592 人		科研机构研究生导师 17507 人	
高校博士研究生导师 13720 人		科研机构博士研究生导师 2878 人		高校博士研究生导师 17264 人		科研机构博士研究生导师 2077 人	
高校硕士研究生导师 217911 人		科研机构硕士研究生导师 11542 人		高校硕士研究生导师 333000 人		科研机构硕士研究生导师 13686 人	
高校博士、硕士研究生导师 48270 人		科研机构博士、硕士研究生导师 4117 人		高校博士、硕士研究生导师 94328 人		科研机构博士、硕士研究生导师 1744 人	

表 5-1 分别选取 2012 年和 2019 年的数据进行细化对比。从研究生导师总体规模上看，2019 年共有研究生导师 462099 人，从总量上进行分析汇总，博士研究生导师（含博士、硕士研究生双资格导师）115413 个岗位，硕士研究生导师（含博士、硕士研究生双资格导师）442758 个岗位。而

2012年全国研究生导师总数仅为298438人，从总量上进行分析汇总，博士研究生导师（含博士、硕士研究生双资格导师）68985个岗位，硕士研究生导师（含博士、硕士研究生双资格导师）281840个岗位。站在新时代的历史定位上，从2012年到2019年，全国研究生导师总量增长了约1.5倍。相较于研究生总量约1.7倍的增长幅度而言，单从研究生导师的增量上看，党和国家对研究生导师队伍建设的重视程度还是很高的，研究生导师的配比也跟得上，师资力量配备比也较合适。

系统分析数据后不难看出，在步入新时代的第一年——2012年，研究生培养单位在构成上开始发生明显的变化。科研机构的研究生指导教师的数量与培养规模分别消减了约11%和33%，而普通高校增加了53所，与之相对应的研究生指导教师数与培养规模分别增加了约33%和38%。在之后的7年中，这种差距一直存在，而且二者之间有逐步拉大的趋势。这充分表明我国研究生人才培养的结构在悄然发生着变化，研究生的规模增量正在逐渐向普通高等院校倾斜，高等院校人才培养的功能性更强，人才培养体系也更加健全，其研究生教育的职能作用和独特优势也更加突出，并逐渐成为我国研究生人才培养的主干培养单位。

三　研究生导师队伍建设现状

新时代研究生教育是我国社会主义现代化建设拔尖创新人才培养的重要渠道，研究生导师队伍建设的情况是关乎研究生人才培养质量的关键问题。邓小平同志1978年在全国教育工作会议上的讲话中就曾提道："一个学校能不能为社会主义建设培养合格的人才，培养德智体全面发展、有社会主义觉悟的有文化的劳动者，关键在教师。"[1] 可见我国研究生导师在研究生人才培养工作中的作用关键。分析我国研究生导师队伍建设的基本情况，有助于更加全面地找准研究生教育的关键点，解决束缚研究生教育发展的障碍性问题。

为党和国家培养大批高素质、高品质、高质量的研究生创新人才需要有

---

[1] 《邓小平文选》，第二卷，人民出版社，1994。

高水平的研究生导师队伍。从我国总体建设上看，如表5-2和图5-6所示，我国研究生指导教师在20多年中的增长速度是比较明显的。从1997年的71598人，增长至2019年的462099人，增长了约6.5倍。研究生教育规模的与日俱增从客观上要求研究生导师数量配套增长，但需要清醒地看到，我

表5-2 1997~2019年我国各类别研究生指导教师数

单位：人

年份	1997	1998	1999	2000	2001	2002	2003	2004
硕士研究生导师	59477	60922	65157	65157	79104	89765	99727	115774
博士研究生导师	4560	5098	5611	12507	7052	9395	10620	11065
硕、博士研究生导师	7561	8450	10045	10045	14941	16302	18305	23959
研究生导师总计	71598	74560	80813	88825	101097	115462	128652	150798
年份	2005	2006	2007	2008	2009	2010	2011	2012
硕士研究生导师	124416	144991	158045	171796	185134	201174	210197	229453
博士研究生导师	11906	12293	12809	13376	14136	16204	17548	16598
硕、博士研究生导师	26421	31551	35180	38772	40587	43087	44742	52387
研究生导师总计	162743	188835	206034	223944	239857	260465	272487	298438
年份	2013	2014	2015	2016	2017	2018	2019	
硕士研究生导师	241200	256790	276629	289127	307271	324357	346686	
博士研究生导师	18280	16028	14844	18677	20040	19238	19341	
硕、博士研究生导师	56335	64321	71745	71143	75824	86638	96072	
研究生导师总计	315815	337139	363218	378947	403135	430233	462099	

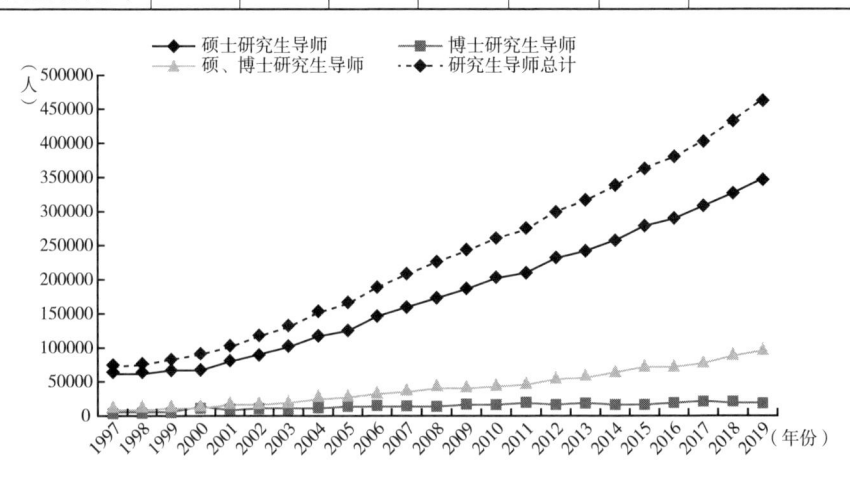

图5-6 1997~2019年我国各类别研究生导师发展趋势

国研究生导师的增长量远不如研究生规模的扩增量。从我国总体教育形势上进行分析，1997年和1998年高等教育扩招前研究生导师的数量为7万多人，1999年扩招后至2001年起增长幅度才逐渐增大。而从我国研究生指导教师和研究生整体的角度进行分析（见表5-3和图5-7），研究生导师的增量幅度远不及研究生人数的增量，而且近两年生师比之间差距仍有逐渐拉大的趋势。

表5-3 1997~2019年我国研究生导师和在校研究生数

单位：人

年份	1997	1998	1999	2000	2001	2002	2003	2004
在校研究生	176353	198885	233513	301239	393256	500980	651260	819896
研究生导师	71598	74560	80813	88825	101097	115462	128652	150798
年份	2005	2006	2007	2008	2009	2010	2011	2012
在校研究生	978610	1104653	1195047	1283046	1404942	1538416	1645845	1719818
研究生导师	162743	188835	206034	223944	239857	260465	272487	298438
年份	2013	2014	2015	2016	2017	2018	2019	
在校研究生	1793953	1847689	1911406	1981051	2639561	2731257	2863712	
研究生导师	315815	337139	363218	378947	403135	430233	462099	

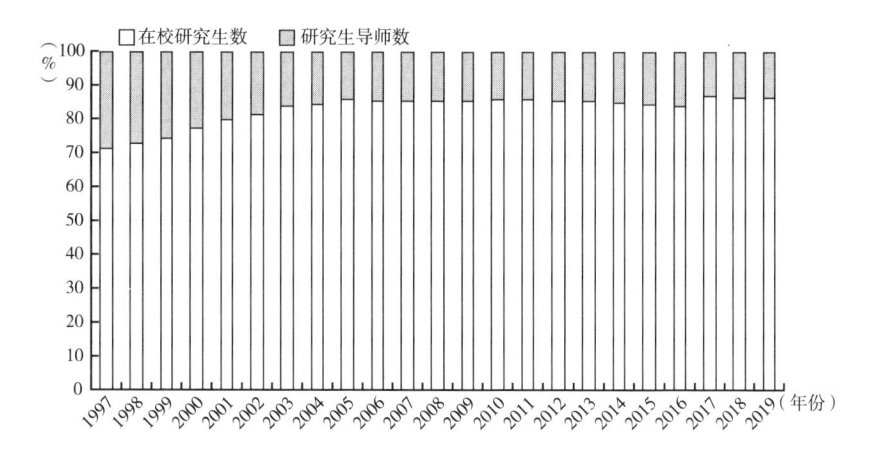

图5-7 1997~2019年我国研究生导师数和在校研究生数比例分布

如表5-4，忽略不可控和特例因素，我国研究生教育在2000年之前可以实现1名导师带不到3名研究生，而到了2017年，我国研究生教育的生师比已达到6∶1。但研究生导师数量上的增长仍然与研究生的数量增长有较大差距，而且这一差距在短时间内很难改变。因此，为了保证研究生数量的激增不会引发培养质量的大幅下降，通过提高研究生教育内涵式发展来保证研究生人才培养质量的呼声愈发强烈，故推进研究生教育生师比进一步合理化的措施需要得到重视。可喜的是，从2018年开始生师比正呈现逐年缩小的态势。

表5-4 1997~2019年我国研究生教育的生师比

年份	1997	1998	1999	2000	2001	2002	2003	2004
生师比	2.5∶1	2.7∶1	2.9∶1	3.4∶1	3.9∶1	4.3∶1	5.1∶1	5.4∶1
年份	2005	2006	2007	2008	2009	2010	2011	2012
生师比	6.0∶1	5.8∶1	5.8∶1	5.7∶1	5.9∶1	5.9∶1	6.0∶1	5.8∶1
年份	2013	2014	2015	2016	2017	2018	2019	
生师比	5.7∶1	5.5∶1	5.3∶1	5.2∶1	6.5∶1	6.3∶1	6.2∶1	

从不同类型研究生培养单位的视角进行分析，我国研究生培养单位分为高校和科研机构。忽略高校和科研机构研究生培养单位的个体差异以及学术学位和专业学位、硕士研究生和博士研究生等培养类型、培养层次之间的差别等因素，仅将两大类别研究生培养单位生师比的均值进行分析（见图5-8、图5-9和表5-5、表5-6）。经过比较分析，科研机构研究生的生师比相对较为合理也比较理想。特别是进入新时代以来，平均1名研究生导师带大约不到2名研究生。而相比之下，高校研究生导师承载的培养任务比较繁重，长期以来1名研究生导师平均需要带约6名研究生，尽管2014~2016年稍有好转，但随着2017年研究生招生制度的改革，之后又恢复到1位研究生导师带近7名研究生的水平。这个比重是科研机构研究生导师指导量的3倍多，工作量和指导压力一目了然。故而社会上针对研究生导师带研究生的工作流传着一个生动形象的比喻，把研究生导师比作茶壶，把研究生比作

茶杯，如果一个茶壶可以倒满 8 杯水，现在却让一个茶壶倒出 30 杯水来，可想而知每个杯子里的水量会有多少？而且高校培养单位研究生教育生师比例失调现象直接导致研究生导师长期处在高负荷工作状态下，势必会影响到研究生导师在人才培养工作中的情绪、态度、心态等，从而诱发一系列育人问题行为，着实给研究生导师立德树人工作带来不小的负担。特别是对于高校的研究生导师来讲，本身还需要承担较繁重的本科教学和科研任务等，未来研究生人才培养数量持续上升的趋势，无疑更会使研究生导师立德树人工作任重而道远。

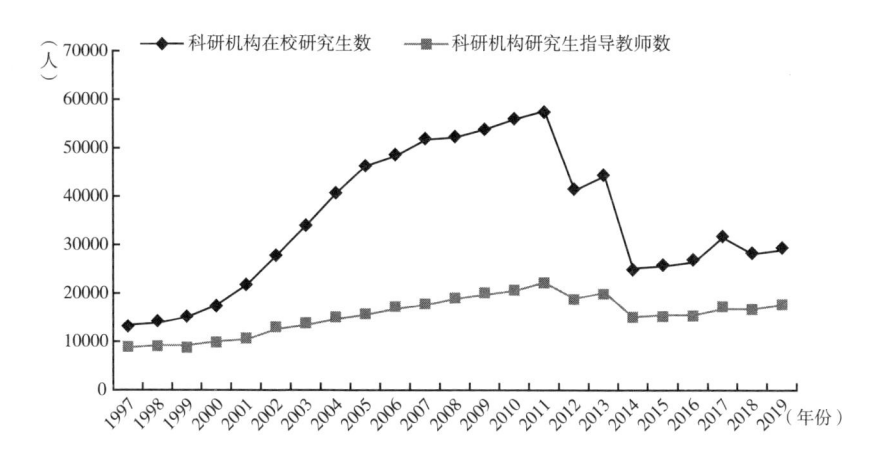

图 5-8　1997~2019 年我国科研机构研究生导师与研究生数对比

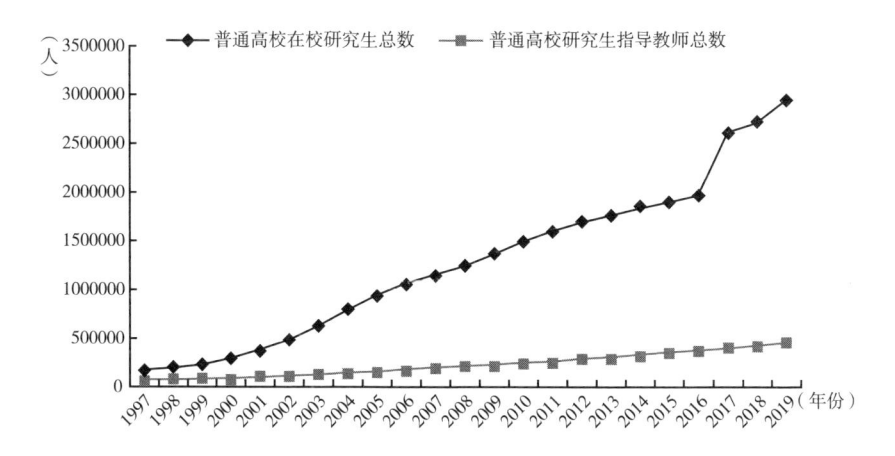

图 5-9　1997~2019 年我国高等学校研究生导师与研究生数对比

表 5-5　1997~2019 年我国科研机构研究生培养单位生师比

年份	1997	1998	1999	2000	2001	2002	2003	2004
生师比	1.6∶1	1.6∶1	1.7∶1	1.8∶1	2.1∶1	2.2∶1	2.5∶1	2.8∶1
年份	2005	2006	2007	2008	2009	2010	2011	2012
生师比	3∶1	3∶1	2.8∶1	2.7∶1	2.7∶1	2.6∶1	2.2∶1	
年份	2013	2014	2015	2016	2017	2018	2019	
生师比	2.2∶1	1.7∶1	1.7∶1	1.9∶1	1.7∶1	1.7∶1		

表 5-6　1997~2019 年我国高校研究生培养单位生师比

年份	1997	1998	1999	2000	2001	2002	2003	2004
生师比	2.6∶1	2.8∶1	3.0∶1	3.6∶1	4.1∶1	4.6∶1	5.4∶1	5.7∶1
年份	2005	2006	2007	2008	2009	2010	2011	2012
生师比	6.3∶1	6.1∶1	6.1∶1	6.0∶1	6.1∶1	6.2∶1	6.3∶1	6.0∶1
年份	2013	2014	2015	2016	2017	2018	2019	
生师比	6.0∶1	5.7∶1	5.4∶1	5.4∶1	6.7∶1	6.5∶1	6.6∶1	

截取新时代时间跨度内的相关数据，做进一步细化比较。2012 年是新时代的开局之年，开启了我国研究生教育的新篇章，由表 5-7 可知，2012~2019 年研究生导师数量年平均增长幅度为 6.9%。考虑到 2017 年将

表 5-7　新时代我国研究生导师与在校研究生的对比

	2012 年	2013 年	2014 年	2015 年	2016 年	2017 年	2018 年	2019 年
研究生导师（人）	298438	315815	337139	363218	378947	403135	430233	462099
研究生导师年增长（人）	25951	17377	21324	26079	15729	24188	27098	31866
年增长（约）(%)	10	6	7	8	4	6	7	7
在校研究生（人）	1719818	1793953	1847689	1911406	1981051	2639561	2731257	2863712
在校研究生年增长（人）	73973	74135	53736	63717	69645	658510	91696	132455
年增长（约)(%)	4.5	4.3	3	3.5	3.6	33	3.5	4.8

非全日制纳入统考的研究生招生政策调整的缘故，研究生涨幅规模出现突增的特例，在校研究生数量增长百分比的均值是3.7%。在图5-10中可看出，8年来，导师的增长总量接近19万人，2019年是2012年的1.2倍。目前，已从较大程度上缓解了研究生教育生师比的压力问题，而且未来发展空间可期，可考虑在统筹导师队伍结构合理化的前提下，继续保持稳中有升的态势，进一步扩大导师队伍规模。

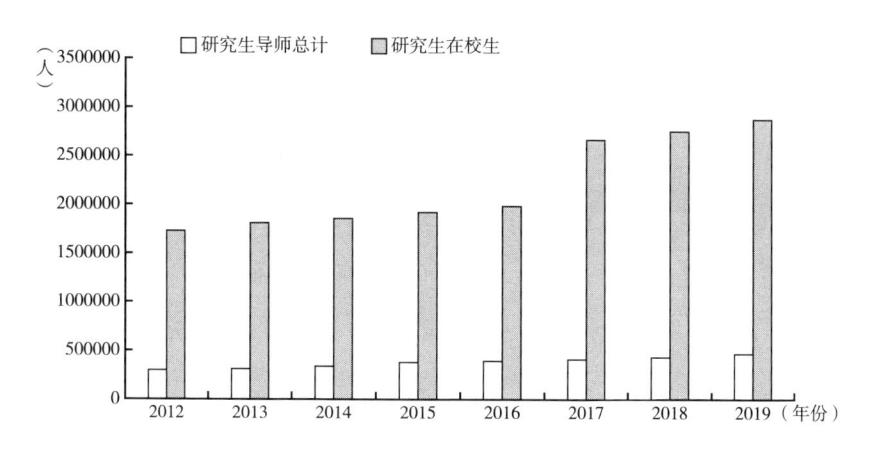

图5-10 2012~2019年新时代我国研究生导师与研究生在校生增长趋势

如图5-11所示，对研究生导师队伍建设的职称结构做进一步分析。从全国的角度来看，研究生导师梯队建设层次明显，研究生导师结构搭配较为合理，但仍有进一步优化的提升空间。正高级职称研究生导师占有绝对优势的比重，副高级职称研究生导师的数量也紧随其后，这可以被看作正高级职称研究生导师的有力补充与充实的后备梯队力量。中级职称研究生导师数量近两年也有比较明显的增长趋势，一方面，尽可能最大限度地满足专业学位硕士研究生招生数量增长的需求量；另一方面，中级职称研究生导师是副高级职称研究生导师的接续力量，同样能够起到充实研究生导师队伍数量的作用。此外，从某种意义上讲，这样的梯队格局给了更多年轻研究生导师锻炼和成长的机会。总之，重视研究生人才培养工作与不断培育研究生导师新生力量是相得益彰的，正确地处理好二者之间的关系，使之协调有序地发展，是有效地推动新时代研究生导师队伍梯队建设健康发展的有力抓手。

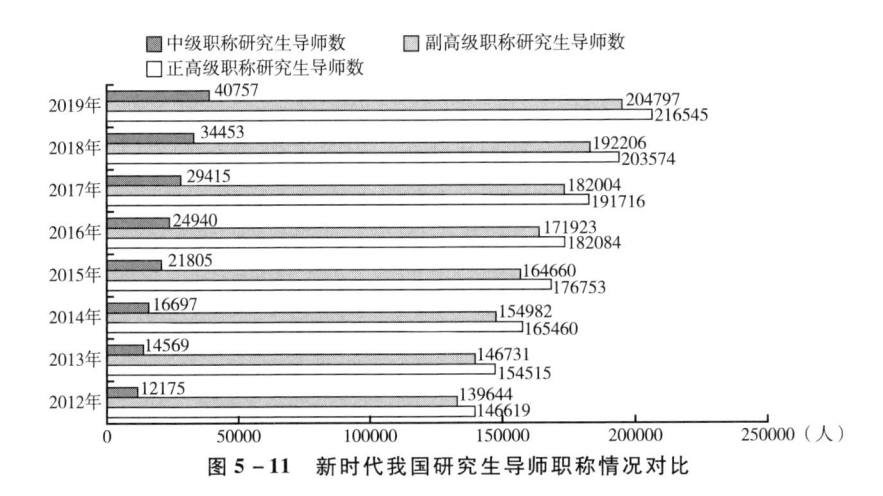

图 5-11 新时代我国研究生导师职称情况对比

从男女研究生导师占比的角度看研究生导师队伍结构组成。从图 5-12 中可直观地看出,进入新时代之后,女性研究生导师在研究生导师总数中的占比约为 1/3,而且比较稳定。从全国总量上看,如表 5-8 所示,我国研究生男女生的比例约为 1∶1。男性研究生导师和女性研究生导师在指导过程中各有优势且各具特点,有的研究生培养单位采用研究生导师组或导师团队的方式开展立德树人工作,则更能发挥出男女研究生导师搭配育人的优势互补作用。因此,我国男女研究生导师约 2∶1 的构成比例较为合理,这种结构设置基本上能够满足并适应我国新时代研究生人才培养工作的现实需要。

	2012年	2013年	2014年	2015年	2016年	2017年	2018年	2019年
女研究生导师数	83941	90872	98067	108808	116381	126470	136563	148664
研究生导师总数	298438	315815	337139	363218	378947	403135	430233	462099

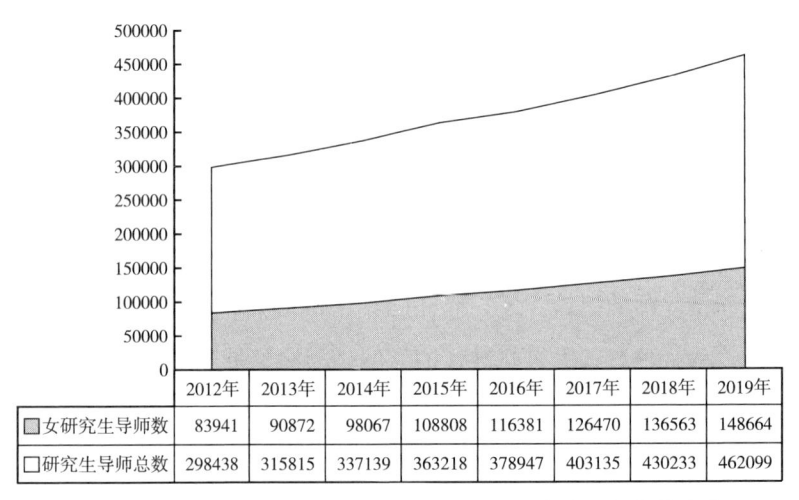

图 5-12 新时代我国女研究生导师在全国研究生导师中的占比

表 5-8 新时代我国研究生男女生数

单位：人

年份	2012 年	2013 年	2014 年	2015 年	2016 年	2017 年	2018 年	2019 年
研究生男生	877401	915469	939402	961243	977941	1361427	1375512	1415773
研究生女生	842417	878484	908287	950163	1003110	1278134	1355745	1447939

新时代研究生导师队伍建设的良性发展有利于提高研究生导师立德树人的工作实效。促进研究生导师队伍建设中研究生导师内部结构的合理化是推进新时代研究生导师立德树人工作的有力举措和根本保障。进入新时代之后，从全国教育总体形势上来看，研究生导师结构趋于合理，除去有些学科专业性别的特殊性外，个别地区、个别培养单位层面的研究生导师队伍结构仍须进一步调整，须在以后的研究生导师队伍建设中不断进行优化和改进。

第二节 研究生导师立德树人存在的问题

研究生教育在培养制度、培养方式、培养模式、管理方式等方面都具有明显的特殊性，这是新时代研究生导师立德树人研究的着眼点和出发点。随着新时代的教育形势、教育环境、教育对象等不断发生变化，在实践操作层面上，研究生导师在研究生教育的培养过程中所起的关键性育人作用越来越凸显。新时代研究生导师立德树人工作除研究生导师自身外还会受到其他方面因素的影响。因此，研究生导师会在立德树人教育过程中不可避免地遇到各种新情况、新问题，只有勇于抛弃陈旧的教育理念，直面因时代的发展进步和研究生教育的现实需要所产生出的教育问题并透彻剖析原因，才能从根本上抓住立德树人教育问题的本质，把握住新时代研究生导师立德树人工作过程中存在问题的重点，从而及时、准确、高效地解决所遇到的相关棘手问题。

一 育人工作规范性欠缺

研究生培养单位是承担研究生教育工作的责任主体，每个培养单位由于所属地区、单位性质、培养规模、学科专业、师资结构等教育条件的不同，存在不同程度的培养局限性。由此产生的制约因素给新时代研究生导师立德树人工作带来了一定的影响，从而会引发一系列立德树人工作的问题。

（一）育人标准很难统一

从研究生教育整体来看，研究生教育分布不均衡，学科点布局分散，各研究生培养单位存在研究生导师立德树人标准不统一的问题。研究生教育分成不同的培养单位主体来管理，各个研究生培养单位根据其所属的授权学科点进行组织管理，相较于其他层次的教育管理，研究生培养的管理比普通意义上学校的自主权限要高，自由度也更大。各个研究生培养单位关于人才培养、研究生导师队伍管理等的制度由各培养单位自行制定、执行。研究生导师立德树人工作的管理也不例外，所以可能会出现制定依据相同，但具体的措施、条款截然不同的现象。此外，研究生导师立德树人工作很难有统一的标准。立德树人是做人的教育工作，研究生导师既遵守相关规定，又要凭自身的悟性与自觉性，在研究生教育实践的过程中不断加深对立德树人的理解与认识，因此，在育人的具体操作中也会形成个体间的教育差异。

从教育对象研究生的角度出发，研究生的培养层次、培养类型、生源质量等都会给研究生导师立德树人带来挑战，而且研究生人才培养目标存在的差异性明显，也会造成育人标准难统一的问题。如硕士研究生比博士研究生在培养中会更费心，专业型研究生与学术型研究生相比由于培养目标不同，人才培养的侧重点差别明显，培养过程的差异化较大，会出现对实践类课程要求较高等问题。另外，研究生个体的培养目标因培养层次、学科专业、研究方向、个人志向等方面存在差异，所以研究生的人才培养计划是研究生导师根据每位研究生的特点和需求与研究生一起量身定做的。每位研究生的具体培养计划均不相同，需要新时代的研究生导师在培养计划中把立德树人的教育理念和思想与每名研究生的个性化需求相结合，润物无声地进行渗透性立德树人教育。

在立德树人教育过程中难免会碰到研究生的个人理想与国家理想产生冲突的情况。这时就需要发挥研究生导师的正向引导作用，然而可能会有个别研究生导师的价值取向不够端正，也许会造成研究生的价值判断失衡等问题。当存在没有立足国内研究生教育，没有将打造国家自主培养的高层次专门人才落到实处的问题时，特别是在个人利益与国家利益出现矛盾的时候，需要研究生导师给予必要而正确的思想道德引导，把握培养目标与研究生成长成才的契合度，为研究生的成长成才指引方向。新时代研究生导师如果做不出正确价值表率和正向引导，将可能引发研究生人才流失和心理缺失等育人问题。

（二）培养单位类型多样

我国研究生培养单位有高校和科研机构，高校又有办学层次、办学类型、建设层次等结构之分。不同类型研究生培养单位的做法各不相同，因此，会出现研究生导师立德树人工作落实不平衡的问题。教育部对研究生导师立德树人有统一的职责要求，但相对而言，高校的育人功能更加突出，对教育教学的管理体系更为完备，而且一般都会成立专门的管理部门，配备专门的工作人员，如研究院、研究生工作部、研究生处等负责研究生教育常规管理工作。

科研机构由于单位类型、规模等条件限制，很难成立专门的组织机构，往往是管理人员身兼多职，而且对研究生教育的管理也不如高校专业。因此，科研机构对落实研究生导师立德树人的具体措施可能会囿于单位性质和职能等的特点，在管理中难免考虑不周、执行不严，出现不如高校单位系统、细致、规范等情况。另外，由于其机构性质与高校不同，科研机构一般有明确的研究方向和研究任务，其以科学研究的功能为主，科研氛围较浓厚，科研条件、科研环境较完备，但其教育功能相对较薄弱，所以其相应的教育条件、教学环境存在一定的局限性。而且，研究生导师的身份更多地倾向于研究人员，对以教师身份落实研究生导师立德树人工作会产生一定的影响。如何调动身兼科学研究任务和育人任务于一身的研究生导师的积极性，并对其加强管理等将是新时代研究生导师立德树人所要面对的问题之一。

（三）培养过程层次复杂

新时代研究生导师立德树人是持续用力、扎实推进的培养过程，所涉及的培养领域和内容相当庞杂，其相互间的培养关系也错综复杂，所面临的培养层次问题往往都不是孤立存在的，而是相互交织在一起的共同作用的培养过程，需要条分缕析地进行培养过程层次性查找和分析。

首先，培养考核制度的考核条款不全面，培养考核制度的考核条款对立德树人教育过程的协同作用不明显。研究生教育实行导师制决定了研究生导师是研究生立德树人工作的第一责任人。在对研究生的培养过程中，立德树人工作是与研究生导师教学、科研工作同步进行的，研究生导师难免会受到教学、科研工作任务量化管理的束缚。这些量化的工作任务对研究生导师立德树人工作的协同力度不够，使得研究生导师在思想道德、师德师风建设等立德树人工作多停留在培养考核制度导向的消极层面，而且研究生导师立德树人的培养成效考核也未被列入培养考核制度的相关范畴。目前较为常见的问题是培养考核制度中多使用否定性规定对培养过程进行限制与约束。如培养考核制度中多规定研究生导师"不能怎么样，只能怎么样"，而且在培养考核制度的执行过程中研究生导师师德被认定出现问题即会被"一票否决"，因此会在培养考核制度规定中出现"一刀切"的规定。再者，由于培养考核制度的导向性强，对研究生导师的培养过程考核可能会受考评主体多种主观因素的影响，很难对研究生导师立德树人的实际培养过程做出客观公正的评价，即便依据培养考核制度的规定去考核也很难得到较为公平的考核结果。

其次，新时代研究生导师立德树人的管理工作不够完善，对研究生导师管理存在松散和流于形式的问题。个别研究生培养单位对研究生导师的管理形同虚设。由于研究生导师的构成比较复杂，所以横向上有来自教学一线岗位的全职研究生导师，也有来自行政管理部门的兼职研究生导师，纵向上则是按各学科专业分别对研究生导师进行管理。因个别培养单位研究生导师管理制度的不完善或执行时流于形式，其管理过程也并没有受到相应的监管和约束。再加上研究生人才培养的周期长、专业性和自主性强等因素影响，研究生在培养过程中很难更换研究生导师，影响实现研究生导师育人过程的动态管理与调整，因而会直接导致研究生导师育人管理过程中出现纰漏。大多数研究生导师在具备任职资格后就像进了保险箱，如无特殊情况一般可以终身任职，这就是所谓的"研究生导师资格终身制"。例如研究生导师离开教育教学工作岗位到了行政管理岗位后，研究生导师的资格也仍然有效，还可以正常带研究生，分配给其指导研究生的数量可能会依然不减，致使本就身兼数职、压力重重的研究生导师，可能会产生把立德树人工作当作精神负担的负面思想。这种无形的精神压力会使研究生导师丧失立德树人工作的积极性和使命感，从而影响研究生导师立德树人的育人环境，给研究生导师立德树人工作埋下了问题隐患。由于某些研究生导师长期不在学术科研一线，这类研究生导师对师德师风的自觉性就难免会降低，对最新前沿学术动向的把握程度也会有所下降，存在对研究生育德育才不到位、不入心的问题，研究生导师立德树人的教育质量也就很难得到保证。研究生导师管理工作不当还会直接导致师生关系出现异常的问题，影响师门风气并给研究生导师立德树人工作带来阻力，自然影响到研究生导师立德树人作用和效果的发挥。

最后，研究生导师立德树人工作过程中产生的问题在定性与处理上，由于相关管理规定的不健全、脱离实际，造成问题定性不清、处理不当的管理问题。近年来，各研究生培养单位重视研究生导师立德树人工作，特别是重视研究生导师师德对立德树人工作的促进作用，并从培养的多个层面要求研究生导师具备师德师风育人的能力。但个别培养单位在对待研究生导师立德树人工作问题时仍停留在师德问题是触碰管理红线的表象层面上，规定只要与师德问题沾上边就"零容忍"，直接"一票否决"，存在师德管理泛化的问题。制定管理规定时由于对具体问题具体分析的力度不够，所以很少能全面地剖析处理育人问题。比如，2019年，某大学副教授、研究生导师郑文峰因不当言论被当作师德失范而处理。该大学依据《×××大学教师师德失范行为处理办法（试行）》在事件发生后的第一时间就对其进行了处理。具体的处理结果是：认为该教师有师德失范行为。不仅取消了其评奖评优、职务晋升、职称评定的资格，还停止了其教学工作和研究生招生资格，停止的期限为24个月。这个处理结果却引起了社会的非议，争议焦点在于学校把学识和学术水平欠缺上升为师德问题进行处理是否妥当。以上教育事件说明对研究生导师在立德树人工作过程中出现问题的认定和处理应从多层面进行综合考评。而且在信息化社会中，信息都是公开透明的，在追求处理问题时效性的同时尽可能地进行通盘考虑，否则就可能会有人继续对处理结果发出质疑的声音，再次造成社会负面影响。

二　导师素养存在差异性

我国各地区经济发展的不平衡直接影响教育发展的不平衡性，教育的均衡发展若存在问题就会波及教育的其他领域。研究生教育处在国民教育序列的顶端，因此，研究生导师队伍的整体素质自然就会存在差异，出现导师素养参差不齐的问题。

（一）导师遴选标准难以统一

把好研究生导师遴选的入口关是保证研究生导师队伍综合素质的关键环节。研究生导师综合素质的高低会影响研究生导师遴选标准的统一。研究生教育是按学科、专业进行人才分类培养的，所以研究生导师资格的遴选不同于普通教师资格筛选。

在我国，高等教育按学科培养人才，研究生教育在学科的基础上，以学位授权点为载体进行研究生人才培养。一般情况下，研究生导师的遴选标准分两部分内容，共性的内容由各个培养单位研究生教育管理部门拟定，而具体、特性的内容则由各学科学位点根据各学科、专业的特点组织确定。因此，不同学科、不同专业的研究生导师遴选标准难以统一。而且，如果研究生教育的培养层次、类型等较复杂，也会造成研究生导师遴选标准不同的问题。如从遴选层次上可分为硕士、博士研究生导师资格的遴选，从遴选类型上可分为学术型或专业型学位硕士、博士研究生导师的遴选，从遴选类别上还可分导师资格遴选和当年具有研究生招生资格的导师遴选等遴选标准。

在研究生导师遴选制度的规定中，经常出现重科研、学术等硬性成果，轻师德等软性成果的规定倾向。由于受学术功利化的思想趋势影响，对研究生导师科研能力的考察大都作为遴选过程中的重中之重。在研究生导师遴选标准的制定上，往往有主持科研项目级别的要求，甚至细化到对科研经费使用金额的要求上，但对于德的软性要求往往未能发挥出其约束作用。在对研究生导师管理的实际工作中，只要科研项目、学术论文、专利成果等达到了硬性的量化要求，其他方面常常就视同遴选合格。如果从客观上确立了育人价值判断的错误导向，就会对新时代研究生导师立德树人工作造成间接影响，引发忽视德育教育等方面的教育问题。

研究生导师遴选标准会体现在把握衡量尺度的统一性上。有的学科严格落实研究生导师遴选标准，而有的学科特别是新增学科点出于急需研究生导师人才或研究生导师流动等原因，可能会出现简化研究生导师遴选程序、放宽研究生导师遴选标准要求等情况。另外，由于近年研究生教育连续扩招，可能会出现放松对研究生导师招生资格的审查力度，即使研究生导师师德师风表现不佳、科研工作量也未达标，但这样的研究生导师仍可能会通过遴选获得招生资格，给研究生导师队伍建设带来混乱局面。而且出现在研究生导师遴选管理工作中的漏洞和不完善情况还会助长个别研究生导师想钻遴选标准不统一这个空子的侥幸心理。这就可能会对其自身师德师风放松要求，也会给研究生导师立德树人工作造成不良影响，极个别综合素质较低的研究生导师在立德树人工作过程中暴露出来的师德失范问题，可能会直接引起育人问题事件的不断出现。

（二）师德修养水平差异较大

师德是体现研究生导师综合素质的第一标准，研究生导师的师德修养水平往往受到思想觉悟高低的影响。而且研究生导师师德问题属于思想道德领域，目前很难量化，也很难用评价分数的高低来衡量，往往凭心中的主观价值判断标准来认定。再者，导师的身份和地位决定了人们对导师各方面行为的期望值往往过高，导师的言谈举止很容易受到关注，所以研究生导师师德修养的外在表现自然就会存在较大的差异。

研究生导师师德修养水平差异化的情况体现在很多方面。首先，研究生导师师德的概念比较笼统，而其内涵却很丰富，很难对师德修养水平设定统一的标准。对研究生导师师德修养的要求往往是宏观的、泛化的、方向性、原则性的，针对具体师德修养问题没有固定且量化的评价标准模板。研究生导师由于学科背景、个性特点、成长经历、认识程度等的不同，对师德修养重要程度的理解都可能会或多或少存在偏差。研究生导师立德树人、教书育人、言传身教等育人方式也都不尽相同，所以研究生导师所表现出来的师德师风修养水平自然就会存在差异。

其次，研究生导师遴选标准不同也会造成研究生导师的师德修养水平出现差异。比如热门学科和冷门学科对人才的吸引力自然就存在较大的差别。相比而言，热门学科的研究生导师数量相对充裕，所以研究生导师的遴选标准就可能会较为严格；冷门专业的研究生导师数量则相对较少，社会对冷门专业人才的需求是相对恒定的。往往为了保证社会冷门专业的存续和保证国家战略储备人才的供应，在研究生导师遴选标准上有关部门就可能会相应降低遴选要求，因而个别对自身师德修养要求不高或者对自身师德修养意识不强的研究生导师被遴选出来的可能性就会增大。而且，在冷门专业领域中学缘结构不合理的问题也会长期存在。这些都会导致研究生导师队伍建设良莠不齐。

最后，对研究生导师师德修养的评价标准往往是制定禁止性的行为标准。只要守住师德师风底线就可被认定为师德修养过关，这是当下较为通用的研究生导师遴选标准。在这种没有造成损害结果即不违规的遴选制度导向下，师德修养高尚的研究生导师仍会严格要求自己，处处为人师表。而对于那些师德师风修养示范方面做得不够的研究生导师也很难对其提出硬性的要求，因为他们只要不去触碰师德师风红线，没有发生损害后果的行为，很难说其师德修养有问题。同样，只要没有犯下师德"不准"类的错误，就不会得到"一票否决"的处理，充其量可以说其师德修养表现不足，却很难在师德修养评价内容中得到体现。因此研究生导师师德修养的差异还可能会进一步拉大，而且在这种师德修养评价制度导向的作用下，也很难缩小研究生导师间的师德修养差距。

（三）导师队伍结构不够合理

新时代研究生规模增量不断刷新。我国已成为世界上仅次于美国的研究生教育第二大国，党和国家的建设与发展对研究生人才的需求也在不断增加。从研究生教育的整体发展上看，随着近些年来研究生导师队伍规模的不断扩大，从国家整体发展的宏观角度出发，我国仍存在研究生教育发展不平衡的现象，各地区研究生培养单位的分布不均匀，不同层次、领域的学科布局也存在差异性。所以，我国研究生导师的分布情况也很不均衡，研究生导师队伍整体建设力度不够。我国北上广等一线大城市、东南部经济较发达地区的研究生导师数量相对充裕，而西北部经济欠发达地区的研究生导师数量则相对缺乏，这些都会直接影响新时代研究生导师立德树人的教育过程和成效。

从学科建设的角度出发，经济学、法学、管理学等热门学科的研究生导师数量相对充裕，而教育学、农学、医学等学科的研究生导师数量仍严重不足。特别是国家需要大力扶持的行业、产业，还有关系国计民生的学科和专业，研究生导师数量均有待提高。个别专业研究生的报考热度连年增加，而研究生导师的数量短时间内很难匹配到位，会出现一位研究生导师带十几名研究生的情况。这不仅给研究生导师自身的育人工作带来巨大压力，而且平摊到每名研究生身上的育人时间和精力也会大打折扣，也会对研究生导师立德树人的教育效果产生较大的不利影响。

从研究生培养单位内部的微观角度出发，新时代研究生导师的梯队建设较为薄弱，立德树人工作可持续发展的观念仍显不足，不同学科间研究生导师的分布也很不均衡，而且缺少预先进行顶层设计的管理理念。尽管已实行研究生导师岗位管理制度，已逐步实施研究生导师的动态化管理，但研究生导师岗位管理改革还需要一个循序渐进的完善过程。因长期形成的"研究生导师资格终身制"的顽疾在个别研究生培养单位中还没根除，旧的岗位管理问题还没完全得到解决，新的岗位管理问题就会继续产生出来。个别学科专业的研究生导师队伍虽显庞大，但真正能促使研究生成才的研究生导师数量占比却不高。研究生导师的岗位管理缺乏统筹安排和细化调整，研究生导师在增量上得不到优化处理，就会导致研究生导师岗位被大量占用，新晋师资力量也很难增补进来，造成研究生导师队伍建设新陈代谢速度减慢的问题，影响新时代研究生导师立德树人工作的有序推进。

从研究生导师梯队建设的角度出发，由于其布局存在受限的问题，研究生导师的梯队建设缺少整体规划，存量上升级不足，没有形成合理的梯度规划。在现实研究生导师梯队建设过程中往往会单纯地依靠学科自身实力，学科建设是研究生培养单位总体布局的重要组成部分，但学科实力的作用在很多研究生培养单位中的重视程度不够。如果研究生导师的梯队建设纯靠学科实力推进，则不仅势单力薄，而且还容易出现缺乏合理规划、考虑不够周全的建设问题，并可能会出现学科梯队建设很难配备齐全、个别学科跛脚等问题，也可能会在学科梯队建设中产生"马太效应"——学科间发生强者更强、弱者更弱的建设问题。再者，从学科的梯队建设视角考虑问题难免片面，对单位定位、社会发展等影响因素的考虑不够充分。如果不能权衡培养单位的整体利益与学科的局部利益之间的利弊，就可能会在学科梯队建设中出现研究生导师队伍"断层"的现象，产生研究生导师队伍青黄不接的问题。另外，由于个别学科的研究方向较集中，容易引起学缘结构不合理的现象，很有可能导致"清一色"或学术"近亲繁殖"的问题，不仅会给研究生导师队伍建设增加阻力，还会影响新时代研究生导师立德树人教育的实际效果。

三 研究生素质存在差异

近些年来，研究生人才培养速度的加快给研究生导师立德树人工作带来了不小的压力。研究生导师在立德树人方面目前存在德育责任认知不清、不够积极主动了解学生动态，以及不能以身作则感化学生等问题。[①] 研究生导师立德树人的对象是一个个活生生的人，而且是独立的个体，每个人的个性特点、成长需求都不尽相同。教育对象的这些个体性差异给新时代研究生导师立德树人教育增加了工作难度，而且每个人从本质上都具有社会属性，其个体间的差异还会对彼此间造成影响，因此会引发一系列的育人问题，需要予以足够重视。

（一）研究生品德修养的差异性

大学本科教育是素质教育，研究生教育则是专业教育。研究生在素质教

---

① 柳礼泉、王俊玲：《立德树人视域下研究生导师德育自觉的提升路径探析》，《思想教育研究》2016年第2期。

育的基础上曾经接受过思想品德教育并具备一定的修养，已形成了固化的道德观念，其思想和心理渐趋成熟，自然或不自然地会产生心理防御，思想相对固定，不容易轻易转变。再加上基础教育背景的差异化，使得研究生之间的思想品德修养具有明显的差异性，因此研究生的品德修养呈现不同类型。

由于研究生受社会就业环境、社会功利思想、科研项目难度等压力的影响，个别研究生会存在功利化的学术导向。个别研究生把早日毕业作为唯一追求，而且急于求成，毕业要求什么就做什么，为了尽快实现毕业目标甚至不择手段，出现了急功近利、放弃个人品德、不遵守学术道德等问题。在学术论文的研究过程中，有的研究生不理解数据的严谨性，掌握的数据不完全就要发表论文，或者出现因急于出成果的浮躁心理而应付实验的问题。如2019年3月27日，云南财经大学的一名教师在微博发文章对湖南大学刘某洁进行谴责，举报刘某洁2018年的硕士学位论文剽窃云南财经大学的那名教师2017年的国家自然科学基金项目申请书。经过多方调查，刘某洁的硕士学位论文不仅存在抄袭现象，重复的字数超过了15000字，而且已构成严重的学术不端行为。最终，学校在决定撤销刘某洁的硕士学位的同时，给予其研究生导师警告处分并取消了其研究生导师资格、调离研究生导师的教学岗位。像这种为了获得学位，在学术上弄虚作假的行为，属于典型的学术不端。研究生暴露出来的学术道德问题，表明研究生在争取学业有成的同时还没养成尊重学术成果的学术道德，尽管绝大多数研究生对自己的研究生导师的学术成就很是敬佩，但是落实在自己身上时，领悟得却不是很透彻，这样的情况迫切需要研究生导师给予及时、必要的正向引导。研究生如果不能保持沉下心来扎实做学问、做研究的心态，还一味好高骛远，就会出现道德水平和价值取向上的差异问题。

随着近些年互联网的迅速发展，社会环境呈现了新的面貌与特征，特别是网络环境的日趋复杂化也对研究生的思想和道德观念产生了冲击。网络时代的便利，不仅会使青年研究生们在虚拟的网络环境中受到时空无限制、道德无约束的影响，严重者还会吸收到毒瘤文化，产生背离正确的价值取向和道德标准的现象，出现"知行不一""双重标准"等现实问题。网络的蓬勃发展会使得研究生在开放性信息环境的熏陶下，被西方世界的歪曲的意识形态影响，变换各种手段突破我国教育领域的育人防线和底线，广泛进行负能量的舆论造势，严重影响着青年研究生的思想意识形态，使研究生的德行观念产生不同向度的可能性变化。

（二）研究生教育背景的差异性

家庭是研究生成长的重要生活环境，家庭的熏陶和教化与新时代研究生导师立德树人工作产生相辅相成的促进作用。当代研究生生活成长的环境普遍优越，但是有一部分研究生的家庭教育却出现了道德"缺位"现象，其与学校教育"脱节"所产生的后果不言而喻。家庭教育道德"缺位"现象表现为家长的不作为，其未对子女进行必要的管教。如当下有不少研究生认为研究生导师要求过于严厉，比父母要严格得多，并表示很难接受和承受研究生导师的这种指导方式。造成这种现象的原因在于20世纪90年代以后出生的一代人因生活条件相对优越，家长大都不愿意让自己的孩子吃苦受累，在孩子身上承载着家长的过多期望，但是又舍不得让自己的孩子经历风雨。造就出由此成长起来的研究生的家庭教育环境、教育方式等教育背景存在差异性，会给新时代研究生导师立德树人工作带来潜在的教育难度和隐患。

研究生绝大多数都已是成年人，比起其他教育阶段的学生拥有更多的成长经历。根据美国职业规划大师唐纳德·舒伯的生涯发展理论——生活/生涯彩虹[①]（见图5-13），有少部分研究生处在人生的探索阶段后期，绝大部分研究生都处在人生的建立阶段。在建立阶段，人的社会角色扮演逐渐增多，会同时面临人生中的诸多生活问题。加之每位研究生的家庭背景、成长环境、受教育程度、社会经历、所学专业、生活阅历、价值取向、性格特点、行为导向、学习兴趣等方面都不尽相同，所以在研究生人才培养过程中就会出现差异化人才素质的问题。

此外，研究生生源存在不确定因素，读研动机也呈现复杂的变化趋势。

[①] 罗伯特·里尔登（Robert C. Reardon）、珍妮特·伦兹（Janet G. Lenz）、加里·彼得森（Gary W. Peterson）、小詹姆斯·桑普森（James P. Sampson, Jr.）：《职业生涯发展与规划》（第4版），侯志瑾等译，中国人民大学出版社，2016。

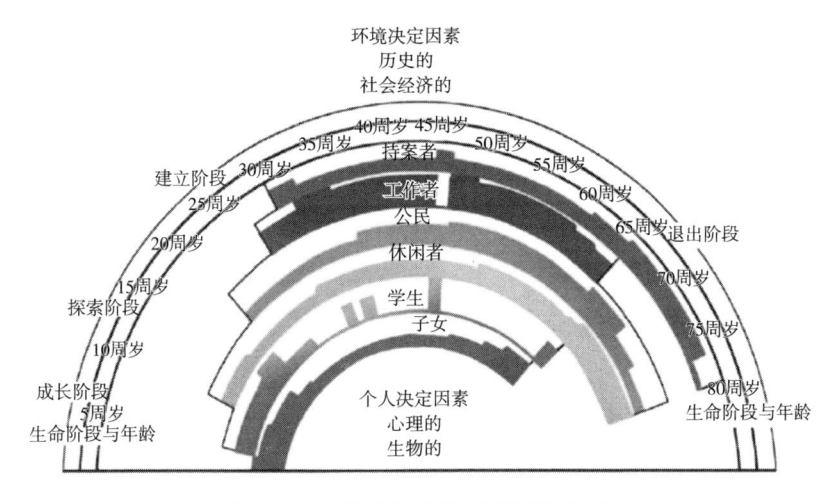

图 5-13 舒伯的生活/生涯彩虹示意

近年来,一是大学扩招政策使得很多本来处于录取线边缘的学生,获得了读研的机会;二是由于就业形势严峻,很多大学生害怕进入社会,于是他们中的大部分学生选择了继续深造学习。这就使得在校研究生中被动求学的研究生人数逐年增加,生源构成的复杂化加速了研究生当中出现素质水平不均的现象。以硕士研究生为例,有些专业不仅有该专业一志愿报考的考生,还有跨专业调剂或者报考的生源,其求学动机存在明显的差异性。具有不同类型的成长背景、求学意愿、生涯规划的生源自然会在研究生导师立德树人教育过程中出现不同的问题,而且这些不确定因素也会给新时代研究生导师立德树人工作带来更多现实的问题。

(三)研究生接受能力的差异性

新时代研究生导师立德树人是富有创造性和主观能动性的教育过程,研究生对立德树人教育理念的接受程度直接决定了研究生导师立德树人工作的成效。由于人与人之间的差异性是客观存在的,每个人对事物的接受程度不会完全相同,而且不同学科、不同专业背景的研究生对知识的理解程度、自身理解能力等都会有所差别,所以研究生对德的认识和领悟就会不尽相同。而且根据学科专业的不同特点其差异性会更为突出,如马克思主义理论相关专业与理工科专业的研究生对立德树人教育理念的理解和接受程度就会存在明显差异。硕士研究生和博士研究生虽然多为成年人，二者之间的差异却是相当明显的。博士研究生的思想相对更加独立且成熟，遇事会有自己独到的见解，理解和接受能力更强，有时会出现即便研究生导师想去干预，其所起到的作用也是相当有限的情况。

鉴于研究生的接受程度存在差异性，新时代研究生导师立德树人的教育过程也要因人而异，要采取适合研究生个体发展需要的立德树人教育形式。如果把立德树人教育模式化，如法炮制地培养研究生人才，则很难实现适应每位教育对象发展需要的培养目标，研究生接受的差异程度也会变得越来越大，导致研究生导师立德树人的教育过程起不到应有的育人作用和效果。

第三节　研究生导师立德树人问题的原因分析

新时代研究生导师立德树人工作是科学育人的系统工程。研究生导师立德树人工作过程中所产生的育人问题的原因来自多方面，涉及价值理念、配套制度、管理措施、育人能力等诸多教育因素。深刻剖析研究生导师立德树人教育过程中育人问题产生的根源，则有助于进一步寻找解决相关问题的方法，尽量为研究生导师立德树人工作减负，使其能够全心全意专注于立德树人工作，从而提高新时代研究生导师立德树人工作的实效。研究生导师立德树人教育过程中所产生的育人问题的原因具体涉及以下几个方面：纠正思想观念和价值取向、完善立法体系、规范考核评价管理制度、健全立德树人的体制机制、加强师德师风建设、加大监督管理力度、增强系统化培训、提升育人能力等。

一　价值理念不统一

在研究生导师立德树人教育过程中所产生的问题有部分源自研究生导师自身，如导师的思想认识程度、价值判断力等。而主观因素对客观因素具有能动性，分析对研究生导师立德树人不利的主观因素，以便克服主观因素对研究生导师立德树人工作的不利影响，在最大程度上调动新时代研究生导师立德树人工作的积极性和创造性。

（一）价值取向存在偏差

新时代研究生导师的育德工作要避免受到功利化目标性强的、可量化的显性考核指标的影响，在研究生导师教书育人的过程中，重视立德和树人双向教育工作。研究生导师要合理分配自身科研工作与育人的时间，树立正确的价值取向，为人师表，以身作则。

第一，功利化目标性强。从研究生人才培养的角度出发，社会对高层次专门人才需求的条件偏重于其学术科研能力的强弱，因此研究生导师在教书育人过程中自然而然地会偏重于学术、科研能力的培养，重育知、轻育德。从对研究生导师管理的角度出发，对研究生导师的育人效果评价也多以科研成果、科研项目为主要评价标准，所以研究生导师自然会先完成可量化的显性考核指标。育德工作存在隐蔽性，且不易进行量化考核，目前在对研究生导师考核的指标中缺乏涉及德行的软性考核指标，这是造成研究生导师育德工作被忽视的主要原因之一。再加上研究生导师的育德工作本身很枯燥，很难用量化的成效指标进行衡量，也难以用教育质量标准来考核，故这种可量化的显性考核指标是导致研究生导师育德工作功利化目标性强的主要原因。

第二，轻德重利现象普遍。受时下拜金主义思想影响，部分研究生导师的价值取向也受到了影响。个别导师为了追逐名利、享受会忽视育德工作，因为研究生导师需要有可以量化的学术成果、科研项目等工作任务要求，才能完成研究生导师岗位考核任务或者是实现个人职务职称方面的晋升。所以为了多发表文章、多出研究成果，保住自身的学术地位，不惜把所带的研究生当作个人研究项目的廉价劳动力，他们或者把这种研究任务压力转嫁给研究生，强制研究生为自己的研究项目无条件效劳，或者不能合理分配自身科研工作与育人的时间，甚至为了完成科研任务而挤占立德树人教育的时间和精力。这些都是直接影响立德树人教育成效的原因。

第三，价值认知失之偏颇。有个别非思政专业的研究生导师认为立德树人工作是在给他们"添事"。其实研究生导师立德树人工作强调的是将立德作为育人的基础，修正研究生思想偏差，为其正确的行为确立价值导向，这对于研究生人才培养工作是磨刀不误砍柴工、并行不悖、一举两得的好事。新时代研究生导师立德树人工作是贯穿于研究生人才培养全过程之中的，要从研究生人才培养全局的角度通盘考虑培养目标。研究生导师立德树人工作是融进研究生人才培养全过程的一种育人理念，是在研究生人才培养过程中需要强化和优化的育人工作，不是额外的研究生育人工作的任务和要求。所以，新时代研究生导师的这些思想包袱是妨碍立德树人工作正常开展的绊脚石。

(二) 思想观念存在偏差

思想观念会左右人的行为。我国进入了新的快速发展时期，社会发展环境、发展条件等发生了新的变化，思想上也出现了多元化的发展趋势。新时代研究生导师是为党和国家培育高层次专门人才的主力军，为了培育高质量的良才，需要研究生导师摒弃错误的思想认识，树立正确的立德树人教育思想。导致研究生导师思想观念上出现偏差的原因主要有以下几个方面。

第一，研究生导师对研究生的整体认知不够全面。个别研究生导师认为绝大多数研究生都是成年人，对于成年人就不再需要对育德工作予以过多的强调。但实际上，德的养成与修炼不是一朝一夕就能促成的，需要潜移默化并循序渐进地做好立德树人工作。尽管研究生大都是成年人，从小到大都受过道德教育，但是研究生的家庭教育背景是存在差异的，研究生的家长受应试教育思想的影响，更多关注的是分数从而忽略孩子的道德养成和性格塑造。家长们把精力都集中在了提高分数上，重才而轻德。而且随着年龄的增长，社会客观环境也会发生变化，研究生会面临诸多学习、感情、生活等方面的新问题。这些新问题可能会造成研究生成长过程中的思想困境和心理难题，只有不断帮助研究生解决出现的各种问题，研究生才能潜心研究、成长成才，所以需要研究生导师进行正确的立德树人引导和帮助。

第二，研究生导师对德的认识不够系统。特别是近年来新增的大量研究生导师，可能还没有经过足够的岗位培训就投入对研究生立德树人的工作中了。尽管在育人工作中从实践层面会有更深层次的育人理解（除德育相关专业的研究生导师外），但大部分新增的研究生导师由于缺乏对道德理论及相关知识的理解与学习，还没有形成完备的德育知识体系，不一定能够抓住立德树人的教育重点和思想精髓，有可能会走上育德、育人的弯路。有个别研究生导师忽视教师的从业道德，没有将师德工作作为常态化的工作来抓，对师德的理解与认识不到位。特别是良好的师德师风对立德树人工作所发挥的重要作用认识不到位，没有尽到立德树人工作者应尽的育人职责，而且个别研究生导师在道德修养方面放松了对自身的要求，出现师德失范的事件，也会影响立德树人的教育效果。立德树人中"德"的内涵丰富而又深厚，对其认识不足，会影响研究生导师立德树人教育的过程和成效。

第三，研究生导师对立德树人工作的认知有偏差。个别研究生导师错误地认为育德应该是学校从事思想政治工作人员的事，研究生导师只对研究生学业、科研能力培养负责，思想政治教育、育德之类的教育工作与研究生导师无关。还有个别研究生导师没有把立德树人工作放在政治站位的高度，认为立德树人工作是可有可无的事，只要把学术水平搞上去，把科研难题攻克了，其自身道德水平就会相应提高。尽管持这种错误思想观念的研究生导师只是个例，但是这种错误的理念会直接影响研究生导师立德树人工作的积极性和主动性。由此说明研究生导师还未认识到立德树人是全体研究生教育工作者共同合力完成的育人工作。研究生导师是立德树人教育的主体和关键，如果不去转变这种错误的价值理念，就会成为束缚新时代研究生导师立德树人工作的枷锁。

二 配套制度不完备

新时代研究生导师立德树人的配套制度具有指导和约束研究生导师立德树人行为的作用。目前，该项工作还处在起步阶段，相关配套制度仍须进一步完善。

（一）研究生导师立德树人的立法供给不足

2015年12月，立德树人已写入新修订的《中华人民共和国教育法》，但教师在立德树人工作中有关具体行为的相关法律条款仍不够完备，法律约束力仍不强。其难点在于对研究生导师立德树人行为的认定，比如研究生与导师学术不端的事件、研究生跳楼事件、研究生导师性骚扰研究生的事件等未能与法律、名誉挂钩。如果这些问题行为不能受到严惩或者惩戒的效果不显著，就会给更多的"南郭先生"以可乘之机，继续钻制度、法律的空子，进而与立德树人教育理念背道而驰。

诚然，规范研究生导师立德树人的行为不是简单的事，而是要考虑适当地增加立法供给，通过全方位的制度建设去管理和约束。2016年12月9日，习近平总书记在主持中共中央政治局第三十七次集体学习时也指出"法律是成文的道德，道德是内心的法律，法律和道德都具有规范社会行为、维护社会秩序的作用"①。这对新时代研究生导师立德树人工作是具有指导意义的。法律与道德一直是我国国家治理与社会治理领域的两种不可或缺的方式，当下针对研究生导师立德树人的普遍做法是一经查实，依法依规严肃处理。但是在实际操作中仍缺少直接适用的法律条文，而且相关处理多限于取消教师资格、撤销专业技术职务职称、开除公职处分、解除聘任合同等较轻的处理办法。除此之外，还没有相关法律方面的惩处措施。实际上，如果普通人在社会中犯下猥亵、强奸罪行，将会直接受到法律的强制制裁，而对研究生导师师德失范问题的处理结果就显得有些轻描淡写，有包庇的嫌疑。

（二）有关德的考核管理制度不完善

德的潜隐性属于意识形态领域，存在不如量化指标便于核定与比较的操作弊端，对德抽象和模糊的概念不容易理解。意识形态领域本身也离不开管理，需要在考核工作中进行强化管理，但由于存在种种原因，对研究生导师德的考核管理制度尚不完善，至今尚没有明确研究生导师德的考评标准，也未见对研究生导师德的考评办法。研究生导师考核指标的权重设置重视量化任务指标考核、轻视隐性任务指标考核，而且目前很多培养单位实际考核指标的设定容易引发研究生导师对德的关注程度仅处在口头上重视、实际上被忽视的现象发生，类似的做法还可能会助长研究生导师的个人利己主义思

---

① 中共中央文献研究室编《习近平关于社会主义政治建设论述摘编》，中央文献出版社，2017。

想，误导研究生导师专注于完成教学、科研等可量化的工作任务，完成量化的考评指标内容就视同完成了育人工作任务，从而忽略对研究生进行育德、育心。

首先，研究生导师德的考核管理制度导向不够明确，在研究生导师德的考核管理制度中体现以德为先的宗旨也不明显，但基于可衡量和可操作的考核管理角度，为减少考核管理操作步骤，目前"走过场"的考核管理规定比较多。对研究生导师德的考核管理认定多为泛泛的定性而已，大多没有指向具体问题的考核管理制度条款。而且对研究生导师的德行缺乏全面、系统的分析整合，也没有分解和细化，定性的考核评定标准过于简单与草率。其次，对考核研究生导师德的重要性认识程度不够，存在认为德的考核管理制度可有可无的错误思想，所以对有关德的考核管理过程不严格。再加上德的含义比较宽泛，对德的认定和认可较有难度，一般只要研究生导师没有太出格的问题发生，就都会表现出"你好我好大家好"的不愿去得罪人的考核管理状态。这种"老好人式"的考核管理方式会放任个别研究生导师的师德失范行为的发生。再次，存在用研究生导师其他方面的突出表现代替判断研究生导师德的考核认定的现象。对可量化任务业绩突出的研究生导师，如对科研项目多、学术威望高、发表成果多的研究生导师自然而然就会认定其道德水平同样很高，而往往对其师德师风表现不再进行单独的考核管理。最后，在研究生导师立德树人教育过程中，德育是很难在短时间内能见到效果的，这样类似的问题都是新时代研究生导师立德树人工作问题产生的原因之一。

（三）导师立德树人体制机制不健全

研究生导师立德树人工作是长期的、系统性的工作。独木不成林，单凭研究生导师的一己之力是很难实现理想的立德树人教育效果的。当下，把研究生导师立德树人工作都聚焦在研究生导师的一方之任上，这种认识上的偏差是导致依靠研究生导师的一臂之力立德树人、相应的体制机制尚不健全的主要原因之一。

研究生管理责任分工落实力度不够到位是诱因。《职责意见》出台后，关于研究生导师立德树人的工作明确化了。研究生导师负主责，所以在研生教育日常工作的责任分工过程中，凡是与研究生管理相关的育人问题就一股脑儿地去找研究生导师，片面地认为研究生的事理所应当地都是研究生导师的事。在研究生管理过程中，把研究生的事与研究生导师相联系。本来可由研究生辅导员、班主任就能解决的问题也要去找研究生导师解决。由于研究生管理责任分工出现"一边倒"，对研究生导师立德树人工作从管理上未形成健全的上下联动的体制机制，也没有形成齐抓共管的协作局面，这样的现状是造成研究生导师"单枪匹马、孤军奋战"的主要原因。这也涉及将管理重心下移的问题，即凡是研究生的事都让研究生导师一人承担，担子和压力都放在研究生导师身上，长此以往，研究生导师也会承受不住。研究生导师的精力和能力毕竟是有限的，保证研究生导师立德树人工作的效果不能只是单靠研究生导师的一己之力。动员、调动起与研究生教育有关的一切积极因素，采取线上、线下共同关注及全方位掌握研究生管理动态的问题已成为影响研究生导师立德树人工作成效的重要推手。如果研究生导师承担的培养任务过于繁重或总处于超负荷的状态下进行工作则还可能会引发新的研究生管理机制问题。

另外，研究生导师立德树人体制机制尚未形成全员的育人意识和育人合力是主因。研究生导师立德树人体制机制是系统化建设工程，研究生导师是其中的主体力量但不是全部力量。没有建立起研究生导师立德树人体制机制，形成线上、线下共融共通的立德树人关系网，就很难解决研究生导师立德树人体制机制的根本问题。当前，研究生管理有关部门、人员对研究生导师协同立德树人的共识认识得不到位，在研究生导师立德树人体制机制的层面上，也体现出研究生教育管理部门对研究生导师立德树人的思想认识和重视程度仍显不足，也没有采取相关措施将从事研究生教育的相关部门和人员的积极性都调动起来。除了研究生导师以外，与研究生教育相关的其他部门和人员的立德树人协同育人作用尚没有得到有效的发挥，没有相应的研究生导师立德树人体制机制能对研究生导师立德树人的工作进行全面的评定，不能够使研究生导师获得真正精神上的解放，也很难调动研究生导师立德树人主体教育优势。长此以往，一方面会挫伤研究生导师立德树人工作的积极性，另一方面也可能导致在落实立德树人工作中出现"撂挑子""耍大牌"等歪风邪气。

三　管理措施不到位

管理是为了提高研究生导师立德树人的教育效率和效果，管理措施不到位不利于研究生导师立德树人工作的有序开展。目前，研究生导师育人管理工作中仍存在着阻碍有效管理的"堵点"和"痛点"，需要具体查找并分析其原因。

（一）对德的评价不够具体

如何对研究生导师的德进行管理与评价是一个比较新的问题，目前的做法尚不够成熟。尽管对研究生导师进行道德要求的重要性不言而喻，但德没有利益可言，也难形成看得见、摸得着的量化形式的评价指标。如果对研究生导师的德进行量化管理，就容易流于形式。目前对研究生导师德的评价过于笼统，缺少具体的可操作性评价内容，而且针对研究生导师德的评价，人为的成分较多，原因主要在于对研究生导师德的重视程度和思想认识仍不到位，没有从更高的政治站位上去严格把关，评价结果的说服力较弱。

研究生导师德的评价不够具体、界定也不够清晰，致使研究生导师的育德工作得不到足够的重视。从研究生导师立德树人工作的角度看，研究生导师的德是第一位的，德也是研究生导师精神力的体现。如果研究生导师的德不正那么培养出来的研究生也会出现类似问题，这就是所谓的"上梁不正下梁歪"。另外，研究生导师德的评价具体化需要体现在评价主体、评价内容等多个方面。目前评价主体多为教育管理者和教育对象，对研究生导师作为教育主体的客观评价并没有纳入考评范围，也未考虑到如社会单位等其他考评因素的影响。这会造成考评结果的不够客观，而且对德的评价尚未有公认的标准。评价形式目前多局限于封闭式问答形式，绝大多数评价标准只需进行是或否的定性评价，没有采用开放式的问答方法，没能给参评主体更多自我评价的空间，这都是产生考核结果存在片面化、简单化的原因。

（二）考核评价体系不健全

有关研究生导师立德树人工作的考核评价体系既要重视学术研究，也要重视师德师风和品德修养。目前对研究生导师的评价考核内容过于简单，没有起到激发研究生导师育人内生动力的作用。更有学者指出研究生导师立德树人工作的考评工作存在考评的主体失衡、考评内容及其指标权重失衡、工作结果考评与工作过程考评失衡、精确考评与模糊考评失衡等诸多问题。[1]

首先，有些研究生培养单位把考评视为走过场，怕得罪研究生导师。因为有的研究生导师是"业界大咖、学术大牛"，而且有些研究生导师承担着重要的行政职务，在管理上碍于该研究生导师的情面。在这种错误思想观念的影响下，常出现评价主体单一的情况，行政部门和人员、研究生多作为评价主体出现；评价内容简单片面，评价多侧重于立德树人的教育过程，而重要的立德树人的教育成效则由于评价周期长等原因未被纳入考评范围。研究生导师立德树人教育行为规范程度不足。研究生导师遴选、考评量化考核的指标较多，而对研究生导师师德师风方面的考核由于难于量化，则多为定性要求。研究生导师对学术道德要求不能做到自律，学术诚信缺失，未形成关于德的系统的考评制度体系。

其次，考核评价以定量形式为主，定性形式考虑不够，考核评价指标较宏观。考评导向中科研任务量过重，个别研究生培养单位为了压实研究生导师的主体教育责任而出台各种制度，在对研究生导师的考评管理过程中偏重于对研究生导师科研成果量化的各种考评，以学术文章、科研项目级别和数量等对研究生导师进行要求和测评，造成部分研究生导师长期处于工作的高压状态，不堪重负。一味地追求科研成果的数量，有的研究生导师甚至把学术研究压力转嫁到研究生身上，还有的为了应付考评而去弄虚作假，以完成量化上的考评指标。只求数量不管质量的考核评价体系背离了设置考评管理制度的初衷，也必然会引起变相的育人问题。况且研究生导师承担着立德树人的教育主体责任，如果研究生导师为了应付考评而

---

[1] 曹洪军、王娜：《促进研究生导师"立德树人"考评工作的四重维度》，《思想政治教育研究》2017年第1期。

敷衍了事，那么在研究生导师言传身教下的研究生在完成各项繁重的学业任务时，可想而知，将会经受什么样的思想理念影响。如果研究生向研究生导师学习，如法炮制错误做法，研究生导师立德树人的教育效果必然得不到保障。此外，对研究生导师的奖罚不分明，未实行分类考评形式也是相关考评体系不健全的原因。研究生导师是培养单位中层次高、地位高、水平高的教育主体，对其进行管理应该比较慎重，避免管理模式僵化。对研究生导师立德树人工作成效显著的研究生导师并未及时给予表扬或物质上的奖励，难免会挫伤研究生导师立德树人的积极性；而对研究生导师立德树人工作做得效果欠佳的研究生导师，因碍于面子而置若罔闻，则会导致这种立德树人不正之风的滋生和蔓延。

长期以来，对研究生导师的考评导向与考评标准已固化。在高校中发表论文的质量，特别是核心期刊类的论文，不仅早已成为部分研究生导师衡量自身价值、地位的象征及自己拥有教育资源的资本，还成为高校间教育实力横向比对的重要标准。优势学科和专业的衡量标准更是很多高校教育质量排名榜上的关键指标。在这种价值导向下，部分研究生导师不得不长年累月地处于"两耳不闻窗外事，一心只顾搞研究"的工作状态中，自然就会影响立德树人工作的效果。2020年2月，教育部、科技部在印发《关于规范高等学校 SCI 论文相关指标使用 树立正确评价导向的若干意见》（教科技〔2020〕2号）之后，各培养单位也出台了相应的配套实施细则。只有在正确而合理地扭转考评导向的前提下，这股不正之风才会逐渐得到遏制。总之，研究生导师立德树人工作缺少标本兼治的综合治理措施，是影响新时代研究生导师立德树人工作的主要原因。

（三）师德师风约束力不够

师德师风是研究生导师的立身、立业之本，也是考评研究生导师立德树人教育质量的首要标准。但由于对研究生导师师德师风的约束力不够，无论是管理的制度层面还是执行层面都缺乏有效的激励约束联动机制。2014 年教育部出台的《关于建立健全高校师德建设长效机制的意见》指出学术造假、收受财物、性骚扰学生或与学生发生不正当关系等属于违规行为，也被称为"红七条"。2018年出台的《关于高校教师师德失范行为处理的指导意见》细化了培养单位的主体责任，强化了落实的力度。但从近年来社会曝光出来的问题事件及处理结果来看，文件的实施效果与预期目标之间仍具有一定的差距。运用企业"舞弊三角形"理论做进一步说明，企业舞弊的产生由动机、机会和借口三个缺一不可的要素组成。研究生导师的师德问题，一方面是由于其动机和借口，这说明研究生导师自身的道德建设没有达标；另一方面则是机会，即相应松散的管理制度给了个别研究生导师弱化师德师风的机会。从国家到培养单位，甚至到某一学院、系、部都已出台关于师德师风建设的相关制度，但这些制度的执行缺乏监督，也缺少有力的管理，有可能造成制度执行出现偏差，执行力不够，成为约束力不强的原因之一。

新时代研究生导师良好的师德、师风的培养需要建设过程，定制度与强执行之间也要有所关联。制度是从管理的角度制定的，研究生导师从实践的角度进行落实。一方面，研究生导师对制度的理解程度不够，需要不断加强对制度的解读。另一方面，制度执行的各方主体教育责任、监督管理力度是否到位，都是影响制度运行效果的重要原因。师德、师风不应是定量的工作任务，而是内化在研究生导师自身的作风品德和立德树人工作过程中的道德风气。对研究生导师进行无形的约束时如果不采用适合的管理制度，也很难使制度对研究生导师产生理想中的无形约束力，这也成为师德师风普遍约束力不强的原因之一。

（四）监督管理力度不到位

监督管理工作对新时代研究生导师立德树人工作有着重要的保障作用。目前，监督管理工作成效不明显主要体现在监督管理力度不够、监管制度缺失、监管过程不严、监管措施不力等方面。造成以上监管问题的主要原因有两方面，一方面，有些研究生培养单位认为研究生导师都是该单位中的重量级人物，在学术界和科研领域有着很大的影响，不能得罪，也就不敢去监管。另一方面，即使研究生导师在立德树人工作中出了问题，也不愿去监管，总想着"家丑不可外扬"，不愿公开问题而影响单位和研究生导师的名誉和信誉，希望守护并保住研究生导师的威望，继续为研究生培养单位创造相关价值。这样会助长个别研究生导师在育人过程中为所欲为的教育不正之风,导致近年被媒体曝光出来的多起问题事件。

此外,研究生教育管理过程中针对研究生导师立德树人工作的监督管理制度仍处在初建阶段,很多监管制度内容仍不够完善具体,监督管理执行过程的形式化严重。监督管理工作不是靠一个部门、一个人就能完成的,而是要靠多部门、多个人之间相互配合和相互协同,达到"众人拾柴火焰高"的监管效果,但目前在部分研究生培养单位中还缺少这样的监管组织能力和执行氛围。最后,监督管理的根本目的不仅是奖罚,而是起到广泛地警示与预防的作用,对监督管理工作意义的认识还没形成重要性共识,也成为监督管理工作执行力不足的原因之一。

(五)培训制度系统性不强

培训对立德树人工作是十分重要的,它不仅能提高研究生导师对立德树人工作的重视程度,还能起到规范立德树人过程、激发研究生导师立德树人的主观能动性、提高研究生导师立德树人积极性等作用。从国家层面到研究生培养单位层面都出台了相关政策和培训制度,在培训制度建设过程中还规范了研究生导师立德树人相关工作。学习新制度、新规范应该成为提高研究生导师立德树人工作能力的主要内容,然而目前对研究生导师立德树人的培训存在制度不健全、内容不规范,培训力度不够等问题。引起这些问题的原因是近年来新晋研究生导师数量激增,已有的培训制度已经过时或不再适用,而且随着对研究生导师立德树人工作规范性程度的提高,对研究生导师立德树人工作相关培训制度进行系统化建设的要求也越来越突出。部分研究生培养单位认为研究生导师立德树人教育水平已经很高,不用再继续组织培训,没有相关继续教育培训的规定,更没有培训学时的具体规定。部分研究生培养单位有研究生导师培训制度,但实际落实执行并不到位。个别研究生培养单位已组织相关培训但效果并不理想,存在应付了事的现象,如培训内容枯燥,吸引力不强;培训形式单调,未开展研究生导师立德树人方面针对性强的培训;培训时长不固定,上与不上区别不是很大,而且培训多为单向培训,缺少研究生导师直接参与的双向互动。以上这些培训问题都会导致研究生导师参与培训的积极性有所降低，进而影响研究生导师立德树人的教育成效。

个别研究生培养单位缺乏对立德树人培训工作的重视，忽视培训工作对育人的重要性，认为培训是可有可无的事情，造成研究生导师立德树人教育培训形式化，使相关培训的规章制度成为摆设。研究生导师不能通过立德树人培训充实育德内容，因而会直接影响研究生导师立德树人教育过程和效果，没有将研究生导师立德树人的教育内涵和理念通过培训形式内化于研究生导师的思想观念之中。结合以上培训问题，通过落实党的教育方针、习近平总书记关于立德树人的重要论述等相关要求，在深入开展研究生导师立德树人本质内涵、重要内容等方面培训工作的同时，完成本单位本学科立德树人教育顶层设计和实施策略等方面的必要补充。另外，研究生导师立德树人培训内容不够新颖、深入，也少有结合研究生导师立德树人实际工作来开展，立德树人培训的教育方法、手段仍显单一。以上都是造成研究生导师立德树人相关培训制度系统性、执行力不强的主要原因之一。

四　育人能力待提升

教育是双向性的系统工程，教育者应先从自身寻找问题产生的原因。研究生导师先要排除自身是否存在对立德树人认识理解不到位的主观原因，再去查找其他影响立德树人教育成效的客观原因。只有找出立德树人教育过程中存在问题的症结，才能更好地解决新时代研究生导师立德树人工作中存在的育人不到位、不系统、不深入等育人问题。

（一）育人的过程比较简单

研究生导师立德树人需要研究生导师日积月累、潜移默化地把育德工作细化于日常的教育教学工作过程中，逐渐让研究生理解、接受、转化、践行立德树人教育理念。学校生活是社会生活的缩影，道德是社会准则和行为规范。立德树人教育是不断发展的教育过程，主要通过研究生导师融进研究生教育教学工作中，是不断进行改造和转化、由浅入深的育人过程。研究生导师在教育教学过程中要尽可能多地让研究生受到育德教育，通过立德树人教育使研究生从中习得、养成并强化道德观念、道德意识、道德习惯等品德修养,把道德养成作为指导育人行为的原动力,不断充实立德树人教育的育人过程,为研究生奠定良好的品德基础。这也注定了研究生导师立德树人教育过程不会是短期行为,而应是长期而又持久的育人过程。

研究生个体间的差异使得他们对研究生导师立德树人的理解深度与接受程度存在差别。研究生导师在立德树人的过程中,不在意教育对象间的个体差异程度、不重视育德工作的丰富程度、不考虑研究生的接受程度等因素是影响新时代研究生导师立德树人效果的主要原因。而且研究生导师队伍中仍有个别研究生导师存在立德树人工作急于求成、急功近利的错误思想,总希望立德树人的教育速度越快越好,其产生的立德树人成效无异于拔苗助长。研究生导师根据学科专业的特点、教育对象的特性进行差异化立德树人教育指导,不能是千篇一律地完成流水线般的育德作业,而是要坚持一切从研究生客观需求的实际情况出发对研究生进行灵活多样的育德工作指导和引导。将研究生个体差异化转变成个性化的对应育德育人服务,其转变过程看似复杂却能够有效提高育人效果。总之,研究生导师立德树人育人过程过于简单是使得新时代研究生导师立德树人出现问题的原因之一。

(二)育人的方式较为单一

育人的方式是研究生导师立德树人教育的表现形式。研究生导师应坚持唯物主义辩证法,如同恩格斯 1895 年在《致维尔纳·桑巴特》的信中所讲的那样:"马克思的整个世界观不是教义,而是方法。它提供的不是现成的教条,而是进一步研究的出发点和供这种研究使用的方法。"[①] 研究生导师要明确研究生个人全面发展与新时代我国社会全面发展之间的关系,采用润物无声、为人师表、以身作则、率先垂范的育德育人教育方式促进研究生的身心全面发展。将育人的方式方法运用得当,才能够提高立德树人的教育效果和成效,增强研究生道德观念和学识素养,激发研究生内心求学的勃勃生机和动力。然而,在目前研究生导师立德树人实际工作中,面对多层面、多领域的复杂研究生人才培养现实,出于以上种种原因,现阶段研究生导师立

---

① 《马克思恩格斯选集》,第四卷,人民出版社,2012。

德树人的育人方式在处理育人整体理念与研究生个体差异之间的适应度与匹配度上仍显不足，使得研究生导师立德树人的育人方式依旧比较传统和单一。

新时代研究生导师在立德树人工作中，经常处在完成各种教学、科研任务的高压工作状态下，而且其教学、科研工作任务都是可以用量化指标呈现的。因教育是良心工程，挤占研究生导师立德树人的教育时间和精力有时难以被察觉，所以为了求快求好地完成培养任务，研究生导师往往会在育人指导时选择采用多人同时或者是师门活动的育人方式去替代一对一、面对面式独立指导的育人方式。另外，由于研究生导师精力严重不足，实施让教育对象高效接收、接受的育人方式可能会存在不够深入、不够细致、不够具体的育人问题，因此研究生导师育人的方式也就会相对简单、直接，常常就事论事，不能触类旁通、举一反三，甚至会采用机械的说教育人方式。这些单调的传统育人方式不仅是造成研究生难以理解和接受的育人原因，更达不到预期的育人目标和效果，甚至可能会引发研究生厌烦、逆反的被动情绪。再者，由于研究生导师长期处在各种教学、科研工作任务的高压下，多少会影响研究生导师育人方式的创新意识与创造能力的提升，部分研究生导师不能很快适应现代教学手段发展所带来的新的教育教学方式上的转变。这样的情况难以实现传统的育人方法与现代信息技术手段相融合的育人方式，直接导致研究生导师立德树人工作失去其吸引力和必要性、重要性。如果不能正视以上这些育人问题，避开育人方式的劣势，同样也会影响新时代研究生导师立德树人的教育过程和成效。

（三）育人的内容更新较慢

以往研究生导师立德树人的育人过程简单、育人方式单一，造成了现阶段育人内容上更新速度较慢的现实状况。研究生导师立德树人在注重育才的同时更要注重育德工作，以立德树人为己任全面培养研究生人才。研究生教育的特殊性决定了研究生导师立德树人的育人内容要与时俱进、丰富多样，应该在适应每位研究生个性发展需要的基础上因材施教，改变以往育人内容的陈旧性、滞后性、单一性。研究生导师立德树人的育人内容不能是一成不变的，是要随时代的发展、社会的进步与时俱进、不断更新的，应该加快研究生导师立德树人育人内容的更新速度以适应新时代研究生成长成才的实际需要。

首先，研究生导师立德树人的育人内容要坚持德育为先、育人为本的教育理念。针对之前教育阶段中育人内容可能存在的德育缺位现象及时进行弥补与完善，培养研究生深厚的品德修养、思想内涵，促使研究生形成与立德树人教育理念相一致的道德观念。其次，研究生导师在研究生教育阶段要继续坚定研究生的理想信念，帮助其明确生涯规划，引导研究生将个人价值目标与社会价值目标统一起来，树立研究生个体与国家整体发展紧密相连的理想信念，引导研究生把个人的理想追求融入国家与民族的建设事业。

研究生导师立德树人的育人内容要根据教育的主、客体双方即研究生导师和研究生的实际情况而定。目前为止，育人内容没有一定之规，也很难形成统一的育人内容标准，但这并不妨碍研究生导师对研究生进行最适合的立德树人教育。适合就是要求研究生导师要针对研究生的特性提前制定立德树人的工作设想，灵活处理育人过程中遇到的棘手问题，因材施教。将立德树人博大精深的内涵与立德树人教育实践相结合，摒弃不合时宜的育人内容，转变僵化的立德树人的育人理念，使立德树人的教育内容更灵活丰富，优化研究生导师立德树人育人内容的更新速度，推进新时代研究生导师立德树人工作的进程与效果。

第六章
构建新时代研究生导师立德树人协同育人机制

　　研究生导师立德树人工作的目的是为新时代中国特色社会主义现代化建设培育合格的建设者和接班人。新时代研究生导师立德树人是研究生教育立德树人的重要组成部分，是提高研究生培养单位治理能力的重要内容，也是完善以立德树人为根本的一体化育人体系的重要方面。推进新时代研究生导师立德树人工作，不是只依靠单一方法就能实现的，而是一项系统性教育工程，需要全方位、全过程、全员齐心协力，构建立德树人协同育人长效机制。创新是推动新时代研究生导师立德树人工作开展的不竭动力，在立德树人复杂又细致的系统工程建设中，需要将育德理念与教育实践进行系统性、创新性的有机结合，发挥出各级各部门教育人员的优势互补作用。构建新时代研究生导师立德树人协同育人长效机制要在扎根现有模式和经验的基础上，在新时代的历史条件下进行不断地优化和改进。按照从为什么建立到怎么建立的思路，考虑在研究生教育系统内部激发立德树人协同育人优势、形成协同育人整体合力最大化的方式，将各个实施环节落实到位，以促进形成更为高效、协调的新时代研究生导师立德树人协同育人长效机制。

　　另外，研究生人才培养工作是庞大的系统教育工程，研究生导师立德树人的教育功能和作用不是仅局限在研究生在校学习期间，其更为突出的作用体现在研究生步入社会后各方面的表现和行为。当研究生导师立德树人教育转化成研究生自主自觉自发的思想、行为和习惯时，立德树人的长效作用才能更淋漓尽致地体现出来，所以社会才是检验研究生导师立德树人工作效果的重要环境。构建新时代研究生导师立德树人协同育人机制需要向社会各领域延伸和扩展,把所有社会影响因素合理地纳入构建研究生导师立德树人协同育人机制的过程之中,从社会整体发展的角度创新推进"三全育人"理念,在全社会形成新时代研究生导师立德树人效果的社会合力和协同效应。

第一节 构建协同育人机制的必要性

新时代研究生导师立德树人是循序渐进的育人过程,在协同发展的教育过程中必然会受到诸多内外因素的影响,也难免会受到现存制度滞后性与制度改革迟缓性的制约。从马克思主义的立场、观点出发,"辩证法不是把自然界看作彼此隔离、彼此孤立、彼此不依赖的各个对象或现象的偶然堆积,而是把它看作有联系的统一的整体,其中各个对象或现象相互有机地联系着,互相依赖着,互相制约着"①。所以,通过构建新时代研究生导师立德树人协同育人机制,促进研究生导师与研究生教育相关的部门、人员之间建立互相联系、互相协同的教育关系。保持同心、同向、同行的育人状态,在相互制约与相互作用中逐步推进新时代研究生导师立德树人工作的协同性、科学性和可操作性,是从根本上提高新时代研究生导师立德树人协同育人成效的关键点。再者,根据新时代研究生导师立德树人的工作实际,通过构建新时代研究生导师立德树人协同育人机制,不仅能够深入贯彻习近平总书记关于立德树人的重要论述,还能进一步增强立德树人教育思想对新时代研究生导师立德树人协同育人工作的指导性和实践性。围绕以释放办学活力为目标,更为有效地提高研究生导师立德树人协同育人的教育工作成效。通过构建研究生导师立德树人协同育人的机制,充分体现新时代研究生导师立德树人协同育人机制建设的必要性和紧迫性。本节从遵循研究生成长成才规律、在"三全育人"中推进研究生教育、提升研究生导师立德树人潜能与成效三个方面分别论述构建研究生导师立德树人协同育人机制的必要性。

---

① 《斯大林文集》(1934-1952年),人民出版社,1985。

一　有助于遵循研究生成长成才规律

教育规律是客观存在的，蕴藏在教育的全过程之中。研究生成长成才的教育规律则蕴藏在研究生导师立德树人教育的实践过程中。新时代的社会环境、社会条件等都出现了新变化、新要求，要做到审时度势、因时而进、因事而化地把握研究生的教育特点和成长成才规律，因势利导地立德树人协同育人才是适应新时代创新人才培养需要的推进措施。培养研究生就先要了解研究生的教育特点，把握研究生的所思所想所为，根据研究生的日常行为表现寻找具有共性的育人规律。

（一）新时代的研究生呈现出个体特殊性

由于研究生教育处在国民教育体系的顶端，所培养的都是高层次专门人才，这决定了研究生导师立德树人工作的对象与众不同，研究生也不是一般意义上的学生，更需要遵循研究生成长成才规律。有学者指出：研究生不同程度地存在理想信念模糊、集体观念淡薄、学术道德失范、知行不够统一等问题。[1] 研究生教育是高等教育中最高层次的学历教育，培养的是国民教育序列中的高端人才，也是国家创新体系的生力军。新时代社会发生了新变化，研究生的个体特殊性也更为突出。当下的研究生是以"90后"为主体的一代新人，特别是绝大多数的硕士研究生是以1995年后出生的人为主，是不折不扣的"90后"新人，被称作"网生代"，比之前一代有了更强的国际意识形态，更能以世界发展的眼光和角度去探知事物的发展规律。而且"90后"研究生均接受过高等教育，在他们身上或多或少地存在对现状不安的现实情绪，更有着提升自我的主体意识，有着适应社会发展变化的愿望和能力。所以，当代研究生身上无不刻有深深的时代烙印，也肩负着时代赋予的使命。这些"新新人类"的思想方式、行为方式、公德意识、科学精神、心理状态等会出现不同程度的外化表象。从新时代研究生个体的特点中探索研究生的成长成才规律，是对研究生导师立德树人工作提出的新要求，只有先了解、摸清新时代研究生的个性特点，才能更有针对性地开展因材施教的

---

[1] 成敏敏：《切实增强研究生导师立德树人的认同感》，《中国高等教育》2018年第24期。

立德树人工作。经过长时间与研究生的各种交流、沟通，笔者发现研究生总体上来讲存在以下四个方面的特性。

第一，在思维上具有广度，喜欢独立思考。新时代的网络技术发达，时事新闻传播的途径、渠道广泛，而且智能手机、便携式电脑、平板电脑等新传播介质花样翻新，各大平台 App 功能强大。不仅可以实现不受空间、地域限制的即时传送效果，还具有信息量大、内容丰富、传播与更新速度快等优势。在信息爆炸的新时代，海量的信息会时常扑面而来，新元素、新思想、新知识、新技术等新信息会受到研究生的青睐。况且研究生自主支配的时间较多，这些信息内容可能会进入新时代研究生的头脑，占用研究生独立思考的宝贵时间。

新时代的研究生有着独特的适应信息时代变化的能力。他们或集中或零散地掌握海量信息，接受新鲜事物也快，而且能不断地获取新知识，愿意了解世界发展趋势和时代潮流，并对其感兴趣的政治内容比较关注，愿意参与政治话题的讨论。另外，新时代的研究生从小接受党和国家的培养和教育多年，对党和国家有着饱满的政治热情和爱国情怀，也有着一定的理想抱负和责任感、使命感。大多数研究生有较强烈的政治追求，对国家的建设与发展有着强烈的认同感，渴望尽快加入党组织。但由于新时代研究生的世界观、人生观、价值观呈现出多元化的发展趋势，新时代研究生教育工作者更需要对其加以必要的正确引导。

第二，在性格上自我意识强烈，追求个性。进入研究生教育阶段的每一个人都是经过严格考试筛选出来的，每个人的内心多多少少都会有着在攻读最高学位时能够更大限度实现自我价值的愿望。因此，研究生的自我意识较突出，为了尽快追求实现自我价值的目标，想着个人发展的事会多一些，而且每位研究生都至少有着十几年、二十几年的人生经历，已形成了相对固化的世界观、人生观和价值观，其思想观念相对成熟，批判性、怀疑性强，不易被别人的想法所左右。

新时代的研究生有着明确的学习目的和目标，个性特点鲜明，个性化需求多样，与他人接触时相对会有本能的心理保留，并且会自然而然地保持相互间的距离。研究生的年龄跨度比较大，况且每个人都有每个人的思想、每个人的生活、每个人的发展目标，自觉或不自觉地就会表现出强烈的自我意识，其个性化特征也会显露出来。个性展现固然很真实，但不能只顾自己不顾别人的感受，这其中就需要研究生教育工作者能因人、因事而异，掌握每位研究生的真正心理诉求和个人发展意愿，了解其本真的个人发展需求目标，有的放矢地进行针对性正确引导，这样才能更有成效地进行新时代研究生导师立德树人工作。

第三，在心理上乐于改变，创新欲望强烈。新时代的研究生接受的新思想、新观念、新技术多且接受能力强，所以他们思想比较前卫，兴趣广泛，也乐于追求新奇，喜于探索新生事物，属于充满无限可能的新生一代。再加上研究生教育的开放、自由化程度都比较高，随着数字化、网络化、智能化的深度发展，新时代研究生获取信息、知识的途径呈现出越来越快捷、方便的特点，不仅满足了新时代研究生求新、求变的心理特征，其创新思维、学术素养也均得到了明显的体现。事物都具有两面性，这些研究生的个性化因素可能也会导致他人对研究生深层次的思想、心理问题较难触及，抗挫折能力不强、人际交往能力欠缺、易出现心理波动等心理问题。

心理上的特点对研究生的影响具有独特性和辐射性，而且各种心理因素彼此交织、错综复杂，需要研究生教育工作者在立德树人协同育人教育工作中采取灵活多样的教育方式，多沟通、多接触，准确把握新时代研究生的思想脉络。运用立德树人的教育理念，尽量全方位、多角度、深层次地理解和把握研究生的心理状态和心理诉求，剖析有可能产生心理问题的原因，转换思考方式，换位思考，采用积极的思维模式耐心导德、导心，尽可能多地挖掘出研究生身上的成长积极因素并给以必要的正向鼓励和正确引导。只有这样才能为新时代研究生导师的立德树人教育排除掉研究生人为因素的干扰。

第四，在行为上相对自由，未来规划理想化。从课程安排上，研究生的课程安排较分散，根据学科、专业、个人的成长需求差异，更多体现为自行选课，只要在规定的时间期限内修满相应的学分即可。即使是遇到集中授课，研究生也很少能以行政班级的形式一同上课。因为研究生根据各自研究方向的实际情况各取所需,所以课程差异化较大。从研究生研究的内容上看,因研究生的导师不同,其研究的领域、内容也不相同,人员还相对分散,研究生容易从个人角度出发思考问题。例如研究生我行我素的行为特征较为普遍,对研究生实行集中统一的育人管理难度较大,所以,需要所有相关研究生教育工作者通过立德树人协同育人教育工作凝聚思想共识,尽可能地激发出研究生立德树人的主观自觉性与自律意识。

(二)发挥各方优势把握研究生育人规律

首先,新时代研究生掌握的知识系统化程度相对较高。研究生本科阶段大都经历过职业生涯与就业指导课程的学习,有追求实现个人理想的需要,对其未来的人生有着较明确的目标与追求,更渴望在研究生教育阶段实现更高层次的梦想和追求。因研究生的理想抱负需求强烈,研究生教育工作者需要对研究生的职业生涯规划正确地引导和帮助,通过研究生导师的立德树人教育指引研究生把个人理想融入党和国家的现代化建设事业中,成长为对时代发展有用的高层次专门人才。

其次,面对新时代研究生纷繁复杂的个性特征表现,在总结其所具有的共性特征的基础上,还需要进一步思考和把握研究生育人规律性问题。列宁讲"规律的概念是人对于世界过程的统一和联系、相互依赖和总体性认识的一个阶段","规律是现象在自身同一中的反思"[①]。遵循研究生的成长成才规律,透过研究生成长成才过程中相对固定的规律现象,思考现象之间的联系,从而透过现象抓住本质。研究生导师立德树人需要以加强内部管理的方式,建立起相应的立德树人协同育人机制,通过充分调动各方面的育人积极性,有效地解决育人表面现象下产生的所有问题,从而解决研究生成长成才过程中的实际问题,在立德树人教育实际工作中深化对研究生成长成才规律的认识和理解。

研究生大多是成年人,研究生层次的学生比其他教育阶段的学生年龄更大、阅历更多,也更趋成熟和复杂,这些都会给研究生导师立德树人工作带

---

① 《列宁全集》,第五十五卷,人民出版社,2017。

来新的挑战。研究生人才培养过程不同于其他类型的教育，培养的自主性、专业性、学科性等特征明显。从分析研究生成长成才的规律中逐渐认识到研究生人才培养存在的复杂性与特殊性，单凭研究生导师显然不足以促进研究生未来的全面发展，必须要思考并构建出一种共同育人的教育模式。通过多方强强联合、优势互补，发挥出协同育人的资源优势，才能更好地服务于研究生人才培养，也为建设高层次、高水平研究生人才培养体系奠定坚实的基础。因研究生导师立德树人工作是潜移默化、循序渐进的过程，不能只是生硬地进行灌输式教育，更不可以生搬硬套现成的育人模式。根据当前研究生教育的实际和现有的教育条件，单靠研究生导师的教育显然不够，还需要考虑调动尽可能多的优势教育资源，合力立德树人。需要能深入了解研究生的个性特点和成长成才规律，构建起新时代研究生导师立德树人协同育人机制，有效调动研究生教育各组成部分间的协同性和配合力，从而面对研究生个体之间的差异性和立德树人教育过程中存在的问题。根据每位教育对象的成长成才规律因材施教，进行深入浅出、细致入微的立德树人教育，按照研究生未来的发展需求因势利导、循序渐进地立德树人、协同育人，更好地认识和尊重研究生的成长成才规律，更有效地提高立德树人协同育人的实际教育效果。

二 有助于在"三全育人"中推进研究生教育

研究生导师立德树人工作贯穿人才培养的全过程。面对新时代研究生教育的新形势和研究教育对象的新特点，研究生导师立德树人的现有育人方式已明显不能满足研究生培养的现实需要。研究生教育的管理运行体系包括很多方面，研究生导师是其中的育人关键力量，但实践证明仅凭研究生导师一人之力育人未免太过于单薄。研究生教育应是由多个部门、多名人员组成的协同性高等教育，而研究生管理部门人员、研究生辅导员、班主任等行政管理人员都应该是立德树人协同育人的教育主体，构建新时代研究生导师立德树人协同育人机制日益成为推进新时代研究生导师立德树人工作的当务之急。在之前的研究生导师立德树人深度访谈中，一位软件工程学科的研究生导师在访谈中就提到要进一步加强学科建设与研究生教育在培养单位中的作用和地位,明确学科建设和研究生培养的各级各类岗位职责,党团组织和行政部门要协同育人。可见,通过构建各部门、人员的协同育人机制可进一步明确各自的分工和协作任务,科学推进落实立德树人工作是促进更高水平研究生人才培养体系形成的有力保障。

构建新时代研究生导师立德树人协同育人机制需要科学的理论框架做支撑。2016年,习近平在全国高校思想政治工作会议上要求把立德树人作为中心环节并提出"三全育人"工作模式,即思想政治工作与立德树人共同贯穿人才培养体系,围绕立德树人的目标,各个体系分工协作。以立德树人为中心环节,把思想政治工作贯穿在研究生学科体系建设、教学体系建设、教材体系建设、管理体系建设之中。研究生导师是研究生教育的主要承担者,以研究生导师立德树人为核心推进"三全育人"的协同育人工作,是对研究生进行立德树人教育的本质要求,也是提高研究生导师立德树人的有效举措。研究生导师是研究生培养的关键教育力量,在落实研究生导师立德树人工作的过程中,贯彻习近平总书记"三全育人"的思想理念和工作思路,构建新时代研究生导师立德树人协同育人机制。通过建立协同育人机制的运行方式,把握机制运行的内在机理,更能彰显研究生教育内部各方的协同互补优势,把立德树人协同育人教育的根本任务进一步落地、落实、落细。

从研究生导师立德树人价值意蕴的角度出发,立德树人强调的是从育人的根本入手,更注重的是育德、育心,在研究生的思想观念中根植正确的价值观念。思想价值观念的形成与强化不是仅靠单方面的因素,也不是单凭听和记就能入脑入心的,而是需要把育德融入研究生人才培养的全过程中,全员全方位地全面渗透。"道德教育本质上是一种行为规范的养成,而行为规范是在具体的行为过程和行为方式中养成的。"[1] 通过言传加身教的教育方式润物无声地将道德理念融入研究生的思想观念之中,逐渐走进研究生的内心,激发研究生道德上的高尚意识,经过遵从、认同、内化的过程,把习惯

---

[1] 李景春、杨桦:《论研究生德育的生活化取向》,《学位与研究生教育》2009年第12期。

变成自然，进而影响、改变研究生的日常行为。当然，研究生观念的改变除了研究生导师须发挥出其主导教育作用外，还需要与研究生教育所有相关的部门和人员联合起来协同育人，形成全员协同育人的共识和合力才能更有效地发挥出新时代研究生导师立德树人教育的真正价值。

从研究生导师立德树人实际工作的角度出发，研究生教育是有组织框架的，研究生导师是其中的关键教育力量，是研究生人才培养的第一责任人。但绝不是只由研究生导师一人来完成所有的育人工作任务，除了研究生导师外，还应有与研究生教育相关的所有部门、人员的协同合力育人。以高校为例，高校中的研究生教育管理部门一般分为校级研究生教育管理部门和院级研究生教育管理部门。校级部门如研究生院、研究生工作部、研究生处、学生处、后勤处、保卫处等，院级部门如教学科研办公室，各系教学办公室，院、系级学生管理工作部门等。与研究生教育相关的工作人员就更多了，主要有直接从事研究生教育工作的管理人员，如研究生任课教师、研究生班主任、研究生辅导员等。以上这些部门和人员都应参与研究生导师立德树人工作以落实立德树人教育根本任务的实施。共同把立德树人贯穿于研究生人才培养的全过程，促成全过程协同育人的合力，更加突出将立德树人协同育人作为研究生教育中心工作的特点，在"三全育人"中顺利推进新时代研究生教育工作。

从研究生导师立德树人实践角度出发，研究生导师立德树人的目的是培养社会所需要的高素质专门人才。培养出的研究生要能经得起社会的实践检验与考验，真正为促进社会发展所用，在服务社会、服务国家的经济建设发展过程中体现新时代研究生导师立德树人的时代价值。为确保对研究生导师的立德树人考评尽可能全面、客观，对研究生导师立德树人工作的考评和认定不能仅限于研究生导师指导的过程，还应涵盖对立德树人的教育对象即研究生在校内、在家庭、在社会中等多种社会角色的思想动态和行为举止进行综合考察。因为研究生导师立德树人工作会对研究生世界观、人生观、价值观产生影响，需要与研究生的家庭教育、社会教育携手，在学校、家庭、社会全方位促进影响因素的转化，促进校内培养与校外培养相协同。新时代研究生导师立德树人教育绝不只停留在研究生导师个人的指导、教育过程中，立德树人教育还应渗透到研究生教育管理的整体过程之中，渗透在研究生成长成才的教育过程之中。只有在研究生人才培养的全过程共同分担立德树人的教育任务，在全社会形成全方位立德树人协同育人的教育合力，才会使立德树人的教育意义得到彰显，才更能体现出立德树人的教育价值。

三 有助于提升研究生导师立德树人潜能与成效

研究生导师立德树人协同育人机制构建的初衷是满足新时代研究生人才培养的需要，促进研究生教育在新的历史发展阶段能够培养更多高素质、高层次的专门人才。在当下研究生导师立德树人的工作中，从研究生培养横向联合的角度出发，必须要与研究生培养过程中的各个参与者通力合作，形成合力，使研究生教育的各个环节彼此联动，形成横向配合的协同育人效应。这样才能够更好地协调研究生教育各方之间的关系，使其发挥出更大的立德树人效能。从研究生培养纵深的角度出发，完善立德树人的相关育人制度可从外部条件规范研究生导师的育人行为。这是对研究生导师依规依章立德树人的硬性要求，需要研究生导师长期坚持、养成习惯并可对其进行有效的监督检查。但是，来自外界的约束不一定能让研究生导师发自内心地对立德树人的教育事业产生敬畏心和责任感，还需要尽可能地挖掘研究生导师立德树人的潜在积极因素。通过内外兼治的提高方法进行纵深衔接，全面提高新时代研究生导师立德树人的主观能动性，提升新时代研究生导师立德树人的潜能和协同育人教育工作的成效。

（一）潜能的激发依靠协同育人机制高效运转

研究生导师立德树人的内在潜能是研究生导师自身沉淀、储备的一种育人能量。这种育人能量需要受到外界刺激才能被激发出来，而且一旦被激活就需要像种花一样，持续不断地进行"浇水、施肥"，使其始终保持最佳的生长状态，结出最理想的教育成果。根据美国19世纪的心理学家肯尼思·斯彭斯的诱因理论，满足人所需要的外部因素能够形成刺激人的原动力的诱因，从而唤醒人的兴奋状态，激活内在潜能和内生动力，朝着目标而努力。所以，在研究生导师立德树人教育过程中应想方设法地激发出研究生导师内在的立德树人欲望即内生动力,用内生动力来坚定研究生导师的教育信念。这种教育信念的形成依靠研究生导师发自内心的自律信念支撑,能够长久且稳固。即使出现研究生导师立德树人效果难显现的育人问题,研究生导师也能够将坚定的理想信念转化为立德树人的育人信心能量。通过构建新时代研究生导师立德树人协同育人机制,能够起到协调与研究生教育相关的其他工作者的各方关系,充分调动各方立德树人的积极性。通过优化内部结构的方式激活研究生导师的内生动力,减少研究生导师育人的各方面压力,减轻研究生导师的身体和心理负担,从而激活研究生导师立德树人的潜能,增强和提高研究生教育内部各方立德树人教育的积极性和工作效率。

激活育人潜能并使潜能在研究生导师立德树人工作中保持最佳的活跃状态,需要持续不断地加入外力作用。促进新时代研究生导师立德树人协同育人机制的有效运转恰是保证育人潜能具有最佳活力的有效办法。首先,研究生导师立德树人协同育人机制的内部高效运行,可以协调各方教育管理关系,让合适的人做合适的事,让合适的人发挥出更大的效能,实现育人能力与育人工作相匹配的和谐育人效应,也能形成协同育人各方齐心协力立德树人的良好教育氛围。其次,通过相关育人激励机制,如提供研究生导师职务晋升和提拔等渠道,充分调动育人各方共同调动立德树人教育的积极性与创造性。在着眼长远立德树人教育目标,协调好育人各方利益的同时,促使育人各方各得其所,并进行优化组合;在激发出其服务立德树人最大效能的同时,不断激活育人各方新生潜能。可见,只有在育人单位内部形成齐抓共管的教育合力,减轻部分研究生导师的育人压力,为研究生导师尽可能创造安心、放心的立德树人工作环境与条件,才能更好地发挥出研究生导师的综合教育素养,从而保证新时代研究生导师立德树人协同育人机制的高效运转。

(二)成效提升依靠协同育人机制持续性发展

研究生导师立德树人教育的根本出发点是更好地培养人,立德树人教育的成效是检验研究生导师立德树人工作的基本标准。通过研究生导师立德树人协同育人机制建设的不断完善、经验的不断积累,逐步加深对研究生导师立德树人工作的再认识，运用并把握研究生导师立德树人的育人规律及提升研究生导师立德树人的成效。如前文所述，天津市教委已统一要求天津市的研究生培养单位把立德树人的成效纳入研究生导师遴选、教学评估和学科评估指标体系。还可通过构建研究生导师立德树人协同育人机制，将研究生导师与研究生教育相关的其他教育工作者有效地关联起来，激发出教育各方协同育人的教育潜能，能够实现更为理想的新时代研究生导师立德树人教育成效。在实际育人工作中，研究生导师往往身兼多职，有部分研究生导师还承担着其他培养单位的研究生导师指导任务或者在社会单位中也有任职。这样一来分摊在各个研究生育人任务上的精力就很有限了，且研究生导师的立德树人工作内容涵盖范围广，对教育主体即研究生导师的要求也相对较高。只有激发所有研究生教育工作者的育人主观能动性，发挥出其各自的立德树人协同育人教育作用和职责，各得其所，减少研究生日常管理中的琐事对研究生导师育人工作的困扰，才能够使研究生导师更放松身心地专注于新时代立德树人工作中，自然而然地会使立德树人协同育人教育的机制获得可持续性发展。

　　研究生导师立德树人的成效不是一时之效，也不是靠一时一事就能见到育人成效的，而是一个长年累月、潜移默化、循序渐进的教育过程。研究生导师立德树人教育是有周期性的，立德与树人之间也存在时间和效果上的不平衡。德国哲学家伊曼努尔·康德提出道德的培养是塑造品格，养成品质需要形成一种习惯。研究生导师立德树人教育属于道德培养的范畴，需要在日常的道德培养过程中让教育对象养成道德习惯，而道德习惯的养成非一日之功，还需要辅以必要的育德训练教育。这种育德训练教育是与研究生学业教育相伴相生的育人实践过程，在这个育人实践过程中所有的教育参与者需要协同上阵，才能取得更有成效的育人成果。新时代研究生导师立德树人协同育人机制的教育过程是把育德贯穿于研究生教育教学的实践始终，要让新时代研究生回归一种道德理性实践和一种德行的生活。在日常传授知识的同时进行道德训练与培养，训练与培养的育人过程与达到的育人效果之间必然会产生一定的滞后性，所以需要尽可能发挥出研究生各方教育工作者的主观能动性和整体协同的育人功能，发挥出互相配合、互相融合的协同育人成效。

对研究生导师立德树人效果的认可也是保障立德树人教育成效的前提。有学者认识到立德树人的效果并非都是研究生就读期间教育实践的结果。研究生阶段表现出的立德树人效果有可能是基础教育或本科教育等阶段育人结果的外显，到底是哪个育人阶段的效果，不易划分。[1] 在研究生导师立德树人的成效中，研究生导师的作用最为突出，其他与研究生教育相关的部门和人员对立德树人工作也是功不可没的。研究生导师立德树人的成效还具有校外延伸性，可能会出现在校内立德树人的成效显现不明显，而到了社会中却得到育人成效升华的现象。通过创新研究生导师立德树人工作，促进研究生导师立德树人协同育人机制的有效运转。这不仅能够更大程度地调动研究生导师立德树人的积极性，还能将与研究生教育相关的其他教育工作者以及社会组织共同带动起来，凝聚集体的智慧和力量，以全社会的发展角度发挥出立德树人的整体协同效能，形成推进研究生导师立德树人的成效持续性的作用力与助推力。这样会使得新时代研究生导师立德树人教育对研究生未来的影响更为深远、立德树人成效的持久性也更为久远。

第二节　协同育人机制的工作原则

构建新时代研究生导师立德树人协同育人机制旨在加强研究生导师与研究生教育相关工作者的团队协作，运用思想政治工作方法，通过分工协作突出对研究生人才培养全过程进行管理。研究生导师起的是主导作用，与研究生教育相关的其他工作者则起的是促进作用，二者是互为补充、相得益彰、权责对等的关系。工作原则是在工作时所依据的准则，也是育人规律的表现。通过设定协同育人工作原则，促进与研究生教育相关的各方工作者能够更好地实现通力合作，创立高效统合实践型协同育人平台，共同参与制定研

---

[1] 刘志、刘健康、许畅：《研究生导师立德树人评价需要平衡三对矛盾冲突》，《学位与研究生教育》2019年第4期。

究生人才培养计划、培养标准和培养方式等。加强协同育人培养工作的规范化管理，达到参与各方人、财、物等培养资源的合力联动和共同分享，更大限度地体现研究生导师立德树人协同育人的实干、适用、高效的工作原则。在协同育人工作中制定并遵循统一高效的工作原则，也有助于在立德树人协同育人工作中达到思想统一、步调一致，以提高新时代研究生导师立德树人协同育人工作的教育质量。

一　思想政治工作原则

思想政治工作是各项育人工作的生命线，更是新时代研究生导师立德树人工作的生命线。遵循思想政治工作规律是习近平总书记在全国高校思政会上提出的做好高校思政工作应遵循的三大工作原则之一。立德树人中的德不仅指要进行德育教育，更要以正确的政治思想引领为先导。思想政治工作为立德树人把握和引领正确的政治方向，与立德树人工作密不可分。

首先，坚持思想政治工作原则凝聚立德树人的共识。研究生导师是研究生思想政治工作首要责任人，但不是无限责任人，不能也无法承担研究生思想政治工作的全部内容。[①] 立德树人工作的复杂性决定了单凭一方的力量是远远不够的。而且研究生导师是特殊的思想政治教育主体，与研究生教育相关的部门、人员应形成协同育人的合力，构建"大思政"工作格局，遇到立德树人工作中的疑难杂症应共同出谋划策，共同进行疏导，这样才能够发挥出更强大的思想政治工作的育人效应。

其次，坚持思想政治工作原则使研究生接受立德树人的工作方式。思想政治工作原则讲究不采取压服、压制的方式开展教育工作，一些强制手段容易让研究生产生逆反心理或出现负面效应，使本来简单的问题变得复杂化。所以，注重从受教育者接受的角度施行正面思想引导的策略，在思想层面深度挖掘内在动机，坚持多方齐力、共同疏导，引导研究生提高领悟能力和学习能力，自觉摒弃落后错误的思想观念，逐步建立正确的价值理念。

---

① 杨晓慧：《论研究生思想政治工作的"五个统筹协调"》，《思想理论教育导刊》2018年第5期。

最后，思想政治工作原则强调工作影响的延伸性与延展性。引导、教育不能是一次性的，而是要持续、深入地唤醒研究生内心深处的高尚情怀，要让研究生真懂、真信，才能真用。新时代研究生导师立德树人协同育人不仅指从教育主体上要多方合作，还应使立德树人的影响尽可能深远而持久，灵活运用思想转化法、疏导教育法、心理调节法等思想政治教育的具体方法。思想政治教育方法就是为了实现教育目标、传递教育内容，是教育者对受教育者所采取的思想方法和工作方法。[1] 有问题及时反馈、沟通疏导，从目标导向层面和实践操作层面共同解决研究生在成长成才过程中遇到的实际问题。

二 分工协作工作原则

马克思曾系统论述分工协作是社会物质生产的普遍规律。在立德树人的教育实践工作中，坚持分工协作的工作原则，妥善处理分工协作的关系，使得相关工作人员各司其职、各负其责，不仅有助于发挥出各自的育人优势、有条不紊地推进教育工作、提高工作效率，还能起到取长补短的作用，充分发挥出整体育人效能。

分工协作的前提是要分清各自的工作职责。分工是前提，新时代研究生导师的首要职责是立德树人，同时也承担着立德树人工作的主体责任。与研究生教育相关的其他工作者，如研究生辅导员、班主任、任课教师、从事研究生教育管理部门的工作人员等，研究生导师、辅导员、班主任是直接工作者，其他人员是间接工作者，他们之间的责任分工自然也有所差别。协作是基础，立德树人工作具有长期性、细致性、复杂性，往往需要多方经常沟通协调、互通有无，团队协同才能有助于问题得到尽快解决。所以在实际教育工作中，教育各方应坚持分工协作原则，从解决问题出发，不推诿、不拖延，切实承担起各自所应承担的教育责任。

分工协作有助于促进立德树人工作的规范化。如相关工作人员在工作时序性、职责分工、工作目标等方面应进行规范化管理。从研究生导师管

---

[1] 张耀灿、郑永廷、刘书林、吴潜涛等：《现代思想政治教育学》，人民出版社，2006。

理工作的角度出发，厘清研究生导师的职责，把研究生导师需要参与的工作进行梳理。比如参与招生考试工作、研究生导师与研究生之间的双选工作、研究生导师培训等。明确研究生导师参与各项工作的参与程度、次数、工作的时序，与研究生教育相关的其他工作者的职责都应清楚明了，推动研究生导师与研究生教育相关的部门和人员的协同联动、步调一致。在依章依规办事的基础上，统筹兼顾，推动立德树人协同育人教育工作扎实有序、科学规范地开展，并进一步增强立德树人协同育人机制的实效性。

三 权责对等工作原则

立德树人协同育人工作机制突出了新时代研究生导师作为立德树人协同育人教育的主体责任，同时，也清晰界定了研究生导师与研究生教育相关的其他工作者的职责、任务。研究生导师是研究生人才培养的第一责任人，研究生导师应对研究生负主要的教育责任，与研究生教育相关的其他工作者的责任也应明晰，以便协同各方自觉把分内的教育工作做好，承担应有的教育工作责任。

新时代研究生导师立德树人协同育人教育工作是动态的育人过程，协同育人机制也应根据实际情况进行灵活调整。另外，应根据立德树人协同育人的发展程度和工作需要不断细化各自的分工、明确各自的责任，包括设定的目标、要求、任务等，尽可能予以细化和量化，并配以严格的监督、检查机制。一方面，通过促进各方互相监督，加强机制内部的控制力；另一方面，推行责任追究制度，惩罚不是目的，而是规范相关操作的过程。事物的发展过程是前进性和曲折性的统一，曲折性在前进上升的过程中不可避免也不能回避。通过相应的育人机制起到进行外部防范和内部控制的作用，采取内外兼治的做法是立德树人协同育人工作中应遵循的主要原则。

坚持权责对等的工作原则，要求在管理上对参与立德树人协同育人教育工作的人在选人、用人上严把入口关。选用称职的、遵守职业道德的优秀教育人员，为营造良好的立德树人协同育人教育工作环境，提供必要的立德树人协同育人教育工作条件。立德树人协同育人教育工作是功在当代、利在千秋的事业，也是任重道远的教育工作。研究生导师立德树人协同育人机制的所有教育主体均须自觉提高岗位责任意识，所有参与协同育人的人员都应保持高度的敬业责任感，在立德树人协同育人教育过程中不断修炼自我、增强使命担当，各守其岗、各尽其责、各司其职。同时，增强和提高对立德树人协同育人教育工作的认同感和主动性、自律性，坚定理想信念，践行立德树人协同育人的教育要求，将积极向上的思想源源不断地传递给新时代的研究生们。

第三节　协同育人机制的基本内容

立德树人协同育人教育工作的各个方面都是相互联系又相互作用的。研究生导师立德树人协同育人教育工作所涉及的人力、物力、财力等管理要素庞大而复杂，彼此的融合度高、相互的协作性强，更需要形成在横向上协同、在纵向上贯通的协同育人组织结构。构建新时代研究生导师立德树人协同育人机制的内部治理体系，并能与外部实体共同搭建联合协同育人平台，增加多方参与的契合度，完善教学实践和创业培养的人才共育工作，提升相关协同育人工作的治理能力。从立德树人协同育人机制的实际运行角度出发，协同育人的紧迫性是落实立德树人根本任务的策略原动力，需要通过实施协同育人机制实现创新性和持续性发展。从学术协同育人、管理协同育人、组织协同育人、文化协同育人等育人维度，实现协同育人机制中各相关要素的最佳配置，进而促进高效率、立体化、多渠道协同育人机制的实施。

一　学术协同育人

研究生导师立德树人工作应在自身学术研究与培养研究生学术能力的过程中强化德行理念和理性思维。注重加强学术共同体建设，营造健康的学术氛围，打造协同育人的学术生态和学术文化。用立德树人引领学术思想的形成与发展，用立德树人促进导学、导研。学术研究科学性、系统性、协同性强且专业化程度高，需要集思广益，所以通过育人团队协作开展学术协同育人往往能取得更为理想的教育效果。清华大学已经率先开展了相应的工作，在 2018 年启动完善学术评价制度工作之后，于 2019 年 4 月正式发布《关于完善学术评价制度的若干意见》，文件除了提出建立重师德师风、重真才实学、重质量贡献的评价导向外，还要求加强学术文化建设，充分发挥学术共同体作用。

首先，组建学术协同育人团队。研究生导师独自立德树人教育的力量毕竟过于单薄，也存在一定的局限性。特别是对于新导师和青年导师来讲，通过团队协同的教育模式，更有利于以学术为纽带，加强研究生导师间的朋辈互助、优势互补，增进研究生导师间的沟通与协作。导师可成立导师团队、导师组，例如，河北省教育厅加强和改进研究生导师队伍管理的举措之一就是进一步增强导师组的影响力。另外，可采取健全研究生和研究生导师双向互选互动机制，鼓励实施双导师制或导师组制，推行校内外双导师制，组建专业化的学术团队、科研团队以实现协同育人的教育目标。

其次，将立德树人的教育理念、思想融进科研项目，在学术研究中营造浓郁的育德氛围。用立德树人教育指导项目的进行，在学术交流、学术思想的孕育中发挥新时代研究生导师立德树人协同育人的作用。研究生导师自身牢记学术使命和学术责任，明确学术导向，把学术研究项目与国家建设实际需要相结合，立足时代发展趋势，围绕国家建设、民族复兴所需要的前沿问题开展学术科学研究。学术科学研究是社会的有机组成部分，把研究目的、研究方向、研究成果等放在社会价值背景中去衡量，将爱国主义理想信念教育融入学术研究过程中，引导研究生树立正确的世界观、人生观、价值观，是实现社会发展也是学科发展的现实需要。

最后，发挥学术委员会在立德树人协同育人工作中的推动作用。学术委员会是学科建设中的核心组织，应考虑进行强大的学科专业体系建设，突出优势学科建设，鼓励交叉融合的学科专业建设，并坚持服务需求的学科导向，使学科专业自身建设发展与国家战略需求相适应，让"小逻辑"服从、服务于我国经济社会发展的"大逻辑"。促使学术委员会在推进学科专业建设、学术学风建设、学术研究发展的过程中，营造进一步强化立德树人协同育人教育理念的良好学术生态环境，促进学术领域协同育人，深化全员、全过程、全方位立德树人协同育人教育工作。

二 管理协同育人

研究生培养单位构建新时代研究生导师立德树人协同育人教育机制，要在压实研究生导师主体责任的前提下，从"三全育人"的角度出发，聚焦研究生导师立德树人工作中的焦点、难点问题，运用科学的管理理念、管理方式，协调调动各方育人关系的积极性，最大限度地发挥整体教育优势。同时也要激发深度融合的协同育人聚合力，形成自上而下的组织架构与全员化运行管理模式，全员、全过程、全方位推进新时代研究生导师立德树人管理体系和管理能力建设。

研究生培养单位建立多层次的组织管理结构，从顶层设计到基层建设的方方面面都应囊括在内。从纵向管理上，在学校层面形成"三全育人"的工作格局，成立由校党委书记、校长牵头的协同育人机制建设工作领导小组。形成单位主要领导亲抓实管，研究生院或研究生工作部（处）、教师工作部、教师发展中心、人事处、财务处、国资处、后勤处等相关职能业务部门协同配合的领导体制，在此基础之上设定工作要求、目标和具体职责。在学院层面配套并成立相应的工作领导小组，进一步细化协同育人工作目标和任务，把协同育人工作责任落实到位。组织和加强各学院间的协同育人经验交流、分享，尽量在培养单位内部解决针对本单位研究生导师立德树人协同育人实际情况的共性问题，从某种程度上还可以起到降低管理成本、激发内部活力的作用。

在横向管理上，主要职能业务部门可牵头成立针对协同育人机制建设的专项工作小组或研究生教育指导委员会，与相关职能部门联合落实具体工作任务。另外，也可成立研究生导师队伍建设指导委员会，将包括研究生导师、研究生辅导员、研究生班主任、思想政治理论课程教师、研究生任课教师、与研究生教育相关的管理部门的工作人员等在内的相关人员组织在一起，促成立德树人协同育人教育工作的向心力和凝聚力，调动协同各方积极性，激发协同各方育人潜力，发挥出协同立德树人的教育优势。充分发挥学术委员会、教代会、学代会等群团组织的桥梁纽带作用，明确其在促进研究生导师立德树人协同育人管理方面的责任，特别是明确学术委员会在研究生学风建设方面的管理责任和任务，加强教代会、学代会深入师生教育一线充分沟通的能力，充分发挥群团组织在民主管理中的作用，形成与研究生导师立德树人协同育人建设更为广泛的管理协同效应。

在研究生导师队伍建设上，坚持管理与服务相结合。一方面继续严格管理，特别是加强制度管理，明确责任、细化分工，促进研究生导师立德树人协同育人工作规范化、科学化发展。另一方面做好服务管理，安排专项经费用于研究生导师队伍建设，统筹协调各方教育资源，改善研究生导师的治学环境，为研究生导师提供必要的工作场所、实验环境以及配套设施等基础条件。优化服务内容，改善指导教师待遇，提升研究生导师工作的满意度。关心研究生导师身心健康，积极听取研究生导师的合理意见和建议，维护研究生导师的执教权益，为研究生导师创造宽松的学术成长环境，如逐步推行研究生导师的学术休假制度，进一步解放和激活研究生导师的学术创新力；提供心理咨询服务，为研究生导师提供倾诉的途径，舒缓心理压力。

三　组织协同育人

我国的研究生教育是党领导下的高等教育事业。党的基层组织建设是党的建设的重要组成部分，也是推动新时代研究生导师立德树人协同育人机制建设的有力抓手。组织协同育人是我国研究生教育的特色，研究生培养单位的各级党组织是研究生导师立德树人协同育人有力的政治保障。围绕研究生导师立德树人工作，使研究生培养单位各级党组织建设与立德树人协同育人教育引领相结合，发挥基层组织的战斗堡垒作用，增强政治引领力，构建党委统一领导、党政齐抓共管、有关部门各负其责、协同配合的工作格局。组织协同育人工作主要表现在各级基层党组织之间和党支部活动建设中的协同育人。

首先，以党的基层组织建设为抓手，发挥基层组织的向心力作用。坚持用党建引领立德树人，号召党员导师带头牢记立德树人的宗旨与理念，有效发挥基层党组织的核心作用和凝聚作用、战斗堡垒作用和示范带动作用。

在思想上，强化立德树人、服务立德树人宗旨的共同意识。各级基层党组织应通过党的建设让研究生导师牢固树立政治意识，要求研究生导师要始终与党中央保持高度一致，忠于研究生教育事业，认真贯彻执行党和国家的教育方针、政策和法律法规，形成重视自身师德师风建设、用心立德树人的思想观念。在组织上，保障立德树人协同育人工作的可持续发展，提高立德树人协同育人工作的能力。各级基层党组织应从管理的角度监督并明确研究生导师的工作职责，出台研究生导师管理相关制度等的落实情况，从组织的角度保证研究生导师全身心地投入立德树人协同育人工作，以立德树人之魂铸就研究生教育之魂，筑牢立德树人教育的稳固战线。在思想作风上，形成服务立德树人教育风气，各级基层党组织在工作中要把提倡立德树人教育作为一贯的工作态度，鼓励立德树人的教育行为。联系研究生教育的实际，党组织带头帮助解决立德树人协同育人教育过程中遇到的问题和难点。保持同党员导师的密切联系，鼓励党员导师担任党支部书记，在组织开展支部工作中强化立德树人的使命担当，以支部工作成效来锻炼党员导师的战斗力，同时影响、带动非党员导师，促成立德树人教育的协同育人合力。

其次，以强师德、见实效为主旨，筑牢党支部阵地。党支部是促进研究生导师立德树人协同育人工作的政治核心，也是重要的政治保障。将立德树人协同育人教育纳入党支部活动内容，在研究生导师所在基层党支部的组织生活中开展立德树人协同育人主题教育活动，正确认识和把握党群关系，密切和发展党群关系。鼓励非党员导师积极参与党支部中的各项活动，在支部民主生活会中，围绕立德树人协同育人教育工作情况开展批评与自我批评。开展关于立德树人协同育人教育的主题党日活动，发挥党员导师的立德树人协同育人教育的先锋模范作用。在支部人员日常的谈心谈话中，用党员的先进思想和意识影响带动非党员导师自觉地凝聚在党的周围，净化思想，形成主动践行立德树人协同育人教育工作的良好氛围。

利用党支部活动促进立德树人教育成效。以落实立德树人教育根本任务为核心，将促进立德树人教育成效作为支部"三会一课"的讨论主题；把习近平立德树人的重要论述融入党支部的理论学习活动；利用党支部讲座活动、开展"1+1"与其他党支部联合共建等形式加强党支部间的沟通与互动,如请支部党员导师或其他支部党员导师介绍立德树人教育的工作经验、交流立德树人的实际做法或分析案例典型;与研究生党支部联合,深入研究生中去倾听研究生对立德树人的真实想法。用开放的姿态广纳良言贤策、择善而从,积极作为、多措并举,为新时代研究生导师立德树人工作的开展提供坚强有力的政治保障。

四 文化协同育人

文化的内涵非常广泛,从精神、物质、制度等不同层面都有着不同的文化表现形式。不同层次结构的文化能够形成一种体系,对立德树人协同育人机制产生综合影响。形成良好的立德树人协同育人机制文化氛围与环境,能够激发与研究生教育相关的教育工作者的内生动力,产生具有震慑力的正能量,有效促进文化协同育人合力的形成,更好地推进新时代研究生导师立德树人协同育人教育工作。

(一)营造文化协同育人氛围

首先,文化协同育人表现为将立德树人教育的道德内涵和价值取向等融入文化协同育人建设过程中,营造立德树人协同育人教育的文化氛围,进一步凝聚立德树人协同育人教育的共识与合力。文化协同是一种育人策略,看起来很"软",但其实质作用却很"硬核",可以通过文化协同育人形成无形但强有力的教育力量。新时代研究生导师立德树人协同育人机制既要用好课堂主渠道,也要将立德树人协同育人教育全方位地融入校园文化建设当中,形成有利于立德树人协同育人教育的文化资源环境和文化舆论环境。

第一,融入校园文化建设。通过学习党和国家的方针政策、时政文件,习近平总书记的讲话精髓等,把其中关于立德树人教育的内容进行节选或摘编,采用便于宣传、便于记忆的方式在校园中进行广泛传播和推广,形成浓厚的立德树人文化舆论。第二,融入传统校园文化建设。选取立德树人教育的成功案例,通过报纸、广播、微信等媒介进行宣传,实现能眼看、耳听、手查的三维立体化宣传效果,让典型案例、优秀事迹在校园文化中蔚然成风并内化于心,形成浓厚的立德树人协同育人文化导向。第三,融入平面校园文化建设。将立德树人工作的基本思想和实现路径等内容制作成展板、标语、海报、横幅、易拉宝等印刷类宣传品,在教学楼、实验楼、办公楼、食堂、图书馆等显要位置广而告之加以展示,形成浓厚的立德树人文化氛围。第四,融入网络校园文化建设。通过互联网环境开展线上立德树人主题教育活动,将立德树人的教育思想有机地融进校园网主页的重点栏目并进行推送,辅以滚动显示并加深和强化浏览记忆,形成网络立德树人教育的引导聚合效应,营造文化协同育人氛围的网络环境。

(二) 改造文化协同育人环境

文化协同育人表现为形成协同立德树人教育的文化软环境建设。《荀子·劝学》中讲"蓬生麻中,不扶自直"①,喻指环境对人起关键性的影响作用。文化软环境是以德化人的一种无形的思想力量,旨在促成立德树人教育的无形观念,通过外部影响因素潜移默化地使研究生导师主动自觉地加强德行修养,并凝聚立德树人教育的向心力。

第一,围绕立德树人工作,营造协同育人环境氛围。主题教育的多样化应围绕研究生导师立德树人的教育主题,举办形式多样的专题教育,加大落实立德树人工作的宣传力度,助力良好立德树人教育环境氛围的形成。可通过现场或远程方式,采用讲座、报告、宣讲、经验介绍等教育形式,在校级、院级、系级等不同教育层面进行交流推广。借助学校官方微博、微信等网络平台,不断创新宣传方式,逐步将立德树人教育观念及表述内容固化成文字形式,净化立德树人的教育环境,进一步凝聚思想共识。将立德树人教育文化根植在良好的工作氛围之中,为研究生导师立德树人工作创造良好的文化氛围。利用学校主管的学报和刊物以及多种媒体媒介对研究生导师立德树人教育的先进事迹与典型示范进行广泛宣传报道,在推广教育经验的同时,形成示范和推动效应,营造浓厚的立德树人教育氛围。

第二,选树先进典型,树立模范榜样。选树先进典型,通过设立立德树

---

① (战国)荀况:《荀子》,(唐)杨倞注,上海古籍出版社,1989。

人教育先进、标兵等荣誉称号，挖掘立德树人教育先进事迹，树立立德树人教育榜样，逐步扭转以前偏重于鼓励学术科研成果的选树导向。鼓励研究生教育主体力量特别是研究生导师更要重视加强自身师德师风修养，不断净化研究生教育风气，促进研究生导师修德养德、潜心问道、严谨治学、专于立德树人。通过树立模范榜样，塑造研究生导师的良好教育形象，营造尊师尊德的良好教育氛围。另外，固化成果是将立德树人教育的先进事迹结合专题教育等形式进行宣传推广，也可制作宣传簿册、宣传影片，发行报刊书籍等，采取动静态宣传方式相结合、线上线下相结合的方式进行推广。从多角度展现以研究生导师为主的研究生教育主体力量立德树人教育的良好形象，一方面扩大研究生导师先进群体的示范带动作用、榜样引领作用的作用范围，另一方面也可起到促进年长导师对青年导师的传帮带作用。

第三，创新协同育人方式，形成人文关怀氛围。新时代研究生导师立德树人协同育人机制的构建一方面要靠管理，从政策制度上管理；另一方面要靠引导，在人文关怀上引导。政策制度是形式上的保障，人文关怀是人性化管理。在精神宽松的环境中，给予研究生导师价值的尊重和肯定，将更能从内心激发出立德树人的潜能，也能让冰冷的制度变得有温度，同样能对立德树人起到良好的推动作用。例如，华中农业大学尊重研究生导师的自主权利，不但鼓励和支持研究生导师参加学术交流活动和社会服务活动，还采取各种方式积极听取研究生导师的意见建议，如每年召开不同层面、不同范围的研究生导师座谈会进行深度地沟通交流。与此同时，规范研究生导师在招生、培养、资助、学术评价等方面的工作，维护和保障研究生导师的权利。上海大学纳米科学与技术研究中心的所有导师都会定期开展组内科研汇报，用制度将这种形式发展成导师德育工作的载体，规定导师可以将德育和学术研讨会合并，随时把握学生的思想动态，并对其进行积极引导。[1] 再如，湖南理工学院对研究生导师政治上充分信任、思想上主动引导、工作上创造条件、生活上积极关心，改善研究生导师的治

---

[1] 褚艳新：《"立德树人"视野下研究生导师育人机制研究》，《教育现代化》2019年第12期。

学环境。每年教师节慰问研究生导师,还成立了教职工权益保障工作委员会,努力提升研究生导师工作满意度。

第四节 协同育人机制的内部控制制度

根据新时代研究生导师立德树人工作的实际,育人机制内控制度亟待协同。通过协同育人机制的内部控制制度建设,可以保持协同育人机制运行的平稳性和实效性,不仅要依靠协同育人机制运行中相关要素的协同效力,更要依靠协同育人机制内部控制制度的保障。目前协同育人机制建设中各分系统内部控制制度设计有待完善,协同育人工作开展过程中遇到的问题需要通过加强协同育人机制的内部控制制度建设得到解决,协同育人机制的运行才能得到长期、有效的保证。

通过对新时代研究生导师立德树人协同育人机制的研究发现,强化保障协同育人机制的内部控制制度、监察协同育人机制的内部控制制度、考评协同育人机制的内部控制制度等内部控制制度建设,对协同育人机制运行起到了纲举目张的作用。通过协同育人机制内部控制制度建设可以使内部控制各环节之间相互联系、相互作用,促使内部控制各环节协调、高效运转,最大限度地达到新时代研究生导师立德树人工作长效运行的目的。

一 协同育人机制的培养制度

研究生培养制度是协同育人机制的建设基础。围绕新时代研究生导师立德树人工作的总体目标,通过建设研究生培养制度构建研究生导师立德树人协同育人机制,可以起到整合优势资源,优化内部结构和流程,强化协同意识,激发协同育人工作热情与干劲,形成研究生导师立德树人协同育人教育合力的作用。研究生培养制度建设贯穿研究生导师立德树人工作的全过程,也贯穿协同育人机制运行的全过程。在新时代新的育人环境中,需要通过建章立制来加强制度间的联动作用,增强研究生培养制度建设的系统性、整体性、协同性和长效性。以研究生培养制度建设为依托,从新时代研究生教育的现状出发,进行研究生导师立德树人协同育人教育工作的全局规划、科学论证，合理构建以立德树人为根本、以协同育人为支撑的新时代研究生导师立德树人协同育人工作机制。提升研究生培养制度的执行力和约束力，规范研究生导师立德树人的教育行为，营造良好的协同育人教育环境，把研究生导师立德树人工作落到实处，更好地为完善协同育人教育机制服务。通过研究生培养制度建设，将立德树人教育与研究生思想政治工作体系相结合，贯穿学科体系、教学体系、教材体系、管理体系，从研究生培养制度层面形成研究生人才培养体系一体化建设的格局，加强对新时代研究生导师立德树人协同育人机制的运行管理。

立德树人教育是思想政治工作体系的目标和方向。思想政治工作体系贯穿于人才培养制度之中，具体是指将思想政治教育要素、培养价值理念融入研究生人才培养制度建设之中，也就是将立德树人教育思想融入研究生人才培养制度建设之中。马克思在《黑格尔法哲学批判》的导言中就已提出"理论一经掌握群众，也会变成物质力量"[1]。之后又揭示了要想掌握群众，就需要用彻底的理论去说服人，只有抓住人和事物本质的理论才能是彻底的理论。毛泽东在《人的正确思想是从哪里来的？》一文中也讲到了正确的思想对人能产生积极的作用，"代表先进阶级的正确思想，一旦被群众掌握，就会变成改造社会、改造世界的物质力量"[2]。用统一的立德树人思想和正确的协同育人理念营造良好的培养制度文化，夯实培养制度基础，强化培养制度管理。以贯彻立德树人教育思想和思想政治教育制度建设为统领，有序地推进协同育人培养制度建设各项工作，确保在培养制度运行过程中统一思想、步调一致。有效发挥出培养制度建设在协同育人机制运行过程中的管控作用，如在课程思政、专业思政、学科思政等思政教育建设中贯穿思想政治工作体系的内容，全面推进课程思政、专业思政、学科思政等思政教育一体化建设，将思想政治教育深度融入立德树人协同育人工作的全过程。

将立德树人教育贯穿学科体系建设的全过程。在学科体系内形成协同育

---

[1] 《马克思恩格斯选集》，第一卷，人民出版社，2012。
[2] 《毛泽东文集》，第八卷，人民出版社，1999。

人机制，推动学科体系建设的全面发展。学科体系建设是研究生人才培养制度设置的基础，是引领培养单位内涵式发展、推动教学体系改革的先导。将协同育人机制贯穿学科体系建设之中，能够发挥出机制引领作用，对研究生教育的教学、教材、管理体系建设起到统领作用。引领正确才能做到统领有力，围绕协同育人机制的培养制度开展学科建设，是推动学科体系建设协同发展的有力措施。将立德树人的教育思想、协同育人的教育理念融入学科体系建设的发展目标和方向之中，深化学科体系建设，最大限度地体现学科体系建设在研究生人才培养中的重要作用。

将立德树人教育贯穿教学体系建设的全过程。在教学体系建设的教育环节中推进协同育人机制的培养制度，让立德树人协同育人教育成为教学体系建设的主旋律。强化教学部门和教学人员的协同育人机制培养意识，在教学体系的教育环节中融入立德树人协同育人的教育理念和要求，导入思想政治教育要素，让协同育人机制的培养制度建设在教学实践中不断得到发展和壮大。不断推出教学精品课程、打造示范课堂、选树优秀研究生导师典型等教育举措，有利于教学体系的各教育环节协同高效运行，使研究生教学过程在协同育人机制培养制度的影响下，不断产出新成果、呈现新态势，形成以立德树人协同育人为导向的研究生教学体系建设良性发展的新格局。

将立德树人教育贯穿教材体系建设的全过程。通过将立德树人教育编入各学科教材，使立德树人成为教材体系建设的培养指导思想。教材是系统反映学科教育内容的教学用书，研究生教学的教材用书范围更为广泛。将立德树人教育思想融入研究生教材编写的指导思想中，把思想政治教育要素融入教材编写的全过程，对教材体系的建设具有指导意义。打造新时代优质教材，不仅可以明确教材的培养方向、把握住教材的社会价值，也是协同育人机制培养制度发挥作用的延伸与拓展。同时，选择使用融入立德树人思想的思想性、教育性强的新版、改版教材，在加深对教材体系建设内容的理解与把握中传播立德树人的教育思想，使教材体系建设成为协同育人机制培养制度的有效助推手段。

将立德树人教育贯穿管理体系建设的全过程。通过协同育人工作机制强化在管理体系建设中落实立德树人工作根本任务,促使管理体系建设中的各项工作围绕以立德为根本、以树人为核心,更好地服务于研究生人才培养工作。思想政治教育工作是立德树人协同育人管理工作的基础性工作,也是助力实现立德树人协同育人管理机制的制度性保障。在研究生教育工作的管理过程中,通过加强思想政治教育工作,形成服务立德树人教育管理工作的正确思想导向,凝聚立德树人教育管理工作的协同培养意识。在管理体系建设过程中增强服务立德树人教育风气,使培养单位管理体系建设中各部门的通力合作成为协同育人机制培养制度建设可持续发展的内生动力。

二 协同育人机制的监查制度

建立协同育人机制的监督、检查制度,对落实立德树人协同育人的教育情况进行必要的监督和检查,实行立德树人协同育人教育工作追责制度,为确保研究生导师立德树人协同育人教育的有序推进、良性发展提供了制度性保障。研究生导师立德树人协同育人机制涉及研究生教育的方方面面,因此在监督检查范围上以研究生导师为主,还要覆盖与研究生教育相关的其他教育工作者,以建立健全协同育人机制的监督、检查制度。协同育人机制的监察程序可以在过程监察和结果监察、外部监察和内部监察的基础上再进行细化操作。监察方式则有听取汇报、召开座谈会、个别谈话、专项检查等。这些举措旨在针对立德树人协同育人机制实际需要构建高效的监察制度,形成全方位的监察合力,发挥出协同育人机制建设的监察制度优势。

第一,通过立德树人协同育人教育过程中的有效监督和检查,提高立德树人协同育人教育工作内控制度建设的执行力。为了不断推动立德树人协同育人机制监查制度的长期有效运行,防止现有立德树人协同育人机制的监查制度在执行过程中出现形同虚设、监而不查的现象,需要在立德树人协同育人教育政策执行层面上设立长效的监督、检查、反馈、改进机制。使立德树人协同育人机制的监查制度建设成为立德树人协同育人教育工作的重要内控手段,注重采用灵活多样的监察方式,用完善的监查制度提高立德树人协同育人机制的实效性。

第二,通过建设立德树人协同育人机制的监查制度,可以有效增强研究生教育工作内控制度建设力度。坚持依法依纪依规地对立德树人协同育人机制全过程进行监督、检查管理，及时发现协同育人内控制度建设中的偏差和失误，分析清楚造成相关教育问题的原因，并详细地进行筛选归类。如决策目标类和组织活动类等教育问题，有针对性地在第一时间采取改进、补救措施进行纠偏、纠错相关教育问题，确保立德树人协同育人机制的监查制度执行不跑偏、不变形、不敷衍，进一步保障立德树人协同育人机制的监督、检查制度建设的良性发展，提高立德树人协同育人教育工作的监督、检查效果。

第三，通过有效对立德树人协同育人工作的监督、检查，可助力研究生人才培养计划的健康有序发展。对立德树人协同育人工作的监督、检查本身并不是目的，建设立德树人协同育人机制的监查制度的真正目的在于推进新时代研究生导师立德树人协同育人教育工作的良性、健康、可持续发展。对于立德树人协同育人教育工作中因监督、检查而发现的相关教育问题，教育主体和相关责任人应该在进行深刻反思后，及时提出相关具体整改意见和措施，并参照执行。除以上常规监察方式外，还可以考虑发挥培养单位的学术组织和群团组织在协同育人监察过程中所起的辅助作用。通过完善协同育人机制的监察制度建设，在协同育人机制内部形成推动研究生人才培养工作顺利运行的内控制度，使协同育人机制的内控制度建设得到不断完善和发展，进一步强化立德树人协同育人机制的监察效果。

第四，为了加强立德树人协同育人机制的监察制度建设，更应强化日常对立德树人协同育人工作教育环节的监督和检查，使贯彻立德树人教育思想和协同育人教育理念的新时代研究生教育工作更加规范和可控，确保新时代研究生导师立德树人协同育人教育政策的落实。把研究生导师立德树人职责落实情况纳入教学督导和育人质量监控范围，定期督导检查，并在一定范围内公布结果[1]，对于监察过程中所涉及的例如违反师德禁行行为的问题，除按教育政策相关规定应给予党纪政纪等处分外，还在平时研究生教育各项表

---

[1] 刘林：《研究生导师立德树人职责与实现途径探究》，《思想教育研究》2018年第5期。

彰晋升中严格实行师德"一票否决制"。

最后，在立德树人协同育人机制的监察制度中还应围绕立德树人协同育人机制的内控制度设置相关监察目标，并针对监察目标的发展变化随时进行相应的制度调整。立德树人协同育人教育工作没有统一的工作标准，所以在执行监察工作的过程中应对立德树人协同育人教育工作中所发现的问题做出客观的鉴别和认定，如出现监察制度管理之外的情况，可考虑使用法律、法规，行政权力等强制手段进行介入干预。总之，针对立德树人协同育人教育工作中出现的各种问题，要能灵活把握，随机应变地进行制度调整，以确保立德树人协同育人机制的监查制度建设长期良性发展，对立德树人协同育人机制的内控制度建设起到重要的推动作用。

三 协同育人机制的考评制度

新时代研究生导师立德树人协同育人机制的考评制度建设从根本上解决了研究生导师立德树人协同育人评价机制的指挥棒问题，是按照立德树人协同育人教育的工作目标和要求，分别采用定量和定性的评价方法对研究生导师立德树人协同育人教育效果进行评估、分析、价值判断以及提供相关决策依据、改进意见和措施的过程。立德树人协同育人机制的考评制度作为内部控制制度建设的重要组成部分，其存在和运行的真正目的是可以真实地反映研究生导师立德树人协同育人的教育效果，作为考核评价立德树人协同育人教育工作的重要手段，对立德树人协同育人教育工作中存在的不足和错误进行改进和纠正。建设科学的立德树人协同育人机制的多元化综合考评制度，可以完善立德树人协同育人机制的内控制度建设，提高新时代研究生导师立德树人协同育人机制的构建水平。

建立立德树人协同育人机制的考评制度，旨在以研究生人才培养过程中的考评工作作为切入点。新时代立德树人协同育人机制的考评工作要力求客观和科学，并能用发展的眼光看待问题。在考评主体上体现多元化，考评形式上体现多样化，考评内容上体现丰富性，考评维度上体现纵深性，从而全面发挥立德树人协同育人机制考评制度的评价优势，更好地服务于新时代研究生导师立德树人协同育人机制的构建，扭转之前研究生教育工作中出现的不够科学的考核评价标准和依据。推动相关学术评价体制改革，找准构建新时代研究生导师立德树人协同育人机制所存在的问题，改进立德树人协同育人机制的内部控制制度建设工作。与时俱进地完善立德树人协同育人机制的考评制度，发挥出研究生教育评价体系的激励与约束作用，整体推进新时代研究生导师立德树人协同育人教育工作的全面发展。

（一）考评主体的多元性

新时代研究生导师立德树人协同育人教育是以研究生导师为教育主体，与新时代研究生教育相关的其他教育工作者共同育人的过程。研究生导师立德树人协同育人的考评主体存在多元性，研究生导师是立德树人协同育人机制的直接考评主体，其他教育工作者是立德树人协同育人机制的间接考评主体。因此，所有参与立德树人协同育人机制建设的相关人员都可作为立德树人协同育人机制的考评主体而被纳入参评范围，从而形成研究生导师、研究生教育主管部门、研究生、导师队伍建设工作组成员、督导专家、社会组织"六位一体"的立德树人协同育人机制的考评主体体系。立德树人协同育人机制考评主体的多元化会直接影响到立德树人协同育人教育工作的考评结果。因此，立德树人协同育人机制的考评过程既要充分考虑立德树人协同育人教育工作各方面的主观因素，也要充分考虑立德树人协同育人教育工作各方面的客观因素，这样才能体现立德树人协同育人多元化考评主体对于立德树人协同育人教育工作主客观因素影响的重要性。

第一，研究生导师本身就是立德树人协同育人机制的考评主体。在进行立德树人协同育人教育工作考评的过程中，研究生导师先要对自身立德树人协同育人教育工作进行认真梳理和总结，给出令人信服的客观评价。第二，研究生教育主管部门既是组织立德树人协同育人教育工作考评的主体也是立德树人协同育人机制建设的重要组成部分。一方面，需要根据立德树人协同育人机制多元化考评主体的各自特点，合理设置立德树人协同育人教育工作的考评点，尽可能充分调动立德树人协同育人机制多元化考评主体的积极性；另一方面，研究生教育主管部门对新时代研究生导师立德树人协同育人教育工作的全过程了解得最清楚，其需要对研究生导师立德树人协同育人教育工作给出较为客观、公正的评价。第三，研究生是研究生导师立德树人协同育人教育工作的服务对象，研究生对研究生导师立德树人教育水平的评价在立德树人协同育人教育工作的考评中最具有说服力，往往在立德树人协同育人教育工作的总评结果中所占的比重较大。由于研究生与研究生导师的师生关系存在特殊性，所以，需要让研究生先了解清楚立德树人协同育人教育工作考评的目的和重要性。尽可能打消研究生对参与研究生导师立德树人协同育人考评工作的顾虑，采取能让研究生参与研究生导师立德树人协同育人考评工作时讲真话的方式，以得到最为真实公正的立德树人协同育人教育工作评价结果。第四，研究生导师队伍建设工作组成员主要来自与研究生导师队伍相关的职能业务部门，可从政策落实、绩效反馈的角度进行立德树人协同育人教育考评工作。第五，督导专家一般是本单位退休专家或者是外单位专家，他们对研究生导师的立德树人协同育人教育工作进行督导、提出反馈，与本单位无实际利益关系，能够真实反映研究生导师立德树人协同育人教育工作的实际情况，可作为立德树人协同育人考评制度中重要的考评主体。第六，社会是检验研究生导师立德树人教育成效的实验场。研究生毕业离开校园步入社会后，恰恰能更客观、更真实地反映出其本来的精神面貌和思想意识，于举手投足间体现出立德树人思想的传承。为了尽可能地全面考评研究生的思想道德水平，使立德树人协同育人教育工作的考评结果更趋于全面、科学，与研究生教育工作接轨的社会单位也应纳入研究生导师立德树人协同育人机制考评主体的范畴，如研究生的实习单位、社会实践环节所涉及的相关单位、就业单位等。扩充新时代研究生导师立德树人协同育人教育工作的考评主体，促进新时代研究生导师立德树人协同育人机制的学校教育效果与社会实践效果的统一。社会单位通过研究生毕业后在社会环境中的实际工作表现，以工作绩效考评为依据，从立德树人育人效果的角度对研究生导师立德树人协同育人教育工作进行综合评价，实现立德树人协同育人机制考评主体的多元化评价体系。

（二）考评形式的多样性

新时代研究生导师立德树人协同育人的考评形式不同于人事年度考核、

师德考核、聘期考核等考核形式，考评形式的重点体现在研究生导师立德树人协同育人教育工作的成效上。研究生导师立德树人协同育人教育工作的成效由多种考评因素作用形成，如主体范围广、考虑维度多、形式多样化等考评因素。而且因考评主体存在多元性，故为了避免对研究生导师立德树人协同育人的教育工作成效的认定存在形式化、走过场等问题，需要从立德树人协同育人教育工作的多角度、多层次入手，综合运用多种形式的考评方法开展全员、全方位、全过程的立体化考评。

第一，规范立德树人协同育人教育工作的考评形式。无论是哪种考评形式，都要让参与考评的相关工作人员与被考评对象知悉并同意遵守保密规定。对考评内容特别是涉及被考评对象隐私的相关内容应严格保守秘密，以确保考评结果的客观公正性不受影响。立德树人协同育人教育工作常用的考评形式是以线上形式的考评为主、以线下形式的考评为辅，体现为问卷调查、个别谈话等考评形式，一般会采用匿名反馈的方式征询意见和建议。针对立德树人协同育人教育工作中的多元化考评主体，采用恰当、适合的考评形式凸显其对考评效果的影响程度。比如针对社会单位采用线上形式的反馈就比较方便，而针对在校研究生采用一对一访谈或座谈的反馈形式就更能得到研究生的理解和配合。丰富立德树人协同育人教育工作的考评形式是建设立德树人协同育人机制考评制度的有力保障。

第二，抓好立德树人协同育人教育工作的考评环节。研究生导师立德树人协同育人教育工作是一个需要长期坚持的过程，按照这个发展规律，需要打破以往学校教育按年度或学年，甚至按聘期对研究生导师立德树人协同育人教育工作进行考评的惯例。在研究生导师所涉及的立德树人协同育人教育工作的各个考评环节都可设置考核评价点，及时评价研究生导师对于立德树人协同育人教育工作的教育效果。在研究生导师所涉及的立德树人协同育人教育工作中设置过程性考评环节的目的是形成良性立德树人协同育人教育工作态势，及时提醒研究生导师在立德树人协同育人教育过程中反思育人方式，特别是不断对立德树人协同育人的教育成效进行思考、修正与改进。针对立德树人协同育人教育过程中的优点要继续保持并发扬光大，针对立德树人协同育人教育过程中产生的不足或缺点应及时补救和改正，以实现构建新时代研究生导师立德树人协同育人机制的建设目标。

第三，设置合理的立德树人协同育人教育工作的考评时限。为了保证立德树人协同育人教育工作考评结果的客观公正性，有必要对相关考评的过程、环节设置相应的合理时限，以确保相关考评内容的真实性和有效性。新时代研究生导师立德树人协同育人的教育过程和环节是紧密结合的，每个教育阶段都有各自的教育任务，对其立德树人协同育人教育过程和环节进行及时考评，要根据相关教育教学进度的具体安排设置相应的考评时限，以确保在其教育过程和环节结束的第一时间进行及时考评。从心理学的角度出发，因在教育过程和环节刚结束时受评对象记忆犹新，此时进行考评，不仅能节省参评主体和对象的精力，还能确保相关考评结果的准确率和有效性。

第四，细化立德树人协同育人教育工作的考评步骤。在相关考评工作开始前应做出细致周密的考评步骤安排，合理安排立德树人协同育人教育各环节考评步骤。不是考评的步骤越多，就越能得到理想的考评结果，相关考评步骤安排得不合理、不周全，反而会影响整体考评工作的效果。况且，考评形式的多样性决定考评内容的覆盖面与考评步骤的细化程度，对参评主体和对象来讲，考评的步骤越合理、越细化，其参与立德树人协同育人教育考评工作的积极性就会越高，考评结果的可信度也会越高。所以，细化考评步骤充分体现在提高考评效果上，同时剔除考评过程中的无效环节，可进一步提高立德树人协同育人教育工作的考评效果。

（三）考评内容的丰富性

对新时代研究生导师立德树人协同育人教育工作的考评不是简简单单的机制考核评价过程，其主要目的是体现出立德树人协同育人教育工作的必要性和持续性。所以要求考评内容应尽量丰富翔实，考评内容的丰富程度直接决定着研究生导师立德树人协同育人教育工作的考评效果。同时考评内容还要具有一定的前瞻性和代表性，通过以小见大的考评方法进行综合评定。只有在相关考评内容中所涉及的考评点足够丰富的情况下，考评结果才会具有真正的参考价值。考评内容的丰富性可从研究生导师立德树人协同育人教育工作的整体上把握事物之间的必然联系，综合考虑影响考评结果的直接因素和间接因素，选取最具有代表性和参考价值的立德树人协同育人教育内容作为考评内容，体现立德树人教育的直接性与协同育人工作的间接性相结合的考评原则。

由于新时代研究生导师立德树人协同育人教育工作在考评过程中存在内容上较明显的差异化、个性化表现，所以在具体的考评过程中需要考虑考评内容差异化的诸多影响因素。例如，培养单位的环境，学科间的差异，研究生的类别（学术型或专业型），研究生的硕士、博士层次等影响因素都会对研究生导师立德树人协同育人的教育环境造成间接影响。不同类别培养对象间的培养要求也不尽相同，所以对研究生导师立德树人协同育人教育工作的考评内容也应因事而化、因势而新，体现考评工作的公平与公正。针对多元性考评主体的考评内容要有所区分和鉴别，适合多元性考评主体的考评内容才能得出更翔实的考评结果。

立德树人协同育人教育工作的考评内容应就事论事，不能涉及过多无关内容。但相关考评内容可作为立德树人协同育人教育工作的重要依据。从培养单位的角度出发，可用于实际工作中的各项考核、职称评定、津贴分配、评先选优、职务晋升等考核形式，还可把相关考核内容用于研究生教育教学各项评估和学科评估工作的指标评价体系中。正如前文所述，天津市教委的做法比较领先，较早地就统一要求所管辖的各研究生培养单位把研究生导师立德树人协同育人教育工作的考评结果，视作人才引进、职称评定、职务晋升、绩效分配、评先评优等评定工作的重要依据。

随着近些年国家优先发展教育的步伐逐渐加快，研究生导师队伍的管理工作也在不断改进和加强。其中，建立研究生导师立德树人电子信息信用档案的呼声越来越高。将研究生导师立德树人行为记入教师信用档案或学术诚信记录，在高校系统或教育系统范围内有据可查。从社会治理长远发展的角度出发，研究生导师的立德树人行为也应考虑纳入该系统的统一管理中，以进一步激发研究生导师立德树人工作的自觉性和主动性，也为塑造良好的新时代研究生导师师德师风形象设置了一道安全防护线。据悉，国家发展和改革委员会正在建设社会信用体系，已对论文造假、考试作弊等教育问题开展了重点领域专项整治工作。一旦不良的社会信用名单被列入该系统，将在各类晋升、表彰奖励、申报项目等多方向提升途径中执行师德"一票否决制"。另外，中国知网网络平台也已建立了科研、人事论文诚信档案管理系统，其中就包括学者诚信档案。可见，研究生导师育人工作中涉及的各方面诚信行为将通过互联网联系在一起，并逐渐形成有据可查的信用追溯体系。

师德是研究生导师教育考评工作的第一要求，也是评价研究生导师立德树人协同育人教育工作效果的考评标准。构建新时代研究生导师立德树人协同育人考评体系要坚持践行重师德、师风的价值导向，除应纳入研究生导师人事年度考核工作外，还可将师德列为研究生导师立德树人协同育人教育考评体系的重点内容。可先在研究生导师岗位考核工作中增加师德考评的内容，再将师德考核结果记入研究生导师个人人事档案，一旦发生师德师风问题，不良记录就将伴随研究生导师一生。同样，对于师德表现突出的研究生导师也将记录在案，不仅在校内对研究生导师起到激励和约束作用，更能加强研究生导师管理工作的严肃性。针对相关考核内容中涉及师德出现严重问题的情况时，应与社会信用系统形成联动管理机制，利用互联网教师信用档案系统，限制其以后从事相关教育事业的可能性，即便再录用，也要对任职单位起到警示和参考作用，成为伴随其终身的道德污点。

（四）考评维度的延展性

围绕考评目标设定考评维度的重要性不言而喻。考评维度的系统性强，着重综合体现考评内容各部分间的权重以及考评指标的设计思路，既要具有纵向考评的深度，也要体现与横向考评广度的联系，更重要的是要体现其特有的延展性。考评指标是考评维度的出发点，在进行设置时应改变以项目、论文等量化考核为主的考评导向，通过科学合理的立德树人协同育人机制的考评制度改革，既要体现立德树人协同育人机制考评制度中的显性问题，还要考虑其隐性因素以及发展性因素对考评维度的影响作用，以使考评维度尽可能涵盖面更广。

立德树人协同育人教育工作是可持续发展的动态育人过程，考评维度围绕的考评指标也应体现静态与动态相结合的考评特点。静态是相对确定的考评角度表现形式，体现某一发展阶段考评维度延展过程中发生的静态结果。通过静态指标把握立德树人协同育人教育效果的静态结果，但是造成此效果的静态结果与此前的发展和此后的发展都具有深刻的内在联系。因此，在考评维度的延展过程中也要用动态的眼光进行考察。此外，将考评指标具体分为主观指标和客观指标来进行考评，立体交叉体现动静结合考评的维度。联系新时代研究生导师立德树人的工作实际，研究生的研究起点和水平很难处在同一水平线上。当发现研究生出现立德树人工作相关问题的时候，在对研究生导师立德树人工作进行评判时应通盘考虑研究生之前的受教育情况、家庭教育背景、成长经历、成长环境等影响因素，分析清楚前因后果，并运用考评主观指标和客观指标来分析产生问题的原因及所蕴含的各种主观因素和客观因素。判断研究生导师的立德树人教育水平是否对协同育人工作机制起到了关键性的扭转作用；具体应分清楚是否因为该生教育起点差；立德树人工作的考评维度是否仍处在动态发展的过程之中；与该生的过去相比，其是否已经迈上了更高一级的发展台阶。所以，应通过使用动静结合的考评方式尽可能多地权衡各种影响因素，从而对研究生导师立德树人协同育人教育工作做出更为客观、公平的考评。

新时代研究生导师立德树人协同育人教育工作的成效是考评的重点。立德树人不是可量化的定性指标，立德树人工作本身就具有考评维度延展性。因此，要站在研究生成长成才全局的高度，用长远的发展眼光进行全面评判。新时代研究生导师立德树人协同育人的教育意义不仅是在校园内培养全面发展的自然人，更要从社会发展全局的角度出发，本着为党、为国家培养合格、有用的高素质人才的教育宗旨，为社会主义现代化建设输送栋梁之材。所以，研究生导师立德树人协同育人教育工作的成效就不仅在校内研究生教育培养阶段得以显现，更应把研究生在家庭、社会环境中的综合表现纳入考评范围。因此，研究生导师立德树人协同育人的考评应分阶段、分类别进行维度延展性考评，可先分为单一维度的考评和整体维度的综合考评，然后确定不同阶段、类别、维度的配比。从作用主体来看，立德树人协同育人的教育成效，不仅是研究生导师一个人立德树人教育的结果，而是与研究生教育相关的所有工作人员协同育人作用的结果。当然研究生导师在立德树人协同育人教育过程中发挥着最主要的育人作用，所以，考评因素的占比份额应在考评维度的确定过程中有所区别体现。

新时代研究生的各项研究成果是研究生导师立德树人教育成效的考评重点。对此进行考评的目的更多是起到鼓励和激励的作用，"人们对于人的出色的实现活动的称赞，是使得一个事物状态好并使得其实现活动完成的好的品质"[1]。研究生的各项研究成果分为显性成果和隐性成果，也可分为有形成果和无形成果，根据成果的特点适用不同的考评方式。对于隐性和无形成果存在一定的考评难度，这也是考评工作中需要灵活把握、全面衡量的重要内容。针对研究生各项研究成果的认定主要从以下三个方面进行考虑。

第一，考评研究生的各类获奖成果。这类成果属于有形的显性成果，是能够被量化的立德树人教育成效。研究生在读研期间各项研究成绩的取得一定离不开其导师的悉心指导与帮助，所以研究生所获奖项应位列研究生导师立德树人成效的首位。主要包括研究生导师指导研究生参加学科竞赛获奖、研究生个人获得的各级各类奖学金以及获得的其他研究奖项和荣誉称号等。

第二，考评研究生学术、科研成果。研究生在学术、科研领域取得的成果更与研究生导师的指导密切相关，这也是研究生人才培养工作的重要内容。无论是对有形的还是无形的研究成果进行考评，都是对研究生和研究生导师相互配合的认可和鼓励。研究生在读研期间取得的学术成果、科研成果，研究生获批的科研项目级别、数量等，以及研究生在学术活动中因收获的奖项或者学术上的突破而在学界获得的反响等都可作为考评的指标。同时，还包括研究生的创新成果，如2020年3月12日，清华大学学位评定委员会审议通过了《清华大学研究生申请学位创新成果标准规定》。研究生相关的创新成果不仅包括传统意义上的学术期刊论文、学术会议论文、专著、专利等，还可包括作品、研究报告等多种创新形式的产物。

---

[1] 〔古希腊〕亚里士多德：《尼各马可伦理学》，廖申白译注，商务印书馆，2003。

第三，考评研究生在社会服务工作中的情况。如研究生在社会实践、志愿服务中的表现，立德树人的教育成效不仅是让研究生本人获益，更重要的意义在于要让研究生为社会创造出更多的社会价值。引导和鼓励研究生树立为他人着想、为社会造福的思想，升华研究生的思想境界。这也是新时代研究生导师立德树人工作的出发点。可以在相关考评过程中增设参与义工或志愿者服务等类似活动的德行考核指标，将笼统的评价具体化。将热爱祖国、热爱人民、热爱党等宏观的评判标准细化在对具体事项的评价上，更能适应新时代的新形势、新要求，体现出研究生爱党爱国的政治觉悟。

新时代研究生在成长成才过程中凝聚了研究生导师的教育智慧和心血。立德树人教育成效的显现可能不会是立竿见影的，但却是历久弥新的。在2020年我国抗击新冠肺炎疫情的战斗中，分布在全国各地多个研究生培养单位里的研究生主动报名，自愿地加入当地疫情防控工作之中。特别是医学相关专业的研究生更是挺身而出，舍己为人，报效国家；而非医学相关专业的研究生或做义工或做志愿者，纷纷在党和国家最需要帮助和支持的时候主动响应、积极参与，竭尽所能地去做辅助防疫工作。由此可见，新时代研究生导师立德树人教育的成效已在这种危难面前自然地体现出来。这些高尚的个人品德与爱国情操也许在校内没有机会得到表现，但在社会发生重大突发事件时，在国家有难的关键时刻，这种品德和情操才得以充分体现。这不得不说是过往的立德树人教育在潜移默化地影响着学子们的赤子之心。研究生接受立德树人教育的成效再次得以体现，这也是新时代研究生导师立德树人教育对人才培养的价值意义所在，更凸显了研究生导师立德树人教育的重要性和必要性。这些研究生在社会实践中的表现都应被纳入对研究生导师立德树人工作的考评体系之中，及时地评价、鼓励研究生导师立德树人所产生的积极社会影响和效果。

综上所述，构建新时代研究生导师立德树人协同育人机制是一个庞大的系统工程，涉及的相关部门、人员众多。站在全社会的视角，从国家层面立德，具体指立标准、立规矩、立法度；从学校层面修德，则指修制度、修测评、修典型；从导师层面养德，是指养操守、养水平、养内涵；从学生层面行德，则是行德义、行诚信、行报恩。本书主要从行政管理的层面对新时代研究生导师立德树人协同育人教育工作实际进行考量，从一线研究生导师立德树人工作的实际出发，根据研究生导师与不同学科、不同专业等之间的协同配合，构建新时代研究生导师立德树人协同育人机制体系。发挥出研究生导师立德树人协同育人机制的优势效应，以加强与研究生教育主体间的协同合作，进一步增强新时代研究生导师立德树人协同育人内部治理的可行性，为国家和社会不断输送德才兼备的时代建设者。从全社会的角度，针对构建新时代研究生导师立德树人协同育人机制的创新研究，今后可围绕立德树人协同育人长效机制建设的问题开展跟进式研究。探索从管理者层面即国家行政管理部门、学校等到执行层面即研究生导师、研究生等，如何形成更加系统科学的、可持续发展的管理体系，从体制机制上推进研究生导师立德树人工作，确保立德树人工作取得实效。

后　记

21世纪是世界经济和科学技术飞速发展的时代，也是人才全球化竞争的时代。研究生教育是国家人才竞争的重要支柱，也是建设创新型国家的核心要素。中国特色社会主义进入新时代，我国对高层次专门人才的需求也更为急切，研究生导师立德树人的时代价值和社会价值也越来越凸显。研究生导师作为研究生教育的主体力量，是研究生人才培养的主要承担者。针对研究生导师的工作进行研究对提升研究生人才的培养质量有着直接作用，也应是研究生教育中一项常抓不懈的基础工作。

新时代研究生导师立德树人应在传承我国优秀传统文化中道德思想的基础上，按照新时代的新要求，进一步加强师德师风建设，探索新的立德树人工作格局，在研究生育人方法上赋予新的时代内涵，逐步提高研究生人才培养能力，为党和国家培养更多高质量、高层次的创新人才。本书在笔者博士学位论文的基础上进行了补充和完善，其间得到了博士研究生导师王树荫教授的悉心指导和严格要求。

研究生导师立德树人立足于为党和国家培养高质量、高层次的创新人才，是落实立德树人根本任务的重要组成部分。本书是破解研究思路的一个尝试，新时代全方位提升研究生人才培养质量的研究工作仍任重道远。在后续的研究中，需要分别从历史、理论、现实的角度进行全方位的考察与探索，加强对研究生导师立德树人基础理论和相关制度体系建设的综合性、整体性和对策性研究。2020年12月，教育部等六部门出台《关于加强新时代高校教师队伍建设改革的指导意见》（教师〔2020〕10号），表明国家高度重视教师队伍建设。研究生导师是教师队伍中的骨干力量，可从研究生导师队伍建设的角度着手开启教师队伍管理的新征程，这也是本书后续开展全方位提升研究生人才培养质量研究的动力与方向。

参考文献

一 经典著作

[1]《马克思恩格斯选集》,第一~第四卷,人民出版社,2012。

[2]《列宁选集》,第一~第四卷,人民出版社,2012。

[3]《毛泽东选集》,第一~第四卷,人民出版社,1991。

[4]《毛泽东文集》,第二、第七、第八卷,人民出版社,1999。

[5]《邓小平文选》,第一~第三卷,人民出版社,1994。

[6]《江泽民文选》,第一~第三卷,人民出版社,2006。

[7]《胡锦涛文选》,第一~第三卷,人民出版社,2016。

[8]《习近平谈治国理政》,第一卷、第二卷,外文出版社,2017、2018。

[9] 习近平:《青年要自觉践行社会主义核心价值观——在北京大学师生座谈会上的讲话》,人民出版社,2014。

[10] 习近平:《做党和人民满意的好老师——同北京师范大学师生代表座谈时的讲话》,人民出版社,2014。

[11] 习近平:《在北京大学师生座谈会上的讲话》,人民出版社,2018。

[12] 中共中央文献研究室编《十八大以来重要文献选编》(上、中、下),中央文献出版社,2014,2016,2018。

[13] 中共中央文献研究室编《十九大以来重要文献选编》(上),中央文献出版社,2019。

二 学术著作

[1](春秋)孔子:《论语》,杨伯峻、杨逢彬译注,岳麓书社,2018。

[2] 杨伯峻编著《春秋左传注》,中华书局,1981。

[3] 黎翔凤：《管子校注》，中华书局，2004。

[4] 溪谷：《道德经》，华夏出版社，2017。

[5] （战国）孟轲：《孟子译注》，金良年译注，上海古籍出版社，1995。

[6] （战国）左丘明：《国语·鲁语·子叔声伯辞邑》，（三国）韦昭注，上海古籍出版社，2015。

[7] （战国）庄周：《庄子》，萧无陂注译，岳麓书社，2018。

[8] （战国）荀况：《荀子》，（唐）杨倞注，上海古籍出版社，1989。

[9] （汉）许慎：《说文解字》，（清）段玉裁注，上海古籍出版社，1988。

[10] （晋）杜预注《十三经注疏》，（唐）孔颖达正义，上海古籍出版社，1990。

[11] （宋）司马光编著《资治通鉴》第一卷，中华书局，2007。

[12] （宋）朱熹：《四书章句集注》，中华书局，1983。

[13] 杜明通：《学记考释》，国立四川大学教育研究会，中华民国32年8月。

[14] 陈独秀：《独秀文存》，安徽人民出版社，1987。

[15] 田正平主编《中国教育通史》（中华民国卷上），北京师范大学出版社，2013。

[16] 高平叔：《蔡元培教育论集》，湖南教育出版社，1987。

[17] 《蔡元培全集》第二卷，浙江教育出版社，1997。

[18] 陈向明：《教师如何作质的研究》，教育科学出版社，2001。

[19] 檀传宝：《学校道德教育原理》，教育科学出版社，2003。

[20] 张耀灿、郑永廷、吴潜涛、骆郁廷等：《现代思想政治教育学》，人民出版社，2006。

[21] 刘万海：《德性教学论》，华东师范大学出版社，2009。

[22] 冯友兰：《中国哲学简史》，赵复三译，世界图书出版公司，2013。

[23] 王学俭、马忠：《立德树人思想政治教育基本问题研究》，中国社会科学出版社，2013。

[24] 顾明远：《中国教育路在何方：顾明远教育漫谈》，人民教育出版

社，2016。

[25] 董娅：《中国共产党加强和改进大学生思想政治教育研究》，人民出版社，2016。

[26] 周洪宇主编《中国教育黄皮书 2017年：以五大发展理念制定"十三五"教育发展规划》，湖北教育出版社，2017。

[27] 郑永廷：《思想政治教育学原理》，高等教育出版社，2016。

[28] 中国大百科全书编辑部编《中国大百科全书·教育卷》，中国大百科全书出版社，1985。

[29] 陈孝彬等主编《教师百科辞典》，社会科学文献出版社，1987。

[30] 中央教育科学研究所编《中国现代教育大事记》，教育科学出版社，1988。

[31] 秦惠民：《学位与研究生教育大辞典》，北京理工大学出版社，1994。

[32] 顾明远：《教育大辞典》（增订合编本）（上），上海教育出版社，1998。

[33] 夏征农、陈至立主编《辞海》（第六版），上海辞书出版社，2009。

[34] 〔苏联〕B.A.苏霍姆林斯基：《给教师的建议》，杜殿坤译，教育科学出版社，1984。

[35] 〔德〕雅斯贝尔斯：《什么是教育》，邹进译，生活·读书·新知三联书店，1991。

[36] 〔美〕柯尔伯格：《道德教育的哲学》，魏贤超、柯森等译，浙江教育出版社，2000。

[37] 〔法〕爱弥尔·涂尔干：《道德教育》，陈光金等译，上海人民出版社，2001。

[38] 〔德〕赫尔巴特：《普通教育学 教育学讲授纲要》，李其龙译，浙江教育出版社，2002。

[39] 〔法〕P.布尔迪约、J.-C.帕斯隆：《再生产——一种教育系统理论的要点》，邢克超译，商务印书馆，2002。

[40] 〔美〕杜威：《道德教育原理》，王承绪等译，浙江教育出版社，2003。

[41] 〔古希腊〕亚里士多德：《尼各马可伦理学》，廖申白译注，商务印书

馆，2003。

［42］〔德〕伊曼努尔·康德：《论教育学》，赵鹏、何兆武译，上海人民出版社，2005。

［43］Andrew M. Colman, *A Dictionary of Psychology*, Oxford：Oxford University Press, 2003.

［44］Peter Jarvis, *International Dictionary of Adult and Continuing Education*, England：Kogan Page Limited, 2005.

三 期刊论文

［1］倪国栋、高富宁、王文顺、杨圣奇、陈平：《江苏高校研究生导师立德树人职责落实现状——基于356个导师样本的调查分析》，《大学教育》2020年第12期。

［2］肖凤、刘亚辉、郑国义：《研究生导师立德树人履职状况研究——基于湖南省多所高校的实证调查》，《太原城市职业技术学院学报》2020年第12期。

［3］韩忠远、郭望远：《研究生导师立德树人职责调查研究——以黑龙江省高校为例》，《黑龙江教育》（高教研究与评估）2020年第9期。

［4］苏春艳：《困境与路径：研究生导师立德树人机制的塑造》，《教师教育论坛》2020年第7期。

［5］薛政、于雅洁：《研究生导师立德树人教育的新时代内涵及其实现路径》，《沈阳农业大学学报》（社会科学版）2020年第3期。

［6］王勋、马琳慧：《中华优秀传统文化融入研究生导师立德树人职责研究》，《四川轻化工大学学报》（社会科学版）2020年第3期。

［7］王树荫：《立德树人70年——中国共产党"培养什么人"的战略抉择》，《教学与研究》2019年第10期。

［8］王武习：《立德树人背景下的高校研究生导师队伍建设研究》，《黑龙江教育》（理论与实践）2019年第10期。

［9］尹倩：《护理硕士专业学位研究生"立德树人"教育研究》，《内蒙古教育》2019年第29期。

［10］王武习：《以落实立德树人职责为契机加强研究生导师队伍建设》，《才智》2019年第29期。

［11］夏日炜：《高校研究生立德树人教育路径的初步探究》，《教育教学论坛》2019年第36期。

［12］钱嫦萍、胡博成：《新时代研究生导师立德树人的时代内涵、现实难题和实现路径》，《思想理论教育》2019年第9期。

［13］倪国栋、高富宁、王文顺：《研究生导师立德树人职责的内涵、结构与测量量表开发》，《高教论坛》2019年第9期。

［14］张静文、刘爱书：《研究生导师问题行为的现状及特点探究——基于黑龙江省高校研究生的调查分析》，《研究生教育研究》2019年第4期。

［15］李彬、谢水波、蒋淑媛：《立德树人视野下高校研究生导师评价体系存在的问题及对策》，《教育现代化》2019年第63期。

［16］杨守鸿、杨聪林、刘庆庆：《新时代研究生导师立德树人的现实路径研究》，《学位与研究生教育》2019年第7期。

［17］倪国栋、王文顺、高富宁、邓勇亮：《导师立德树人职责对研究生培养质量的影响研究》，《教育评论》2019年第7期。

［18］郑忠梅：《立德树人：研究生导师职责的学术逻辑及其实现》，《学位与研究生教育》2019年第6期。

［19］刘晓喆：《研究生导师立德树人职责何以"全面落实"》，《学位与研究生教育》2019年第6期。

［20］倪国栋、王文顺、陈平、高富宁、吕向前、王莉：《研究生导师立德树人职责落实现状与对策研究——以中国矿业大学为例》，《高等建筑教育》2019年第6期。

［21］程昊：《工科研究生立德树人教育中导师团队的作用及对策》，《教育观察》2019年第13期。

［22］修晓辉、王新影：《研究生导师立德树人职责研究》，《文化学刊》2019年第5期。

[23] 卢勃等：《从管理到治理：研究生教育立德树人的四维建构》，《研究生教育研究》2019 年第 2 期。

[24] 胡绮：《高校研究生导师立德树人职责落实的路径》，《西部素质教育》2019 年第 10 期。

[25] 刘志、刘健康、许畅：《研究生导师立德树人评价需要平衡三对矛盾冲突》，《学位与研究生教育》2019 年第 4 期。

[26] 李海生：《导师指导中不当行为的主要表征及防范对策——基于对 4521 名研究生导师的问卷调查》，《学位与研究生教育》2019 年第 4 期。

[27] 卢勃、刘邦卫、鲁伟伟、薛达：《从管理到治理：研究生教育立德树人的四维建构》，《研究生教育研究》2019 年第 2 期。

[28] 褚艳新：《"立德树人"视野下研究生导师育人机制研究》，《教育现代化》2019 年第 12 期。

[29] 李宇清、夏星：《立德树人视域下青年研究生导师德育价值的培育》，《教育现代化》2019 年第 10 期。

[30] 于维平：《研究生导师立德树人行为引导机制研究》，《创新创业理论研究与实践》2019 年第 2 期。

[31] 尹富强、周晓莹、刘夏：《关爱是新时代研究生导师立德树人的出发点》，《卫生职业教育》2019 年第 13 期。

[32] 刘文成、刘亚辉、秦子玲：《新时代高校如何落实导师立德树人职责探微》，《湖北开放职业学院学报》2019 年第 22 期。

[33] 杨雷、张德庆：《新时代研究生导师立德树人长效机制的建立》，《黑龙江教育》（高教研究与评估）2018 年第 12 期。

[34] 骆莎：《论立德树人中导师的教育引导作用》，《思想理论教育》2018 年第 11 期。

[35] 刘志、韩雪娇：《研究生导师立德树人需要突破的三重瓶颈》，《研究生教育研究》2018 年第 5 期。

[36] 左崇良：《研究生导师责权机制的法理分析》，《学位与研究生教育》

2018年第8期。

［37］赵立莹、刘晓君：《研究生教育立德树人：目标体系、实施路径、问责改进》，《学位与研究生教育》2018年第8期。

［38］杨晓慧：《论研究生思想政治工作的"五个统筹协调"》，《思想理论教育导刊》2018年第5期。

［39］刘林：《研究生导师立德树人职责与实现途径探究》，《思想教育研究》2018年第5期。

［40］李家圆、高殿帅、程慧敏：《我国研究生导师立德树人政策及理论综述》，《卫生职业教育》2018年第19期。

［41］成敏敏：《切实增强研究生导师立德树人的认同感》，《中国高等教育》2018年第24期。

［42］王金梅：《从研究生培养角度落实导师立德树人职责研究》，《考试周刊》2018年第68期。

［43］高平发、张欣媛、袁永红：《研究生导师践行立德树人的困境及对策》，《中国石油大学学报》（社会科学版）2017年第6期。

［44］沈蓉、沈利荣、刘伟、王鹏、徐舍乐：《工科院校研究生教育中立德树人机制探究》，《科技风》2017年第19期。

［45］郑爱平、张栋梁：《立德树人根本任务指引下研究生导师师德建设研究——基于12所高校1496名师生的调查分析》，《研究生教育研究》2017年第4期。

［46］曹洪军、张红波：《论研究生导师"立德树人"培训机制的优化》，《煤炭高等教育》2017年第4期。

［47］曹洪军、王娜：《促进研究生导师"立德树人"考评工作的四重维度》，《思想政治教育研究》2017年第1期。

［48］柳礼泉、王俊玲：《立德树人视域下研究生导师德育自觉的提升路径探析》，《思想教育研究》2016年第2期。

［49］崔延生、付婷婷、谭智敏、费德厚、刘禹展：《研究生导师在高校"立德树人"教育中的作用研究》，《教育现代化》2016年第1期。

[50] 李红丽、曹南燕：《新时期研究生导师立德树人的功用及实现途径》，《学校党建与思想教育》2015 年第 1 期。

[51] 易森林、孙彩平：《对研究生实施立德树人教育的策略研究》，《教育探索》2014 年第 11 期。

[52] 徐国斌、马君雅、单珏慧：《"立德树人"视野下研究生导师育人作用发挥机制的探索——以浙江大学为例》，《学位与研究生教育》2014 年第 9 期。

[53] 吴潜涛、吴俊：《坚持"三个面向"与"立德树人"的统一》，《思想理论教育导刊》2014 年第 4 期。

[54] 韩强：《干部德的考察评价研究》，《中共天津市委党校学报》2012 年第 4 期。

[55] 夏莉：《以提高质量为核心的高校内涵式发展之路的思考》，《长沙铁道学院学报》（社会科学版）2012 年第 2 期。

[56] 李景春、杨樺：《论研究生德育的生活化取向》，《学位与研究生教育》2009 年第 12 期。

[57] 陈颖、屈晓婷：《基于全过程育人的研究生导师负责制》，《思想教育研究》2009 年第 2 期。

[58] 李冬梅：《重视导师在研究生学术道德培养中的作用》，《学校党建与思想教育》2003 年第 9 期。

[59] 潘懋元：《教育外部关系规律辨析》，《厦门大学学报》1990 年第 2 期。

[60] 胡颂华：《我国研究生教育的起源》，《教育评论》1986 年第 6 期。

四 报纸、网站

[1] 习近平：《坚持中国特色社会主义教育发展道路　培养德智体美劳全面发展的社会主义建设者和接班人》，《人民日报》2018 年 9 月 11 日，第 1 版。

[2] 习近平：《把思想政治工作贯穿教育教学全过程　开创我国高等教育事业发展新局面》，《人民日报》2016 年 12 月 9 日，第 1 版。

［3］王树荫：《厘清立德树人根本任务中"德"的含义》，《光明日报》2019年12月4日，第16版。

［4］马抗美：《立德树人：高水平人才培养体系建设的核心》，《光明日报》2018年7月12日，第5版。

［5］中华人民共和国教育部官方网站，http：//www.moe.gov.cn/文献/教育统计数据。

［6］中国研究生招生信息网，https：//yz.chsi.com.cn/。

［7］中国教育在线网，https：//www.eol.cn/e_ky/zt/report/2020/。

图书在版编目(CIP)数据

立德树人:全方位提升研究生人才培养质量/李崇圆著.--北京:社会科学文献出版社,2021.11
ISBN 978-7-5201-8876-0

Ⅰ.①立… Ⅱ.①李… Ⅲ.①研究生教育-人才培养-研究-中国 Ⅳ.①G643

中国版本图书馆CIP数据核字(2021)第166997号

立德树人:全方位提升研究生人才培养质量

著　　者 / 李崇圆

出 版 人 / 王利民
责任编辑 / 陈　雪
文稿编辑 / 薄子桓
责任印制 / 王京美

出　　版 / 社会科学文献出版社·皮书出版分社 (010)59367127
　　　　　 地址:北京市北三环中路甲29号院华龙大厦 邮编:100029
　　　　　 网址:www.ssap.com.cn
发　　行 / 市场营销中心 (010)59367081 59367083
印　　装 / 三河市龙林印务有限公司

规　　格 / 开　本:787mm×1092mm 1/16
　　　　　 印　张:17 字　数:262千字
版　　次 / 2021年11月第1版 2021年11月第1次印刷
书　　号 / ISBN 978-7-5201-8876-0
定　　价 / 98.00元

本书如有印装质量问题,请与读者服务中心(010-59367028)联系

▲ 版权所有 翻印必究